江西财经大学学术文库

# 中国银行业宏观审慎监管法律制度研究

# A Research on Legal System of China's Banking Macro-prudential Supervision

刘先良·著

法律出版社
LAW PRESS·CHINA
北京

图书在版编目（CIP）数据

中国银行业宏观审慎监管法律制度研究 / 刘先良著
. -- 北京 ：法律出版社，2022
ISBN 978 - 7 - 5197 - 2474 - 0

Ⅰ. ①中… Ⅱ. ①刘… Ⅲ. ①银行业 - 监管制度 - 研究 - 中国 Ⅳ. ①F832.1

中国版本图书馆 CIP 数据核字（2020）第 018209 号

中国银行业宏观审慎监管法律制度研究
ZHONGGUO YINHANGYE HONGGUAN SHENSHEN
JIANGUAN FALÜ ZHIDU YANJIU

刘先良 著

策划编辑 刘晓萌
责任编辑 刘晓萌
装帧设计 李 瞻

出版发行 法律出版社
编辑统筹 法治与经济出版分社
责任校对 王晓萍 王语童
责任印制 吕亚莉
经 销 新华书店

开本 710 毫米×1000 毫米 1/16
印张 13.75 字数 249 千
版本 2022 年 1 月第 1 版
印次 2022 年 1 月第 1 次印刷
印刷 北京虎彩文化传播有限公司

地址：北京市丰台区莲花池西里 7 号（100073）
网址：www.lawpress.com.cn
投稿邮箱：info@lawpress.com.cn
举报盗版邮箱：jbwq@lawpress.com.cn
销售电话：010 - 83938349
客服电话：010 - 83938350
咨询电话：010 - 63939796


书号：ISBN 978 - 7 - 5197 - 2474 - 0
定价：88.00 元
凡购买本社图书，如有印装错误，我社负责退换。电话：010 - 83938349

# 前 言

2008年美国次贷金融危机爆发,影响范围波及全球,各国为救市推出大规模的经济援助计划。国际金融监管组织如G20、国际清算银行和巴塞尔委员会等在危机之后,分析此次金融海啸的元凶为金融系统性风险,而传统微观审慎监管体系对系统性风险视而不见。巴塞尔委员会所颁布的《巴塞尔协议Ⅲ》在强化了微观审慎监管的同时,引入了宏观审慎监管理念。

我国是G20峰会成员,也是巴塞尔委员会正式成员,实施《巴塞尔协议Ⅲ》是一项法定义务。宏观审慎监管是经济发展到一定阶段的产物,目前我国金融行业全能化经营的发展趋势内在需要宏观审慎监管。党的十七届五中全会明确提出要构建"逆周期的金融宏观审慎管理制度框架",原银监会也依据《巴塞尔协议Ⅲ》开展了一些防范系统性风险的工作。我国银行业的资产占整个金融行业资产80%左右,巴塞尔委员会认定中国银行(2011年)、中国工商银行(2013年)、中国农业银行(2014年)和中国建设银行(2015年)为全球系统重要性金融机构,同时银行业的负外部性最强,故通过完善法律制度的保障形式,对现有的银行业宏观审慎监管进行完善是亟待解决的问题。

系统性风险分为两个维度,空间维度即存在于金融机构之间的共同风险暴露,而时间维度是金融体系的顺周期性。宏观审慎监管也对应两个维度,即逆周期监管与系统重要性金融机构监管,其目的分别是抑制风险随着时间而积累与避免风险在金融体系过度集中。宏观审慎监管与微观审慎监管在监管对象、监管视野和风险性质上存在一定差别,但两者是金融发展在不同程度的不同监管需求,应当相互结合。微观审慎监管理念注重的是市场中单个金融机构的稳健运营,奉行的是一种从下至上的监管理念,而宏观审慎监管理念注重的是整个金融体系的稳健运行,奉行的是从上至下的监管理念。现有混业经营和金融创新等金融环境的改变,导致传统微观审慎监管无法满足防范系统性风险的需要,应当强化宏观审慎监管。宏观审慎监管的本质是金融监管权介入私权的过程,其能够更好地平衡企业利益与金融稳定,从而营造一种良性的金融生态秩序。

各国在后危机时代纷纷改革金融监管体系,以防范系统性风险。美国制定了《多德—弗兰克法案》,形成了以联邦储备委员会为核心、金融稳定监督委员会为中枢的伞状宏观审慎监管体系;欧盟通过了《欧盟金融监管体系改革》,成立了欧盟系统风险监管委员会,形成了网状的宏观审慎监管体系;英国颁布了《金融服务法案》,在拆分金融服务局后,重新组建了金融政策委员会、审慎监管局和金融行为局,形成了双峰模式的宏观审慎监管体系。这些宏观审慎监管改革都通过立法的形式明确了宏观审慎监管主体及其职能,赋予监管主体相应的权力,采取会议机制作为决策程序,但是由于各国具体国情不同,在具体法律制度安排上稍有差异。分析比较域外宏观审慎监管改革经验对我国启示为:改革应当结合本国的实际国情,同时发挥央行在宏观审慎监管体系的作用,应将宏观审慎监管与微观审慎监管相并重,通过立法确立宏观审慎监管主体职能及权力,加强金融监管协调机制与信息分享机制的建设。

我国现有的金融监管体系是一种“多元参与”的格局,中国人民银行、银保监会、证监会、财政部、发改委、外汇管理局等都享有部分金融监管权,但是金融监管协调机制还不健全。我国在系统性风险防范方面,主要提出了宏观审慎监管框架,原银监会依据《巴塞尔协议Ⅱ》和《巴塞尔协议Ⅲ》制定了一系列的法律规范性文件,如在商业银行逆周期监管规则、系统重要性银行监管规则、商业银行风险预警指引与商业银行压力测试指引。我国银行业系统性风险防范还存在不足,主要表现在防范系统性风险的主体初步确立,宏观审慎监管职权和责任不明确,监管机构之间协调机制与信息分享机制不健全,宏观审慎监管工具体系尚不完善。

笔者建议,从以下几个方面出发,完善我国宏观审慎监管法律制度:监管目标为检测防范系统性风险、指导有关金融监管当局采取对应措施、促进市场自律;监管原则为审慎监管原则与前瞻性监管原则、系统性监管原则、逆周期监管原则、协调监管原则、有效监管原则、激励相容监管原则;监管协调主体为国务院金融稳定发展委员会,由分管金融工作的副总理担任主任,中国人民银行行长担任副主任,银保监会、证监会、外汇管理局、财政部、发改委、中央财经委员会等金融监管单位的相关负责人担任委员会成员,把我国金融监管体系从"多元参与,各自为政"变革为"一元核心,多元共治";宏观审慎监管职能包括制定宏观审慎监管政策、分析和预测系统性风险、指导微观审慎监管机构工作、系统重要性金融机构的特别监管、协调各微观审慎监管机构工作和向国务院及全国人大报告工作;监管权力包括信息收集权、指令与警告建议权、规则制定与调整权、监管管辖裁决权、系统重要性金融机构特别监管权;监管对象是系统性风险;监管工具分为逆周期监管工具和系统重要性金融机构监管工具;监管程序从框架上分为审慎分析、政策选择和工具运用,同时决策规则采用会议形式,监管权力方面应当赋予监管机构一定的自由裁量空间,同时需要考虑相互制衡,并保持信息公开;监管问责方面,从监管行为问责性、问责主体和透明度三个方面进行完善。

我国《存款保险条例》颁布后,存款保险制度作为宏观审慎监管制度的市场退出机制,需要将存款保险基金管理主体纳入宏观审慎监管主体即国务院金融稳定发展委员会单位成员中,同时需要对早期纠正和风险处置方面继续进行完善;金融交易税的主要功能是抑制投机交易,为危机救助筹集风险基金,笔者建议,我国开征两级托宾税,以抵御国外资本套利;同时通过设立专门机构及明确法律权利义务的方式,完善金融消费者的法律保护制度。

# 目　录

# 图目录

# 表目录

# 第一章　导　论

2007～2009 年美国爆发的次贷危机，产生了一系列连锁反应，金融风暴席卷全球。危机过后引发反思，为何现有的金融监管体系对于导致金融行业集体崩盘的巨大风险视而不见，危机之前毫无警示？分析表明导致此次金融海啸的罪魁祸首是系统性风险，传统的金融监管理念是一种微观审慎监管，关注的是市场中单个金融机构的稳健运营，奉行的是一种从下至上的监管理念，即只要市场中每个金融机构是稳健的，整个金融系统就是稳健的。然而实践表明，系统性风险隐藏在整个金融系统之宏观层面中，无法通过微观审慎监管进行预防化解。故在危机之后，各国及国际金融监管组织在加强系统性风险的防范上达成了共识，致力于研究系统性风险的产生、传播机制，并积极研究防范系统性风险的监管对策。

世界主要国家以 G20 峰会为主导，包括国际清算银行（Bank for International Settlements，BIS）、金融稳定理事会（Financial Stability Board，FSB）、国际货币基金组织（International Monetary Fund，IMF）和巴塞尔委员会（Basel Committee on Bank Supervision，BCBS）都致力于研究系统性风险的监管对策研究，并积极推动各国对本国现有的金融监管体系进行改革。宏观审慎监管是一项在 2009 年由国际清算银行明确提出的监管理念，其奉行自上而下的监管视野，从宏观角度分析金融系统，被认为是防范金融系统性风险的有效监管措施，该监管理念已经被美国、欧盟、英国等一些国家所采纳并指导其金融体制改革。我国是G20峰会的创始成员，并于2016年担任第十一次G20峰会主席团。我国也是巴塞尔委员会的正式会员，金融监管部门始终与各国及以上世界金融监管组织保持密切的交流和联系，宏观审慎监管理念的重要性已经被我国监管部门所认识。党的十七届五中全会是关于我国未来国家经济金融体制改革的规划，其发布的《关于国民经济和社会发展第十二个五年规划的建议》中明确提出，要构建“逆周期的金融宏观审慎管理制度框架”。这表明我国当局已经将宏观审慎监管作为我国金融监管体系改革的重要思想，并在积极推进这一重大部署。

任何正式的制度欲实现其预期的目的，都需要形成法律制度以实施，而宏观审慎监管作为一项新的金融改革理念，在法律上应当如何安排应对？这是非常值得思考的一个问题。

## 一、问题的提出

本书尝试解决的终极问题是，宏观审慎监管理念如何用法律制度形式表达，应当由哪些法律要素组成，这些要素相互之间与各自内部如何安排？

### （一）研究必要性

1. 我国金融行业发展的内在需要

宏观审慎监管是我国经济发展到现阶段的一种内在需要。从1998年开始，我国金融行业实行分业经营。当时该分业经营设置相当于在银行业和证券业之间构筑了防火墙，避免了风险跨金融部门的传播。而随着经济的发展，市场对于金融功能的需求重心也逐渐从银行业市场转移到证券市场和资本市场。我国金融业目前的发展趋势是综合经营、全能化经营，各种金融业务相互交织，并且金融衍生品创新层出不穷，以满足市场对于金融产品多样化的需求。当前金融稳定机制存在一定缺陷，[①]同时我国目前宏观经济处于高杠杆率的状态，据统计，我国2017年的经济总杠杆率水平大概为241.5%。[②] 我国的金融体系以银行业为

① 中国金融监管制度优化设计研究课题组编著：《中国金融监管制度优化设计研究》，中国金融出版社2016年版，第15页。

② 中国证券报：《理性看待实体经济杠杆水平》，载新浪财经网：http://finance.sina.com.cn/roll/2019-02-23/doc-ihrfqzka8317839.shtml，2019年5月7日最后访问。

主导，经济的高杠杆率和银行密切相关，而混业经营也意味着需要加强跨金融部门的风险防范与监管，故宏观审慎监管已经是我国金融行业发展到目前的一种内在的需要。

2. 完善现有宏观审慎监管的需要

我国“十二五”规划报告中明确提出要建立“宏观审慎监管框架”，而2015年李克强总理在政府工作报告中再次重申了这一点。2018年11月27日，中国人民银行等三部委联合发布《关于完善系统重要性金融机构监管的指导意见》，对系统重要性金融机构的监管提出特别监管要求和处置机制。我国原银监会是巴塞尔委员会的正式成员，其已经依据修订的《巴塞尔协议Ⅲ》制定了一系列包含宏观审慎监管理念的政策性文件，并开展了一定的基础性工作。在流动性监管方面，原银监会研究制定了《商业银行流动性管理办法》，系统重要性机构监管方面颁布了《商业银行全球系统重要性评估指标披露指引》和《商业银行系统重要性评估、资产要求与处置指引》，同时借鉴巴塞尔委员会颁布的《各国实施逆周期资本监管指导》，正筹备构建逆周期监管制度，在银行早期风险预警系统和压力测试系统的建设，也颁布了相应的法律规范性文件。可以说，我国的宏观审慎监管法律体系已经初具雏形但是还不够完善，故应当在现有的研究基础上，顺应政策导向继续加大力度研究宏观审慎监管法律制度。

3. 宏观审慎监管需要法律的保障

宏观审慎监管是一种新的监管理念，其监管改革的推行及实践必须依赖于法律的保障。巴塞尔委员会所颁布的《巴塞尔协议Ⅲ》被世界各地监管当局所广泛采纳，各国纷纷出台相应立法推动宏观审慎监管改革。例如，美国2010年制定了《多德—弗兰克法案》，欧盟2009年通过了《欧盟金融监管体系改革》，英国2012年颁布了《金融服务法案》，这些法案均包括了较为健全的宏观审慎监管法律制度。我国宏观审慎监管改革必须通过立法进行完善，以明确宏观审慎监管主体及其内部机构设置，同时赋予其相应的监管职能和权力，设置监管程序和责任以规范监管主体的权力行使，避免监管权力被滥用。而宏观审慎监管中关键的问题是需要妥善协调各监管机构间的权力配置，避免监管部门相互争权夺利，因此，必须借助法律制度对于监管管辖范围、监管权限边界及监管协调机制进行明确界定。

### （二）问题的限定

1. 领域限定：银行业

本书讨论的银行业金融机构，主要是指我国《银行业监督管理法》第2条第2款所规定的“在中华人民共和国境内设立的商业银行、城市信用合作社、农村信用合作社等吸收公众存款的金融机构以及政策性银行”。

据统计，我国银行业的所有资产占金融行业的80%左右，故我国金融行业主要还是以银行业为主导，巴塞尔委员会所发布的《全球系统重要性银行：评估方法与损失吸收能力》将中国银行、中国工商银行、中国农业银行三大银行认定为全球系统重要性金融机构，原银监会在压力测试中所认定的系统重要性金融机构主要也是五大国有银行。

“银行的确有承担过度风险的自然倾向。”①银行业的负外部性最强，银行业的内部风险非常可能通过金融关联交易连锁反应而波及其他金融部门乃至危害实体经济，而保险公司、证券公司的风险传染性相对更弱。故对于银行业的监管更注重的是对于系统性风险的防范，②而对于保险行业和证券行业的监管更加注重的是对于保险活动当事人和投资者的保护。目前，我国其他金融行业尚不足以形成像银行业那么庞大的系统性风险的规模，并且我国银监会已经参照《巴塞尔协议Ⅱ》和《巴塞尔协议Ⅲ》制定了一些具有宏观审慎监管理念的规范性文件，研究银行业的宏观审慎监管法律实施问题，可以作为将来在整个金融行业推广宏观审慎监管的尝试。所以本书将研究限定为银行业。

2. 视野限定：法学视角

宏观审慎监管的本质是一个政府干预市场的行为，从法律角度看是公权介入市民社会的问题。而任何的公权力都需要有明确的赋权，其首先面临的法律问题是监管权力依据从何而来？故宏观审慎监管权，是整个宏观审慎监管法律制度的逻辑起点，也是构建其他法律要素的核心概念。

（1）宏观审慎监管权力的正当性问题。经济学有信息不对称、负外部性等理论对此问题进行解释，依据密尔对于行为的划分，可分为“涉己行为”和“涉他行

---

① ［西］泽维尔·弗雷萨斯：《系统性风险、危机与宏观审慎监管》，王擎译，中国金融出版社2017年版，第3页。

② ［比］蒂亚斯·德沃特里庞、［法］让·梯若尔：《银行审慎监管金融监管》，李娜等译，机械工业出版社2017年版，第23页。

为”,社会领域分为“公共领域”和“私人领域”,而系统性风险因为危害到了金融体系的安全,所以对于其的监督已经进入了公共领域的范畴,也为国家权力介入提供了正当性解释,同时依据“法律不完备理论”也可以解释金融监管机构监管权的正当性。指导监管权行使的原则是什么,监管权所追求的目标是什么?

(2)宏观审慎监管权的归属问题。宏观审慎监管权应当如何配置,这关涉权力主体和权力结构的问题。在世界范围内,主要有三种模式,分别是由央行为主导机构、由微观审慎监管机构为主导机构、由央行和微观审慎监管机构组成委员会三种模式,我国现有宏观审慎监管主体之间分工如何?其权力结构怎样安排?权力主体的监管职责又是什么?

(3)宏观审慎监管权的内容和边界问题。宏观审慎监管权力的内容是指其应当包括哪些权力内容,参考发达国家宏观审慎改革,包括信息收集权、规则制定权、警告建议指令权,美国金融稳定监督委员会(Financial Stability Oversight Council,FSOC)享有系统重要性金融机构认定权,美联储还享有对于系统重要性金融机构的特别监管权。宏观审慎监管权力的边界是对于权力行使的限制,如何界定权力边界既可以保证监管主体的职能履行又不会导致权力的滥用?

(4)宏观审慎监管权力的作用对象与工具问题。宏观审慎监管权的作用对象是被监管者,金融交易行为还是金融交易风险?宏观审慎监管权的直接目标是防范系统性风险,而系统性风险的两个维度分别是逆周期性和共同风险暴露,一方面,可能因为金融交易行为引起;另一方面,也可能由于金融机构的结构性问题导致,所以宏观审慎监管权力的对象应该界定为系统性风险。而行使宏观审慎监管时,应当针对不同的系统性风险类型,采取对应的监管工具。

(5)宏观审慎监管权的程序问题。程序是权力的正义行使方式,在宏观审慎监管权的行使过程中,宏观审慎监管主体内部治理采取会议表决方式行使,本身是对于权力行使的一种约束。除此之外还需要哪些程序性的规定?在宏观审慎监管权和微观审慎监管权的行使过程中,如何协调两种权力?监管权力在行使的过程中,是采取“规则抉择”还是“相机抉择”?信息公开是最好的程序监督方式,而除此之外如何设置权力制衡,以避免权力腐败?

(6)宏观审慎监管权的问责问题。对银行监管者的问责不等同于控制,而是要求监管者对其监管行为进行解释,并在一定条件下要求监管者承担法律责任。权力的行使没有法律责任做担保就没有强制力,也无法保证其能够有效实施。

而法律责任的设置同时针对监管权力的行使者和被监管者。被监管者的法律责任立法规定得较为详细,主要是权力行使者的法律责任如何实现?

## 二、宏观审慎监管研究综述

### (一)宏观审慎监管基础理论

基础理论方面国外较早的有时任国际清算银行行长的安德鲁·库克(Andrew Crockett,2000 年),他指出为保持微观层面的稳定需要以单个金融机构为监管对象的微观审慎管理,为防范金融系统性风险则需要宏观审慎管理;博里奥(Borio,2003 年)在库克的基础上,提出了宏观审慎监管的两个维度;皮特·克莱门(Piet Clement,2010 年)分析了宏观审慎监管概念的起源及发展;加布里埃·布拉迪(Gabriele Galati)和里希尔德·默塞尔(Richhild Moessner)(2013 年)对宏观审慎监管概念进行了一个历史考察的文本分析。国内学者或者对该理论进行较多阐述介绍,主要有成家军(2009 年)归纳其概念特点:“概言之,宏观审慎监管是指宏观金融管理当局为了减少金融动荡产生的经济成本、确保金融稳定而将金融体系整体作为监管对象的监管模式。”类似的研究还很多,包括黄亭亭(2010 年)认为,宏观审慎监管的政策干预原理是,通过提供对系统性风险的全面综合分析并制定适当的政策,克服个体经济单位所固有的短视和激励问题;尹继志(2012 年)认为,所谓宏观审慎管理,是指运用审慎性政策工具抑制系统性金融风险,从而避免金融服务中断对实体经济造成负面影响的监管方式和监管理念;谢平、邹传伟(2013 年)采用从下向上的方法,从微观审慎监管和宏观审慎监管的联系出发,研究了如何改进微观审慎监管工具及使用方法。综上,我国学者的研究包括宏观审慎监管对象、微观审慎监管的关系、监管必要性,但主要是对于宏观审慎监管理念进行介绍阐述。

### (二)宏观审慎监管主体研究

关于宏观审慎监管主体的研究,主要分为两大类别:一类支持中国人民银行作为我国的宏观审慎监管主体,另一类支持成立独立委员会作为我国宏观审慎监管主体。支持中国人民银行作为宏观审慎监管主体的主要学者有:李妍(2009 年)认为,央行天然具备维护整个金融系统稳定并能够具备实施宏观审慎监管所需要的信息收集和分析能力;王宗祥(2010 年)认为,应当赋予央行更大的防范系统性风险的职能;尹久(2010 年)认为宏观审慎监管的本质是“宏观流动性管理”,与其制定货币政策职能存在一致性;尹继志(2011 年)认为,加强央行宏观审慎监管职能有助于发挥最后贷款人作用;王伟、李海平(2012 年)认为,货币政策和宏观审慎监管政策能相互促进,从而强化其防范系统性风险的优势;周胜强、李向前、范芮彤(2012 年)认为,央行作为宏观审慎监管主体可以节约部门设置费用。

反对央行作为宏观审慎监管主体的理由主要如下:第一,央行执行货币政策职能和金融监管职能会相互冲突。第二,央行最后贷款人的角色可能引发道德风险。第三,监管机构专业化分工能更符合效益原则。刘志洋(2012 年)认为,应当在央行内部设立跨部门和监管机构的宏观审慎监管委员会;拉里 · D. 沃尔(Larry D. Wall,2012 年)认为,赋予央行宏观审慎监管权力在人口有限的小国家比较合适,在人口大国不完全适合;刘仁伍(2012 年)建议在“一行三会”的分业监管体制下,尽快成立金融稳定与监督协调委员会,成员包括中国人民银行行长、银监会主席、证监会主席、保监会主席、财政部部长、国家发改委主任、外汇管理局局长。

### (三)宏观审慎监管工具研究

关于宏观审慎监管的工具,学者们意见比较统一,认为应针对系统性风险的分布开发对应的工具。主要分为时间维度(time-dimensions),即开发逆周期(counter-cyclical)工具,而在空间维度(space-dimensions),主要集中在系统重要性金融机构(systemically important financial institutions,SIFIs)监管及“影子银行”体系(shadow banking system)监管。这方面的主要研究者有:李文泓(2010 年)认为,在时间序列上宏观审慎监管工具主要包括以下要素:资本要求和前瞻性拨备、建立留存资本缓冲(capital conservation buffer)、建立逆周期资本缓冲(countercyclical capital buffer)。张雪兰、何德旭(2014 年)认为,逆周期监管的主要作用是增强金融体系自身对于未来潜在危机的自我恢复能力,其次是抑制信贷的过度扩张;于震、刘熙源(2014 年)认为动态拨备制度事实上并不能完全消除拨备制度的顺周期作用,其最大的意义在于降低了拨备制度顺的周期性。

### (四)宏观审慎监管框架研究

2008 年美国次贷危机后,理论实务界对宏观审慎监管的关注度迅速攀升,大多认为,应当针对防范系统性风险建立金融宏观审慎监管框架。国际货币基金组织(2009 年)在全球金融稳定报告中指出:全球金融监管机构需要采取宏观审慎方法,国际金融监管标准制定机构应当为未来制定金融监管框架,该框架应减轻系统性风险的积累,降低再次发生金融危机的可能性。G20(2009年)在伦敦峰会发表的《强化合理监管,提高透明度》报告指出,应建立一个不同于原有微观审慎管理框架的宏观审慎管理体系。金融稳定理事会、国际货币基金组织、国际清算银行(2011年)金融稳定理事会等国际组织认为,在构建宏观审慎治理机制时,应至少考虑以下四个方面:第一,宏观审慎监管职责和权;第二,宏观审慎监管组织架构安排;第三,国内外政策协调机制;第四,问责安排。而本土化宏观审慎监管框架的研究也很多,大多数学者认为应当选定中国人民银行为我国的宏观审慎监管主体,赋予其监管权限。主要研究者包括,成家军(2009年)认为宏观审慎监管的政策框架应当具备以下部分:第一,逆周期的银行审慎监管政策;第二,建立宏观政策之间的有效协调机制;第三,及时有效的宏观信息共享机制与预警机制。何德旭、吴伯磊、谢晨(2010年)认为,宏观审慎监管的决策机制有规则行事与相机行事两种,规则行事简单易行,但是难以制定完善标准,相机行事具有灵活性,但是容易引发道德风险。何伟(2010年)提出宏观审慎政策框架包含三个关键因素:第一,对系统性风险的评估和监测;第二,遏制风险和防止风险蔓延成系统性风险的操作工具组合;第三,宏观审慎政策的制度性架。

**(五)法律视野研究及述评**

目前对于宏观审慎监管的研究,主要集中在经济学、金融学视角,主要研究的是各种监管措施的效果和监管指标的制定,而从法律视角的研究不多。包勇恩、韩龙(2009年)阐述了宏观审慎监管理念的内涵,并指出需要有法律制度的保障;闫海(2010年)建议在正式法律文件中引入"宏观审慎监管"以代替"金融稳定",同时明确中国人民银行在宏观审慎监管中的地位,建立宏观审慎监管的决策机构,健全信息沟通机制;黎四奇(2012年)认为"太大而不能倒"问题的存在扰乱了正常的市场秩序,是一种收益私人化而损失社会化的不公平现象,但是在监管系统重要性金融机构的同时,也需注意防止公权膨胀过度侵蚀私权;袁达松、卢伊丽(2013年)认为,由于系统重要性金融机构存在引发负外部性、溢出效应以及道德风险等问题,对它的有效监管有赖于建立一套特殊的监管法律机制,制度实施难点在于系统重要性金融机构的认定标准、监管主体、监管规则以及监管合作上;马诗琪(2013年)认为,宏观审慎监管的原则应当包括逆周期监管原则、协调监管原则和全局监管原则;隋平(2013年)分析美国联邦存款保险公司出于政治考虑迎合大众口味，制定的薪酬回扣加剧了系统性风险，我国应当引以为戒；叶文庆(2013年)认为，宏观审慎监管权力应当包括信息收集权、决策权、执行权、政策建议权、监管协调权和危机处置权六个方面的权力，并分别阐述内涵；黎四奇(2014年)提出宏观审慎监管是功能性监管演变过来的，其本身在权力边界、监管范围等方面，还有许尚未澄清的概念；刘迎霜(2014年)从法律角度论证了中央银行应充当宏观审慎监管的执行者，认为中央银行的职能与宏观审慎监管的目标和工具高度契合；叶文庆(2015年)撰写了国内较早从法律视角系统阐述我国金融业宏观审慎监管机制构建的专著；刘庆飞(2015年)、周仲飞(2017年)从立法和法制环境角度提出了宏观审慎监管制度的完善建议；邢会强(2018年)以金融法"三足定理"阐述了国务院金融稳定发展委员会的目标和职能；黄辉(2019年)对我国金融监管体制改革的逻辑和路径进行了梳理。

综上，从法律视野对宏观审慎监管进行研究的学者较少，现有文献主要是从宏观审慎监管的某个角度进行，如从监管原则、监管主体，或者系统重要性金融机构的监管，或者是针对该理论的本身有效性与否及概念界定，而针对宏观审慎监管进行系统性法学视角研究的成果较少。

## 三、研究的基本思路方法和框架

### (一)研究的基本思路

本书研究的基本思路是从规范解读到制度构建。在对于系统性风险的研究中发现，现有的微观审慎监管无法防范两个维度的系统性风险，而宏观审慎监管的本质是建立一个良性的金融进化生态体系，从理论上解决了我国建立宏观审慎监管法律制度的必要性和可行性问题。美国、欧盟和英国等金融发达国家已经进行了宏观审慎监管改革，制定了相应的法律监管制度，通过对其宏观审慎监管立法的分析，比较它们的异同，总结建立宏观审慎监管法律制度所必备的法律要素，进而对我国现有的系统性风险防范工作进行梳理，总结成就分析不足。本书以宏观审慎监管权为线索，对我国的宏观审慎监管法律制度基本要素进行构建和安排，在完善的同时要考虑我国的特殊国情，终极目的是建立宏观审慎监管的法律制度化。此外，为了保证宏观审慎监管法律制度的有效实施，本书对于典型的配套制度也进行了分析完善，以组成一个完整的金融安全网，共同保护金融安全。

### (二)研究的分析方法

1. 文本分析方法

对于国内外系统性风险监管法律制度的分析,本书主要是通过查阅国外立法性文件、监管部门报告的描述;对于我国的现状分析,主要通过查阅统计数据及银监会等监管部门颁布的法律规范性文件,进行结构性的汇总梳理。本书从法律文本出发,考察了其他国家及地区宏观审慎监管改革实践的做法,提炼总结国外宏观审慎监管法律制度的要素及其内部安排。通过对法律文本本身规则进行分析和归类,为后续的文章论证和观点形成作出铺垫。文本分析是所有分析的起点,也是所有分析的终点,因为本书最后的结论需要形成立法意见,以此推动宏观审慎监管法律制度的完善,故本书采取先解构后建构的方式完善法律制度。

2. 价值分析方法

本书在文本分析的基础上,对于每个金融监管改革国家的制度特色进行了评价,特别是对于我国可以借鉴的部分进行了评析。此外,在我国的宏观审慎监管立法制度构建中,需要首先对于该监管法律制度的监管目的和原则进行设定,本书在文本分析的基础上,通过分析比较其他国家、地区的宏观审慎监管立法制度,同时参考目前金融监管理论关于宏观审慎监管理论的发展研究,将该监管目标和原则作为统领整个宏观审慎监管法律制度构建和完善的基本理念。而对于宏观审慎监管的本质分析,也代表本书对于宏观审慎监管的价值判断,体现了本书在后续论证中特别是宏观审慎监管法律制度构建中的基本价值选择与倾向。

3. 比较分析方法

本书对于美国、欧盟和英国的宏观审慎监管改革进行了介绍与描述,并对其进行了比较以寻找它们的异同。在比较的过程中,一方面从各国的时间改革历程出发,与宏观审慎监管改革之前进行纵向对比;另一方面横向对比各国或地区的空间上的异同,以此提炼出宏观审慎监管法律制度的基本构成要素及各国的不同举措。而在完成宏观审慎监管法律基本要素的提炼之后,与我国现有宏观审慎监管已经采取的措施和现状进行对比分析,寻找到我国在系统性风险监管方面尚存在的不足之处,为宏观审慎监管法律制度完善提供方向和目标。

### (三)研究内容和框架安排

本书按照解读再重构的模式进行,安排上按照提出问题、分析问题和解决问题的框架进行。第一章是导论，主要内容是提出问题、界定问题，即宏观审慎监管理念如何用法律制度形式所表达，需要的法律要素及各要素内部如何进行安排；第二章是基础理论，主要内容是解释宏观审慎监管的理念，论证宏观审慎监管的必要性及其本质；第三章是域外借鉴，主要内容是通过对美国、欧盟等主要宏观审慎监管改革国家或组织所进行的金融体系改革进行分析，找到构建宏观审慎监管法律制度的基本逻辑、法律要素和相互安排；第四章是本国现状，主要内容是对我国现有的防范系统性风险采取的工作进行总结，同时分析尚存在的不足之处；第五章是制度完善，以宏观审慎监管权为核心概念，引导出其他的法律制度基本要素，并进行内容设定和相互安排；第六章是配套制度，对于宏观审慎监管法律制度外部而言，要发挥防范系统性风险的最大功能，还需要一定的配套制度实施；第七章是结论，对全书进行总结归纳，形成观点结论。（本书研究路线见图 1.1）

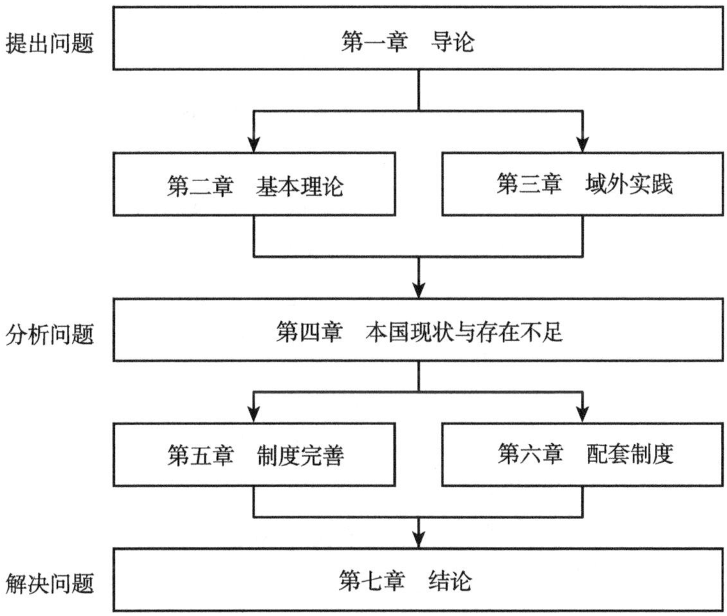


**图 1.1　本书研究路线**

# 第二章　宏观审慎监管的基本理论

## 一、宏观审慎监管理论的提出

### （一）监管对象：系统性风险

根据国际货币基金组织、金融稳定理事会、国际清算银行在 2009 年 G20 峰会上对于系统性风险的定义，系统性风险是指“一个由部分或系统的金融体系受损所引起的扰乱金融服务，并且对于实体经济具有潜在的严重负面效应的风险”。① 单个金融机构从高风险投资中损失并非系统性风险，而市场萎缩及基础设施崩溃或者金融服务成本的大幅度上涨，足以对其他市场参与者造成巨大负面影响，这些情形就是系统风险。对于实体经济强烈的负外部性（negative externalities）和显著的溢出效应（significant spillovers）是系统性风险的本质，②因此需要外部监管的介入。

从概念阐释上来说系统性风险分为两个维度：一个是空间维度，另一个是时间维度。

第一种空间维度的系统性风险存在于金融机构之间

---

① International Monetary Fund, Bank for International Settlements, Financial Stability Board, “Guidance to Assess the Systemic Importance of Financial Institutions, Markets and Instruments: Initial Considerations”, Report to the G－20 Finance Ministers and Central Bank Governors, 2009, p. 24.

② Jaime Caruana, *Systemic Risk: How to Deal with It*, Bank for International Settlements, 2010, p. 2.

横向的共同风险暴露和相互联系之中，是对金融系统的单个金融机构的冲击经快速传播和感染而成为系统维度的危机。这个层面的系统性风险，主要关注在一定时期内风险如何在金融系统内部传播。传播方式主要有两种：一是由于金融体系是一张相互关联的资产负债表，所以日益复杂的日常交易网络意味着风险可以从一个机构轻易扩散到其他机构，并很快蔓延成系统层面的风险；二是风险由于直接的共同风险暴露，会出现很多分支而变成系统性。

第二种时间维度的系统性风险，是金融系统的顺周期性，是由于金融脆弱性随着时间推移的逐步积累而形成。随着经济周期的波动，金融系统和实体经济相互作用和强化，增大了繁荣和萧条的波动幅度，并逐渐破坏了金融和宏观经济的稳定。例如，经济繁荣时期促进了金融创新，当经济运行良好，金融企业和个体都有信心尝试冒险行为，创造了新的不稳定和难以估值的金融工具。由于资产价格上升，信贷快速增长，通过这种金融机构直接网络式的相互交易方式，导致了这个维度的共同风险暴露。顺周期维度系统性风险，强调的是随着时间积累而被隐藏和低估的风险。①

**（二）理论内涵：起源和概念**

1976 年 6 月 28 ~ 29 日，巴塞尔委员会的前身——库克委员会（Cooke Committee）首次使用了“宏观审慎”一词。② 欧洲货币常务委员会（1978 年）的报告中强调了审慎监管和宏观经济之间的关系。③ 金融宏观审慎监管理念的初步解释是在 20 世纪 80 年代，研究主要集中在提出监管当局应当重视金融系统性风险，加强宏观审慎监管。国际清算银行研究小组的山姆 · Y. 克罗斯等（Sam Y. Cross et al.，1986 年）指出：金融创新增加了金融体系整体风险，金融监管当

---

① Jaime Caruana, *Systemic Risk: How to Deal with It*, Bank for International Settlements, 2010, p. 3.

② “Informal Record of the 16th meeting of the Committee on Banking Regulations and Supervisory Practices held in Basle on 28 and 29 June 1979” (BS/79/42), BIS Archives [henceforth BISA]-Banking Supervision, Informal Record, file 2. See Piet Clement, “The Term ‘macroprudential’: Origins and Evolution”, *BIS Quarterly Review*, March 2010, p. 60.

③ See Euro-currency Standing Committee, “Chairman's Report on Policy Problems Related to the Growth of the Euro-currency Market and International Bank Lending since the Oil Price Increase”, p. 12, in BISA 7.18(15) – Papers Lamfalussy, LAM20/F56.

局应有宏观审慎意识。[①] 宏观审慎监管理念的首次公开引用,是 1986 年欧洲货币常务委员会发布《国际银行业务最新报告》,其提出了"宏观审慎监管政策"一词,并定义为广泛金融体系和支付体系的安全和稳健。而该词随后出现在了 G10 峰会的文件中,并在 20 世纪 90 年代广泛地在中央银行领域中使用。2000 年 10 月,时任国际清算银行总经理的库克在国际银行监理机构会议的一次演讲中,详细阐述了宏观审慎监管的内涵及与微观审慎监管的区别。[②] 相比微观审慎监管,第一,宏观审慎监管更加注重将金融体系作为一个整体所面临系统性风险的防范和化解;第二,关注金融机构的共同行为而不是单个行为。其也将宏观审慎监管分为两个维度,即时间维度和空间维度。国际清算银行对宏观审慎监管做出了定义,使用审慎监管工具,促进整个金融体系(并不必然包括单个金融机构)实现稳定的明确目标。[③]

**(三)监管维度:时间和空间**

一般认为,宏观审慎监管分为两个维度,而各自有不同监管工具。第一个维度是,在给定的时间点上,系统性风险在整个金融体系中是如何分布的,即空间维度。第二个维度是,总风险是如何随着时间积累起来的,即时间维度。第一种视角有点像某个时间点给金融体系拍照片,而第二种视角像在电影中观察它的演化过程。

1. 空间维度

空间维度中关键的问题是共同风险暴露,其原因可能是机构直接暴露了相同或类似的资产类别风险,或因为交易对手而非自身直接暴露那些风险。反过来用资产组合做比喻,主要的区别在于系统性的风险或是机构个别的风险。相应地,审慎监管工具的衡量原则就是去测量单个金融机构对于系统性风险的重要程度。观念上来说,是以一个从上到下的视角完成的,即从测量系统性尾部风险开始着手,计算每个金融机构对系统性风险的贡献从而相应调整工具(资本要求、保险费)。这里暗含了对那些系统重要性更强的机构实施更加严格的标准。

---

① Sam Y. Cross et al., "Recent Innovations in International Banking", Report by Study Group Established by the Central Banks of the Group of Ten Countries and the Bank for International Settlements, March 1986, p. 2.

② Andrew Crockett, "Marrying the Micro-And Macro-Prudential Dimensions of Financial Stability", *BIS speeches* 21, 2000, pp. 1 - 9.

③ Ibid., p. 65.

而微观审慎监管对于所有的金融机构都实施相同的标准。

2. 时间维度

时间维度中所关心的因素，是系统性风险如何由于金融体系的内部作用即金融体系和实体经济的相互作用而被放大，实际上是指金融顺周期性，此处反馈作用是关键因素。在经济繁荣时期，感知风险的能力下降，而容忍风险的能力提高，财务约束的弱化，杠杆率上升，市场流动性提高，资产价格上涨，然而整个过程在自我强化，导致了资产负债表的过度扩张。整个过程在经济下行的时候反过来，变化更加剧烈，财务约束出现加剧了财务困境。主要的政策问题是如何将金融体系内在的顺周期性弱化。

相应的指导原则是开发研制，鼓励及时准备缓冲以弥补损失的发生的政策工具。通过允许系统更好地吸收那些震荡，将有助于减少金融危机发生初期的成本。此外，建立缓冲资本，像一个锚一样可以起到对于扩张时期过度冒险行为的限制作用，从而在源头上减少系统性风险的发生。

**（四）宏观审慎监管与微观审慎监管的关系**

微观审慎监管是与宏观审慎监管相对的一个概念，其主要包括存款保险体系、中央银行体系和监管体系三大部分。存款保险通过保障问题金融机构倒闭时不至于发生挤兑风险，确保金融机构的退出不影响金融体系的安全，确保的是金融机构的负债安全；中央银行负责制定货币政策，通过对于发放信贷进行归类监管，维持币值稳定，避免金融资产迅速贬值，确保的是金融机构的资产安全；监管体系是从金融企业日常经营的角度出发，约束其交易行为避免自身出现隐患。①

1. 宏观审慎监管与微观审慎监管的联系

（1）两者是金融发展不同程度的监管需求。宏观审慎监管与微观审慎监管存在一些差别，但是两者并非完全对立，是不同经济发展阶段的产物，时间上有一个前后继起的关系，而内在制度的安排上也需要两者相结合。在金融发展的初级阶段，金融企业的业务比较固定，相互之间交易行为的数量较少且复杂程度较低。此时，微观审慎监管通过关注每个金融机构的稳定就足以保证整个金融

① 参见黄溪：《保险公司与基金公司逆周期监管研究：基于宏观审慎监管框架》，中国社会科学出版社2012年版，第140页。

系统的安全。而随着金融行业的发展,从20世纪80年代开始,“金融自由化和金融创新导致了金融机构的业务和行为突破了传统的监管体系所能覆盖的范畴,因为资产负债表已经不能够容纳所有的金融服务和产品了”,①故而由于微观审慎监管的外部环境已经发生改变,导致其监管的有效性减弱。全球金融监管的理念,从20世纪开始,30~70年代偏重安全,70~90年代注重效率,而从90年代开始注重稳健。② 如果将金融行业比作车道,而每个金融企业是行驶其中的汽车,在金融发展初期每辆汽车都各行其道,微观审慎监管只要保证每辆车的安全就足够了,然而随着金融行业发展,汽车被允许变道行驶,此时监管者的监管重心就从关注每辆车的安全开始关注整个道路的交通秩序。故两者是不同的金融发展阶段中不同的监管环境下的监管方式。

(2)宏观审慎监管应与微观审慎监管相结合。设计良好的宏观审慎监管能够和微观审慎监管相互促进,共同维护金融稳定。刘仁伍(2012年)认为,微观审慎监管与宏观审慎监管的结合,主要表现在监管主体的协调和监管工具的创新方面。③ 现有的宏观审慎监管主体是在微观审慎监管主体的协调机制之上建立的,宏观审慎监管的具体监管需要微观审慎监管主体实施,而微观审慎监管能够为宏观审慎监管提供信息。《巴塞尔协议Ⅲ》在监管工具方面继续加强微观审慎监管的同时,也认识到需要加强系统性风险管理,引入了留存缓冲资本、逆周期缓冲资本、杠杆率流动性覆盖率、系统中央性银行等概念。潘凌遥(2012年)认为,第一,两者的共同目的都是防范风险;第二,微观审慎监管措施主要是资本监管,宏观审慎监管的监管工具需要微观审慎监管工具协助;第三,两者在从微观个体和宏观整体上出发,监管机制上也是互补。④

2. 宏观审慎监管与微观审慎监管的比较(见表2.1)

(1)监管对象。宏观审慎监管的直接目标是防范系统性风险在金融体系中传播,从而对实体经济造成损害。相比之下,微观审慎监管的直接目标是预防单个金融机构的倒闭,而不考虑它对于宏观经济的影响。反过来,这是对于消费者

---

① 黄溪:《保险公司与基金公司逆周期监管研究:基于宏观审慎监管框架》,中国社会科学出版社2012年版,第140页。

② 参见郑明高:《中国金融业混业经营的路径选择》,中国经济出版社2012年版,第36~37页。

③ 参见刘仁伍:《宏观审慎管理:框架、机制与政策》,社会科学文献出版社2012年版,第77页。

④ 参见潘凌遥:《论宏观审慎监管与微观审慎监管的关系》,载《区域金融研究》2012年第10期。

(存款人或者投资人)最好的保护方式。

(2)监管视野。宏观审慎监管将金融体系作为一个整体看待,而微观审慎监管只关注每个单独的金融机构。从宏观的角度,金融体系可以看作一个证券组合,而每个证券代表一个金融企业。微观审慎监管关注的是每个证券的损益,而宏观审慎监管关注的整个投资组合的损益。也就是说,宏观审慎监管关注的是,风险在整个金融体系中而不是在单个金融机构中的分散或集中程度。所以,其关心的是跨金融机构的共同风险暴露,而不像微观审慎监管主要关心个别机构的投资组合。

(3)风险性质。宏观审慎监管将系统性风险看作由许多金融机构的集体行为所形成,即一种内生性质的风险。这是因为金融机构集体性的行为能够影响金融资产的价格、金融交易量和经济实力本身。当然,宏观审慎监管对于单个金融机构的稳健本身也拥有非常强大的反馈作用。相比之下,微观审慎监管的视野往往忽视了这种反馈作用,其将风险视为一种外生性产物,认为单个孤立的金融机构对于市场价格或整个金融体系的影响微乎其微。很多金融机构本身恰好也是这样对待风险的,它们对待资产价格、市场信贷环境和经济环境都与它们自身的决策行为毫无关联。

**表 2.1　宏观审慎管理与微观审慎管理比较**

| 项目 | 宏观审慎管理 | 微观审慎管理 |
|---|---|---|
| 直接目标 | 防止系统性金融危机发生 | 防止个别金融机构危机发生 |
| 最终目标 | 避免系统性金融风险和 GDP 损失 | 保护消费者、投资者、存款人利益 |
| 风险性质 | 具有内生性 | 具有外生性 |
| 机构间共同风险暴露相关性 | 关联性高 | 不相关 |
| 审慎控制的衡量标准 | 以整个金融系统为单位,自上而下实行风险控制 | 以单个机构为单位,自下而上实行风险控制 |

资料来源:Claudio Borio, *Towards a Macroprudential Framework for Financial Supervision and Regulation*?, BIS Working Papers No. 128, 2003。

微观审慎监管信奉的是，想要达到金融体系的安全和稳健目标，每个金融机构都是安全稳健的必要和充分条件；从宏观审慎监管的角度，将金融风险从单个金融机构外部化至金融市场并未消除风险。微观审慎监管没有考虑到跨金融机构的共同风险暴露和风险的内生性，并不能有效促进金融市场宏观稳定。

从宏观审慎监管的角度，即使每个金融机构都是安全稳健的，也不代表整个金融体系都是稳健的。例如，风险在单个金融机构的投资组合中被分散，却在整个金融体系中被聚集起来。也就是说，即使风险在金融机构自身的资产负债表中得到了分散，金融机构还是可能增加了共同风险暴露因素，如通过实施投资组合的趋同行为，导致共同风险凝聚。这意味着一旦发生危机，将影响到许多类似的企业。

风险的内生性认为，从单个机构角度来看，最优的行为可能通过负面反馈效应对整个系统造成不可预估的结果。例如，在财务紧缩时期削减开支对于微观机构来说是合理也是不可避免的。但是，从宏观的角度来看，可能会导致信贷紧缩，从而令每个市场主体的境遇更加艰难。而从微观审慎监管的角度，这种情况可能就被忽视了，因为它认为风险是外生的。

## 二、宏观审慎监管必要性和可行性

### （一）微观审慎监管理论及不足分析

鲁克·莱文（2013年）总结了传统的银行监管体系存在以下问题：第一，金融监管过于关注单个金融机构的风险，而并未对整个金融体系给予足够的关注；其视野过于微观，宏观整体把握还不够充分。第二，传统的监管框架之中，没有对于面临倒闭的银行的早期干预机制，这种倒闭的成本最后都由纳税人承担，特别是对于“大而不能倒”的银行而言尤为严重。第三，金融监管弱化了市场约束的作用，某种程度上导致了公司内部治理被忽视。① 监管机构过于关注单个机构的流动性和破产问题，忽视了维护金融体系作为整体的自我恢复能力。②

① 参见［荷兰］鲁克·莱文：《不受周期影响的市场约束和宏观审慎监管》，张杰译，载［美］克莱森斯主编：《宏观审慎监管政策——通向金融稳定的新道路》，电子工业出版社2013年版，第332页。

② See Stijn Claessens et al., “Cross-Country Experiences and Policy Implications from the Global Financial Crisis”, *Economic Policy* 25, 2010, p. 7.

1.资本监管不足以防范系统性风险

微观审慎监管为了防止银行倒闭,一般使用资本充足率作为主要的监管手段,其核心是追求稳定。[①] 在全球金融危机爆发时期,美国、欧盟和英国的证券市场交易量下跌超过了 40%,而国际交易量下跌了 12%。斯蒂芬·莫里斯(Stephen Morris)和申炫松(Hyun Song Shin)(2008 年)的研究表明,资本监管是传统银行监管的基石,然而贝尔斯登(Bear Steams)投资银行的挤兑事件最后导致了破产,其风险资本率却符合当时巴塞尔协议的要求,所以当时的巴塞尔协议没能区分资产的内生性风险及其系统重要性。[②] 微观审慎监管独立而孤立地对每个金融企业进行评估,很大程度上没有考虑到溢出和反馈效应,并以此作为了银行监管的基础,如《巴塞尔协议Ⅱ》中的第二支柱——“外部审查程序”。微观审慎监管专注于单个金融机构破产的风险,反映了其追求保护消费者和纳税人利益的目标。从这个角度,微观审慎监管将经济因素作为监管决策的外生变量。[③] 微观审慎监管者要求问题银行恢复其资本充足率时,监管者并不关心银行是通过调整分子还是调整分母,[④]也就是说通过筹集新的资本或者缩减风险资产的方式进行。无论是哪种途径,都将使银行面临倒闭的风险下降到足以忍受的程度,这才是微观审慎监管者所关心的问题。这种忽视银行自我调节方式的做法,在防范单个金融机构倒闭的时候是足够的,而且如果银行选择了缩减风险资产策略,如削减贷款,从达尔文进化论的角度是有益的,因为市场份额开始从问题银行转移到了其他市场主体。但是,如果大规模的银行都面临困难,且均采取缩减风险资产的行为去维持资本充足率,就会破坏金融体系服务于实体经济的基本融资功能,并将损害经济发展。[⑤] 资本充足率一方面减弱了将银行资产处于风险之中的激励,另一方面损害了银行的特许权价值,又促进银行实施冒险行

---

① 资本监管能否降低风险的理论争议综述,可分别从微观和宏观角度来看。参见高英杰:《百年银行资本监管的逻辑与未来》,中国金融出版社 2014 年版,第 20 ~ 28 页。

② See Stephen Morris, Hyun Song Shin, "Financial Regulation in a System Context", *Brookings Papers on Economic Activity*, 2008, p. 229.

③ See Beverly Hirtle, Til Schuermann, Kevin Stiroh, *Macroprudential Supervision of Financial Institutions: Lessons From the SCAP*, FRB of New York Staff Report No. 409, 2009, p. 1.

④ 资本充足率是一个比率,简单的表示是资本充足率 = 资产/风险。

⑤ 合成谬误(Fallacy of Composition)是萨缪尔森提出来的,意即,对局部说来是对的东西,仅仅由于它对局部而言是对的,便说它对总体而言也必然是对的是一种谬误。

为,真实效果不明朗。① 这是资本监管本身的微观视野无法防范系统性风险的原因。

2."大而不能倒"干预机制的缺失

监管当局比较忌惮,试图避免出现挤兑现象,其逻辑是因为银行的存款业务不可能迅速增加,而其负债可能很快集中到期,所以债权人都有种要赶在其他债权人之前取回自己资金的冲动,挤兑由此发生,导致了银行在短期内无法偿还大量的资金提取请求而面临倒闭,而且一家银行的倒闭可能会引起其他银行倒闭的连锁反应。②

作为银行避免发生挤兑的保障,存款保险制度的存在使一旦发生危险损失由纳税人承担,导致银行存在道德风险以实施过度冒险行为。而资本监管强迫银行将损失内部化,以减少存款保险基金的耗用和道德风险。③ 实际上,银行业的"太大而不能倒"问题非常严重,如20世纪80年代,美国监管机构为了让受到拉丁美洲债务危机波及的大型银行走出困境,出现了"监管宽容"现象。Maureen O'hara, Wayne Shaw(1990年)研究了存款保险制度对于太大而不能倒银行的股权价值的影响,发现对于太大而不能倒的银行的选择性过度保护存在显著的不公平,因为每家银行都缴纳了相等的存款保险基金,这等于是给金融市场增加了一个不必要的成本。④

对于监管机构过度保护那些问题银行的逻辑的反思如下:第一,一家银行的倒闭所带来的损失并不足以导致存款人的破产。第二,监管者误解了金融风险的传染过程,即存款人对于银行经营状况的担忧并不是导致风险传播的决定性原因。而且,当危机来临的时候,对问题机构进行救助也并不是唯一的手段,如

---

① See Thomas F. Hellmann, Kevin C. Murdock, Joseph E. Stiglitz, "Liberalization, Moral Hazard in Banking, and Prudential Regulation: Are Capital Requirements Enough?", *American Economic Review* 90, 2000, p. 162.

② See Gary H. Stern, Ron J. Feldman, *Too Big to Fail: The Hazards of Bank Bailouts*, Brookings Institution Press, 2004, pp. 45 - 47.

③ See S. G. Hanson, A. K. Kashyap, J. C. Stein, "A Macroprudential Approach to Financial Regulation", *Journal of Economic Perspectives* 25, 2011, p. 4.

④ See Maureen O'hara, Wayne Shaw, "Deposit Insurance and Wealth Effects: The Value of Being 'Too Big to Fail'", *The Journal of Finance* 45, 1990, p. 1599.

央行可以向其他面临挤兑风险的健康银行发放流动性。①

而且，一家银行的对于金融系统的关键性地位，不一定取决于规模大小。研究表明，银行的规模大小并不代表其系统重要性，而应当采用多元极值理论（extreme value theory，EVT）框架去衡量系统重要性。② 所以，单纯地依据一个金融企业的规模，而对其给予过度保护，是盲目而无效率的。

传统的微观审慎监管对于“太大而不能倒”的主要问题是忽视的，对于这些系统重要性金融机构的干预速度过于拖延，或者根本就没有作为，而是期待依靠存款保险制度。但是存款保险制度本身又会引发道德风险问题。在美国的金融改革之前，美联储没有权限对于非银行系统重要性金融机构进行直接救助，联邦存款保险公司所确立的破产程序也只能适用于那些参加了联邦存款保险的银行机构，而非银行金融机构只能走一般的公司破产程序。但是非银行金融机构往往具有较强的外部性，如果按一般的破产法程序进行，保护的是债权人利益，而不考虑整个金融体系的稳健。③

3. 微观审慎监管导致市场约束弱化

《巴塞尔协议Ⅱ》所提出的第三支柱，即“市场自律”（market discipline），其希望通过市场自律以促进银行约束资本和流动性风险。《巴塞尔协议Ⅱ》的资本充足率框架，包含了促进第三支柱下的信息披露，将在协助外部监管发挥激励合适行为方面发挥重要作用。其认为透明的市场价格，就会通过影响管理层的行为、引发监管者的介入，从而促进自我约束。但是，实践证明，通过市场价格来约束银行从事冒险行为的效果非常有限，首要的监管措施应当来自外部监管者介入。④

来自银行内部的监督，即应当约束银行从事过度冒险行为。但是这个机制也存在不足，可能的监督者是股东和债权人。股东由于需要银行获利以分得红

---

① See Gary H. Stern, Ron J. Feldman, *Too Big to Fail: The Hazards of Bank Bailouts*, Brookings Institution Press, 2004, p. 48.

② See Chen Zhou, “Are Banks too Big to Fail? Measuring Systemic Importance of Financial Institutions”, *International Journal of Central Banking* 6, 2010, pp. 205 – 250.

③ 参见刘士余、周学东、刘向民：《美国金融监管改革概论：〈多德—弗兰克华尔街改革与消费者保护法案〉导读》，中国金融出版社 2011 年版，第 36 页。

④ See FSA, *The Turner Review: A Regulatory Response to the Global Banking Crisis*, Financial Services Authority, 2009, pp. 45 – 47.

利,而其投资本身受到有限责任保护,故股东存在鼓励银行从事冒险行为的道德风险。而债权人是银行倒闭时候的最大损失承担者,按理说其应当积极约束银行从事过度冒险行为,但是由于存款保险制度的存在,其损失可以由存款保险基金所吸收,故其也可能怠于对银行从事冒险行为进行约束,故最后市场约束的功能就非常弱化了。实际上,由于银行业务比较复杂和不透明,市场参与者难以准确判断银行的真实风险情况。① 所以,外部监管的介入是非常必要的,同时需要对存款保险进行改革,依据不同的系统重要性及银行所从事冒险行为来衡量,风险越大应缴纳越多的保险金。

**(二)强化宏观审慎监管的正当性分析**

1. 金融宏观审慎监管的理论依据

大多数学者认为,应当实施宏观审慎监管以维护金融稳定,主要理由及依据如下:(1)羊群效应理论。羊群效应或从众效应,是指人们的思想和行为容易受到大多数人的影响,即所谓的"搭便车"效应,导致金融体系集体性行为非理性趋同。(2)"动物精神"。即在市场前景不可捉摸,动物精神激发人们投资的冲动,鼓励人们勇于承担风险。(3)信息不完整。信息大爆炸时代,缺乏处理分析信息能力的人求助于外部评级机构,然而评级公司本身也具有顺周期性。(4)激励约束。现行的金融机构激励机制存在风险和收益不对称的特征,从而加剧了金融机构的过度冒险行为和顺周期性。(5)网络理论。即将金融体系看作整个网络。这种超级传播者,即系统重要性机构。②

而实际上,由于金融市场中具有强烈的负外部性,即一家金融机构倒闭所发生的连锁反应,会破坏金融对于实体经济发展的支持作用。虽然传统的福利经济学提出了"庇谷税"进行补偿,但是由于金融交易拥有巨大的杠杆效应,导致了个别金融机构的利益和整个社会的利益之间存在巨大的不对称性。而根据科斯定理而言,外部性无法通过市场机制进行自由交易,所以外部监管力量是必需的。③

---

① 参见[荷兰]鲁克·莱文:《不受周期影响的市场约束和宏观审慎监管》,张杰译,载[美]克莱森斯主编:《宏观审慎监管政策——通向金融稳定的新道路》,电子工业出版社2013年版,第338~339页。

② 参见张显球:《宏观审慎监管:理论含义及政策选择》,中国金融出版社2012年版,第4~5页。

③ 参见黄敏:《银行监管制度研究——国际经验的借鉴》,经济科学出版社2009年版,第18~19页。

2. 金融创新产生潜在系统性风险

金融创新是金融体系保持生命力的重要因素，但是过度的创新会带来无法预期的风险。金融创新包括金融体制和金融工具的创新。[①] 金融体制的创新是整个金融体系的构成要素的宏观改革，其涉及了对于金融体系自身服务功能的改进和对实体经济的进一步支持。而金融工具创新是具体金融交易形式的创新，包括信用创新、风险转移创新、增强流动性创新、股权创造创新。无论是金融体制创新还是金融工具创新，其所引发的问题是改变现有的金融格局而出现"边际监管真空"现象，如"影子银行"体系的监管问题。因为随着金融体系的发展，金融内部组成之间的联系越发密切，导致风险的传递也更加迅速，危害更加剧烈。

由于微观审慎监管的思路局限于某个相对稳定的金融领域，其对于新型的金融风险可能会视而不见；而宏观审慎监管从整个金融体系的角度出发，其视野是威胁金融体系的系统性风险。金融创新将面临监管真空，而监管真空势必诱发大量的金融资源涌入形成风险在局部区域过度集中，产生了过度共同风险暴露，[②]这本身就是宏观审慎监管的题中之义，故加强宏观审慎监管有利于严守金融创新的底线，促进金融体系持续健康发展。

3. 微观审慎监管忽视系统性风险

传统的微观审慎监管关注的是金融市场中单个金融机构的稳定，而无法对于系统性风险做出恰当及时的回应，上文已经阐述了系统性风险存在的两种方式：一是金融顺周期性，二是金融机构的共同风险暴露。金融体系顺周期性包括资本充足率顺周期性、公允会计准则顺周期性和贷款损失准备顺周期性。[③] 这种金融体系的顺周期性是传统的微观审慎监管所无法监管到位的，如资本充足率的顺周期性，即由于微观审慎监管标准《巴塞尔协议Ⅱ》中所提出的"内部评级

---

① 参见王大威：《系统性金融风险的传导、监管与防范研究》，中国金融出版社2013年版，第30～31页。

② 参见陈敏娟：《中国金融系统性风险及其宏观审慎监管研究》，中国社会科学出版社2014年版，第40页。

③ 商业银行的逆周期性主要包括资本监管顺周期性、贷款损失准备顺周期性和公允价值顺周期性三个类型。参见刘灿辉：《我国商业银行逆周期监管研究》，中国社会科学出版社2012年版；李文泓：《宏观审慎监管框架下的逆周期政策研究》，中国金融出版社2011年版。谢平、邹传伟（2013年）认为，银行业的三种外部性主要是信用风险外部性、流动性风险外部性和信贷供给量外部性。参见谢平、邹传伟：《银行宏观审慎监管的基础理论研究》，中国金融出版社2013年版。

法"所引起的。而共同风险暴露,同样由于"合成谬误"的缘故,即使在传统的微观审慎监管视野中是完全合乎监管标准的行为,却可能导致风险在系统层面积累。所以,在加强微观审慎监管的同时,必须要强化宏观审慎监管的推行,以防范系统性风险。

4. 市场约束和政府监管之间平衡

宏观审慎监管是市场约束和政府监管的一种更有效的平衡,强化宏观审慎监管有利于宏观经济的发展。由于微观审慎监管旨在避免市场中单个金融机构的倒闭,忽视了系统性层面的后果,所以某种程度上说,微观审慎监管是一种可能导致保护过度的监管框架。微观审慎监管过于看重避免市场中任何的倒闭事件发生,把避免任何的倒闭看作监管的金科玉律,而不管这种倒闭是否会影响到实体经济发展。但是,风险在于市场的力量可能会被过度压抑,资源被错误地分配而导致发展效率降低。如果这种措施被采取得过于严厉,即采取一切手段避免一切金融机构的倒闭,如保障过度的金融安全网安排,微观审慎监管可能还会破坏自身所追求的目标。很多监管限制风险的措施最后却导致了金融不稳定,最典型的例子就是存款保险制度所导致的道德风险问题。

存款保险制度并非不可取,其可以作为有限的预先承诺补偿贷款损失机制方案。挤兑是现代社会中诱发危机的重要原因,特别是发生在银行间市场。但是存款保险制度并非处理流动性危机的最优手段,如替代方案"紧急流动性协助"(emergency liquidity assistance)能够得到更好的效果,因为其并非无条件提供的。但是存款保险制度也具备自身的功能,即已经通过限制弱势群体发生损失的概率使监管当局可以缓解"拯救机构"的政治和经济压力,否则需要向问题金融机构发放流动性。所以,政府通过消除对于问题金融机构危机救助的道德风险,建立以宏观审慎监管和更有针对性的保护方案的框架,能够更好地实现保护存款者利益的目标。①

威廉·R. 怀特(William R. White,2014 年)提出采取监管措施防范风险在未来会变得越来越困难,监管当局有一种监管越多越好、越复杂越好的倾向,而实际上复杂的金融行为并不一定要用复杂的金融监管相匹配,应当更加依赖金

① See Claudio Borio, *Towards a Macroprudential Framework for Financial Supervision and Regulation?*, BIS Working Papers No. 128, 2003, p. 5.

融机构的自我约束和市场自律。①

## 三、宏观审慎监管的本质

### (一)金融监管权调控市场的过程

宏观审慎监管的核心法律概念是宏观审慎监管权,即为了防范系统性风险的危害而赋予其对于系统性风险进行监管的权力。政府的任何公权力都应当来自宪法的授权,有其正当性和约束性。同时政府对于公司的国家强制,应当以保护股东免受他人专断意志的强制为目的。② 由于金融行业本身具有强大的负外部性,金融危机爆发后各国政府的救市支出非常庞大,造成了许多的政府财政赤字,金融行业的暴利由该行业独享,损失却让纳税人承担,形成了非常不公平的局面。而且每个微观的金融企业由于信息不对称的缘故也无法预测和防范系统层面的风险。所以在这个层面上,私法自治已经导致了严重的不公正,用科斯定理进行解释,即其负外部性无法通过市场自我交易解决,所以必须授予政府宏观审慎监管权,从源头上防范系统性风险,在危急时刻做好善后处理工作。“不完全市场、政府的善意信念及政府的干预能力,为政府介入金融领域提供了合理性。”③

卡塔琳娜·皮斯托、许成钢(2002 年)提出的“法律不完备理论”(incomplete law theory)认为法律不完备是一种常态,导致了法律威慑作用的弱化,在这个大前提下需要对立法权和执法权进行合理分配,以强化监管效果的实施。立法权可能分配给立法者、法庭和监管机构,而执法权可能分配给监管者和法庭。分配的最优标准,取决于法律的不完备程度及对于所监管危害行为进行归类的能力和损害行为的外部性大小。在现有的法律框架之下不能应对新出现的情形,合理解释和确定创造规则如何适用的权力就是剩余立法权和执法权。剩余立法权和执法权如果赋予立法者和法庭,会导致立法上的滞后及违背中立的法律地位,而系统性风险的监管在很大程度上依赖于前瞻性的预防,故剩余立法权和主动

① See William R. White, *The Prudential Regulation of Financial Institutions: Why Regulatory Responses to the Crisis Might Not Prove Sufficient*, OECD Economics Department Working No. 1108, 2014, pp. 1 -51.

② 参见邓辉:《论公司法中的国家强制》,中国政法大学出版社 2004 年版,内容提要部分。

③ [美]詹姆斯·R. 巴斯、小杰勒德·卡普里奥、罗斯·列文:《金融守护人》,杨农等译,生活·读书·新知三联书店 2014 年版,第 43 ~44 页。

执法权赋予监管者是有正当性的。①

### (二)企业利益与金融稳定间平衡

刘春航(2011 年)的“BLISHER”分析框架表明,②每个市场主体追求自身效益最大化的过程会导致整个金融体系的不稳定因素增加。在图 2.1 曲线 $L_1$ 之上的点,有沿着曲线向左上方移动的趋势,表示单个金融企业有追求自身利益最大化的趋势,最终可能会处于 $A_3$ 这个位置,导致系统性风险的积累过度。所以需要金融管制的介入,抑制金融机构自觉地过度追求自身利益,但是过度管制会带来效率的扭曲。所以,需要对金融监管进行改革,曲线 $L_0$ 代表了改革之前的“效益—稳定”曲线,而 $L_1$ 代表了改革之后的曲线。对比 $A_0$ 和 $A_1$ 的位置可以发现,在不减少企业自身效益的前提下,系统性的稳健性加强了;而对比 $A_0$ 和 $A_2$ 可以发现,在不增加系统性风险的前提下,企业的自身效益提高了。而实际上,从曲线 $L_0$ 过渡到 $L_1$ 位置后,金融监管、市场约束和企业自律三方面的关系更进一步平衡。这种监管安排的改进(如包容性监管),使金融机构在追求自身利益的同时满足了监管机构的监管目标,而不是相互对立起来。

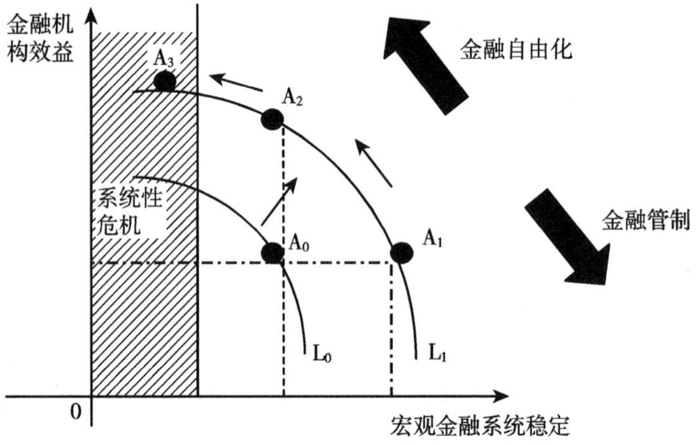


**图 2.1 金融体系的“效益—稳定”曲线**

资料来源:刘春航:《金融体系脆弱性的原因及其评估》,载谢平、管涛、黄益平、魏加宁、阎庆民、袁力、钟伟主编:《金融的变革》,中国经济出版社 2011 年版,第 29~50 页。

---

① 参见[美]卡塔琳娜·皮斯托、许成钢:《不完备法律:一种概念性分析框架及其在金融市场监管发展中的应用》,载吴敬琏主编:《比较》,中信出版社 2002 年版,第 112~128 页。

② 参见刘春航:《金融体系脆弱性的原因及其评估》,载谢平、管涛、黄益平、魏加宁、阎庆民、袁力、钟伟主编:《金融的变革》,中国经济出版社 2011 年版,第 29~50 页。

《巴塞尔协议Ⅱ》所提出的三大支柱，即资本充足率、外部监督和市场约束（信息公开），已经具备这种平衡的理念，而《巴塞尔协议Ⅲ》在继承三大支柱的层面上，对于资本监管继续进行加强，同时引进了一系列的逆周期资本监管工具及系统重要性金融机构监管工具，强化信息公开，以此增强外部约束。宏观审慎监管的努力是实现更加有效率的监管，而不是更多更严格的监管。从微观审慎监管到微观与宏观审慎监管的并重，可以认为是从 $L_0$ 曲线过渡到 $L_1$ 的过程，而这一过程以较小的监管实施成本，换取了更大的金融稳定安全。张雪兰、何德旭（2014 年）认为“宏观审慎监管对于金融行业的发展，本质上牺牲一部分速度，在最大限度上换取较长时间段的稳定”。① 从金融监管改革的成本效益分析，“改革所带来的收益是通过降低和减少未来金融危机的严重程度和频率，由此所避免的福利损失的期望值折现来衡量。而成本方面是被监管机构要承担更多的监管成本”，②这种监管成本包括了监管制度本身所需要的成本和由于监管实施后导致了市场效率的扭曲。

**（三）金融行业良性进化生态秩序**

从进化论的角度，一个种群的进化需要多样性和自然选择相结合来完成，如此才能优胜劣汰保证最优秀的基因留存下来，整个种群的生命力也得到了延续。在金融行业中，多样性意味着金融创新，如果把金融行业比作一个生态圈，其内部竞争亦适用丛林法则，所以金融创新就会带来风险。一个良好的生态系统需要自然选择以实施优胜劣汰，而金融行业中的自然选择即市场规律，对于某个金融机构而言即其能否经受住市场考验而存活下来。传统的微观审慎监管非常注重每个金融机构是否稳健，如果极力避免任何企业的倒闭，实际上有违自然选择规律，容易滋生道德风险的问题。但是金融行业进化的前提是整个种群不遭受灭绝性的打击，这就和最大化保持种群的生命力相一致。故进化的底线是维持种群的安全，而金融创新的底线就是系统性的安全。

“太大而不能倒”问题是其外部性导致的，故如果能妥善处理好这种外部性，就可以做到让自然选择规律重新发挥作用。宏观审慎监管通过设置系统重要性

---

① 张雪兰、何德旭：《逆周期宏观审慎监管工具的有效性：国外文献评述》，载《国外社会科学》2014 年第 4 期。

② 刘士余、周学东、刘向民：《美国金融监管改革概论：〈多德—弗兰克华尔街改革与消费者保护法案〉导读》，中国金融出版社 2011 年版，第 209 ~ 210 页。

金融机构附加资本要求、生前遗嘱、有序清算计划和前瞻性介入框架等监管工具,最大化地避免了单个金融机构倒闭对于整个金融行业的负外部影响,以此保证市场规律能够起基础作用。宏观审慎监管是对于效率和安全的一种权衡,其无法防范所有的系统性风险,只是用一部分监管成本去换取更大的金融稳定和安全。

金融行业具备高风险高收益的特性,故宏观审慎监管并非要追求杜绝一切风险,其希望杜绝的是导致整个金融体系出现毁灭性打击的风险,保护的是金融体系为实体经济服务的功能,而不是某个金融机构。故宏观审慎监管在努力营造一个优胜劣汰的金融生态系统,但是不至于在淘汰的过程中造成对整个金融体系系统性毁灭的局面,维持一个金融体系良好进化的环境。

查尔斯·泰勒(2013年)提出了金融监管进化理论。将金融行业比作一个羊群,金融监管是牧羊人守护着羊群的前进,企业自律是其本身生命力强弱,而市场约束是自然选择。过去微观审慎监管主要关注的是每头羊不会被障碍物所挡住,但是宏观审慎监管所关注的是让整个羊群避开悬崖和绝壁。①

① 参见[美]查尔斯·泰勒:《宏观审慎监管和演变:通过达尔文的眼睛来分析金融体系》,王丽洁译,载[美]克莱森斯主编:《宏观审慎监管政策——通向金融稳定的新道路》,电子工业出版社2013年版,第30~38页。

# 第三章　域外银行业宏观审慎监管改革的比较

## 一、美国宏观审慎监管改革经验

整体而言，美国对于宏观审慎监管的改革并没有颠覆原有的金融监管体系，而是通过颁布一系列的蕴含宏观审慎监管理念的法令，创设了独立的金融稳定监督委员会，其能够协调原有的众多微观审慎监管主体，同时赋予美联储对于系统性重要金融机构的监管权，在整体视野上要求各微观审慎监管主体更加注重系统性风险的防范。

### （一）美国宏观审慎监管改革的主要内容

1. 形成了“伞状”宏观审慎监管框架

美国的宏观审慎监管框架是以“联邦储备委员会为核心、金融稳定监督委员会为中枢”①的结构，形状如同伞状。所谓的伞形监管体系，即功能性监管体系（分业监管），将金融行业划分为银行业、保险业、证券业，各行业由相对独立的监管者进行监管，这些监管者也称为功能监管者，而美联储对各个金融领域均拥有协同监管权，将功能监管者和美联储连接起来如同伞状，美联储处于伞

---

① 刘仁伍：《宏观审慎管理：框架、机制与政策》，社会科学文献出版社2012年版，第239页。

尖而其他监管者处于伞边缘位置。[1] 美国关于宏观审慎监管正式的改革，始于2010年7月21日《多德—弗兰克法案》，美国依据该法案组建了金融稳定监督委员会，该委员会是在美国原有的“伞状金融监管体系”之下创建而成，相当于增加了一个功能监管者。由于该宏观审慎监管体系从属于美国金融监管体系，所以是一个嵌套的伞状结构。在这个内部的伞状框架之下，金融稳定监督委员会如同其他的功能监管者，负责跨金融部门的系统性风险的检测和监管协调。改革后美国联邦级主要金融监管机构及其职责见表3.1。

**表3.1 改革后美国联邦级主要金融监管机构及其职责**

| 主要监管机构 | 承担的主要监管职责 |
| --- | --- |
| 金融稳定监管委员会 | 统一监管标准，协调监管冲突，处理监管争端，鉴别系统性风险，向其他监管机构进行风险提示，履行宏观审慎管理职能 |
| 联邦储备委员会 | 除监管联储体系会员银行外，对影响金融稳定的规模较大、关联较深的以商业银行、投资银行业务为主的金融(银行)控股公司、大型保险公司等金融机构实施监管 |
| 联邦存款保险公司 | 对所有参保的美国银行和外国银行分支机构进行检查、处置和监管 |
| 证券交易委员会 | 撤销商品期货交易委员会后，对证券市场和期货市场实施统一监管 |
| 全国银行监管署 | 取代原货币监理署和储蓄机构监理局，除监管国民银行和外国银行分支机构，还负责对互助储蓄银行和储贷协会的监管 |
| 消费者金融保护署 | 制定消费者和投资者保护规则，对金融产品提供机构进行检查，对损害消费者和投资者的金融机构和市场行为实施处罚 |
| 全国保险监管局 | 通过收集信息、开发专业资源、协调保险业政策、参与国际协议谈判，对人寿保险公司、财产保险公司和灾害保险公司等进行全方位监管 |
| 国家信用社管理局 | 对城市和农村的合作金融机构进行监管 |

资料来源：尹继志：《宏观审慎管理制度：理论与实践》，载《经济体制改革》2012年第1期。

---

① 参见马君潞、常殊昱：《美联储权力结构变迁与混业经营监管的发展趋势》，载《金融论坛》2012年第1期。

2. 明确了宏观审慎监管的主体与职责

(1)组建金融稳定监督委员会。

①成立目的。金融稳定监督委员会是依据《多德—弗兰克法案》第111条而组建,[①]该委员会成立之后又研究制定了自身的治理原则和运行程序——《美国金融稳定监督委员会组织规则》。依据《多德—弗兰克法案》,该委员会创建的主要目的在于:第一,识别可能源自重大的财务困境或失败,以及可能从金融服务领域波及实体经济的相互关联银行的控股公司或非银行金融公司之间进行的交易,从而影响联邦层面的系统性风险;第二,通过消除所监管公司的股东、债权人和交易对手的关于美国政府将在危机爆发时补偿他们损失的道德风险,以促进市场自我规范和约束;第三,制定对策以应对涌现的可能影响美国金融体系稳定的新威胁(包括系统性风险的检测、使用压力测试作为前瞻性风险缓解工具、金融稳定风险检测方法的改进)。[②]

②法定职责。金融稳定监督委员会的职责在《多德—弗兰克法案》第112(a)(2)条下规定了:(A)收集信息。从其他成员机构,如联邦或州的监管机构收集信息,如果该种信息关系到联邦金融体系,金融研究办公室[③]可以直接从银行控股公司或者非银行金融机构中直接请求获取信息。(B)委员会在金融研究办公室所提供的数据和分析之下做出指导决策。(C)监督金融服务市场以识别对美国金融稳定造成不利的潜在威胁。(D)关注国内外包括保险和会计方面的金融监管的政策与发展,同时在这些领域,向国会提出能够促进美国金融市场诚信、效率、竞争力和稳定的立法建议。(E)促进成员机构和其他联邦和州机构之间,在国内金融服务政策形成、规章制定、监督报告和执法行动等方面,加强信息共享和协调。(F)在与各成员机构之间充分交换意见之后,向会员机构建议一般监管目标和原则。(G)发现能够给美国金融体系造成威胁的监管空白。(H)在非银行金融机构发生重大财务困境时候或发生其他由《多德—弗兰克法案》第113条所规定的情形,可能给美国金融体系造成风险时,金融稳定监督委员会将

① See Dodd-Frank Act, Section 111, (a) Establishment. —Effective on the date of enactment of this Act, there is established the Financial Stability Oversight Council.

② See FSOC, *FSOC* 2011 *Annual Report*, Financial Stability Oversight Council, 2011, p.3.

③ 金融研究办公室是美国财政部的下属部门,专门从事金融监管数据的收集与分析,同时金融稳定监督委员会的常设委员会也下设了数据委员会。

介入监管。(I)向理事会提出,建立关于提高基于风险资本、杠杆率、流动性或有资本、破产方案和信用风险报告、增强信息披露的审慎标准,增强由委员会监管的非银行金融公司及大型相关联的银行控股公司的全面风险管理的审慎标准。(J)识别系统重要性金融市场公用设施和支付、清算和结算活动。(K)向各主要金融监管机构建议,针对能够产生或增加显著流动性、信用或者其他能够在银行控股公司、非银行金融机构和美国金融市场中迅速传播等问题的金融活动或行为,应用最新或更严格的标准与保障措施。(L)检查并且恰当地向委员会及标准制定组织提交关于现存或者被提议的会计准则、标准及程序方面的评论。(M)提供一个论坛以商讨新型市场发展及金融监管问题及解决委员会成员内部关于管辖权的争议。(N)定期向国会出具年度报告并对具体事项进行作证,这些具体事项包括:(i)委员会的主要工作;(ii)系统重要性金融市场及其监管的发展,包括保险及会计方面的法规及标准,并且评估这些发展对于金融稳定方面的影响;(iii)美国金融稳定的潜在威胁;(iv)关于系统性重要金融机构的认定及其依据;(v)所有可能的建议及这些建议的后果;(vi)提供建议以增强美国金融市场的稳健性、效率和竞争,促进市场自律,增强投资者信心。①

《多德—弗兰克法案》第119条规定了委员会处理管辖权纠纷机制的规则:(a)请求委员会作出建议。委员会应妥善处理两个或两个以上成员机构之间的争议。(1)成员机构与另一成员机构就某一特定银行控股公司、非银行金融公司或金融活动或产品的各自管辖权发生争议(本法第十章已明确规定适用另一争议机制的事项除外);(2)委员会可确定,涉争端的机构在诚意地努力之后,未能在没有委员会干预的情况下解决争端;(3)涉争端的任何成员机构,向所有相关争议方发出请求委员会解决争议意愿的事先通知,并在发出事先通知后14天内,以书面形式向委员会请求解决争端。

(b)委员会的建议。委员会应妥善解决前段中成员机构提交的所有争议,并满足如下要求:(1)在收到争议解决请求后的合理时间内提供建议;(2)充分审查涉争端各方提交的相关资料;(3)支持其中一名涉争端方关于整个争议的立场,或者确定妥协的立场。

(c)建议的形式。委员会作出的建议应当满足形式要求:(1)采取书面形式;

① See Dodd-Frank Act 112 (a)(2).

(2)包含作出建议的原因解释;(3)获得委员会2/3以上有投票成员支持意见后生效。

(d)非约束性效力。委员会在(c)小节所做出的任何建议都将不能对参与纠纷的联邦机构方产生约束效力。①

③成员结构。本质上金融稳定监督委员会属于监管协调机构,而且由于其所负责的是跨金融部门的监管,针对的是系统性风险,所以其成员主要是从其他的微观审慎监管机构抽调而来。在该委员会内部,成员分为有投票权和无投票权两种,每位有投票权的成员拥有一票。拥有投票权的成员分别是,财政部部长(担任金融稳定监督委员会主席)、联邦储备委员会主席、货币监理署审计主任、消费者金融保护局局长、证券交易委员会主席、联邦存款保险公司主席、商品期货交易委员会主席、联邦住房金融局局长、联邦信用合作机构董事会主席,第十位拥有投票权的成员是由总统指定的拥有保险专业知识并参考参议院的建议与许可任命的独立投票成员。同时,该委员会拥有非投票成员5名,分别是金融研究办公室主任、联邦保险办公室主任、联邦保险监管委员会选举指定的联邦保险监管专员、联邦银行监管局选举指定的联邦银行监管专员、联邦证券监管委员会选举指定的联邦证券监管专员。②除非主席在委员会成员内一致投票,委员会内的非投票成员不应该被委员会内任何程序、会议、讨论或者商议排除在外,以维护和促进委员会内部的所有程序、会议、讨论和商议都能做到监管信息的充分交换。委员会拥有独立投票权的成员任期是6年,其他有投票权成员任期和原有职位任期一致,而非投票权成员的任期为2年。

④会议机制。运作机制主要是召集会议并做出决议。金融稳定监督委员会的定期会议由主席召集或者按照成员多数表决权的方式召集,但是最少不得少于每季度一次,会议地点在华盛顿特区内。除非另有说明,委员会所做出的所有授权,均应按照少数服从多数的原则投票进行。该委员会包括其所委派的特别顾问、技术或专业委员会都豁免适用于《联邦咨询委员会法案》,豁免成员名单由委员会列出。同时,联邦政府的任一部门或机构的资源,如服务、资金、设备、员工和其他委员会所决定建议的资源,都可以提供给委员会或者委员会所指定特

① See Dodd-Frank Act 119.

② See Dodd-Frank Act 111(b)(1-2).

别顾问、技术或专业委员会以协助其决策。①

委员会不得将自身权利授予他人,而委员会有投票权的成员在特定事项上也不得将自己的投票权授予他人,这些特殊重大事项包括决定非银行金融机构或一般金融机构(美国与外国)是否开始或停止接受美联储监管,并适用审慎标准。

除非主席或者成员投票表决召开紧急会议,一般提前一周发布会议通知,会议议程及相关材料将在会议召开 48 小时前发布给各参会成员。会议和未通过的会议的决议的记录将尽可能详细,该份详尽的记录将会在会议结束或者决议生效后,发布给每位成员,并在下次会议开始之前被修正或者批准,同时所有的会议细节都将依据透明政策而公开。会议的召开将不拘泥于形式,在合适的保密技术措施前提下,成员可通过电话会议等通信手段举办会议。决议可以在会议上一次性表决,也可以由投票成员通过书面形式与委员会秘书之间通信计票,两种表决效力相同。

⑤人员和信息的高度分享。金融稳定监督委员会在执行自身职能的过程中,可以调用一切可用资源,主要包括人员和信息两方面。在人员调配方面,联邦政府的任何雇员都可以无偿任由该委员会调派,并且此种调派不应当被中止或者使雇员失去公务员地位。② 同时,该委员会可以向成员单位、金融研究办公室、联邦保险办公室或者其他金融监管机构收集或请求提交相关信息,以满足执行自身的职能要求,包括但不限于监控金融服务市场以识别对美国金融稳定造成威胁的潜在风险。③ 同时,委员会还能够向非银行金融公司和银行控股公司收集信息,当然该过程由委员会自行裁决恰当的程度,指令金融研究办公室向非银行金融公司和银行控股公司收集能够用于评估对美国的金融体系造成风险的数据,可能对美国金融稳定造成威胁的具体金融活动、金融市场或者该金融机构本身的界定也由委员会恰当裁决。④ 例如,委员会将要求任何一家综合资产总额超过 50 亿美元的银行控股公司接受美联储的特别监管,其附属公司也应向委员会出具财务状况、监控金融风险系统的认证报告,并且与存款机构的子公司发生的

---

① See Dodd-Frank Act 111.

② See Dodd-Frank Act 111(j).

③ See Dodd-Frank Act 112(a)(2) and (d).

④ See Dodd-Frank Act 112(a)(2) and (d)(3).

交易及任何可能扰乱金融市场稳定的公司活动及运营都应当及时向委员会报告。①

主席代表委员会协调信息在不同机构之间收集与发布的工作，该工作由金融研究室具体执行。在向非银行金融机构及银行控股公司要求提交相关信息之前，金融研究办公室应当与所主管的成员机构或者其他金融监管单位协调，并尽可能依靠该监管机构现有的信息，以减轻被监管公司的报告负担。② 类似地，在向国外非银行金融公司或者国外银行控股公司请求提交报告之前，金融研究办公室也应当与该公司本国相应的监管机构协商，尽量依靠该监管机构所现有的信息。当然金融研究办公室对外负责与其他国家金融监管机构之间的监管信息分享和协作。③ (美国宏观审慎管理框架见图 3.1)

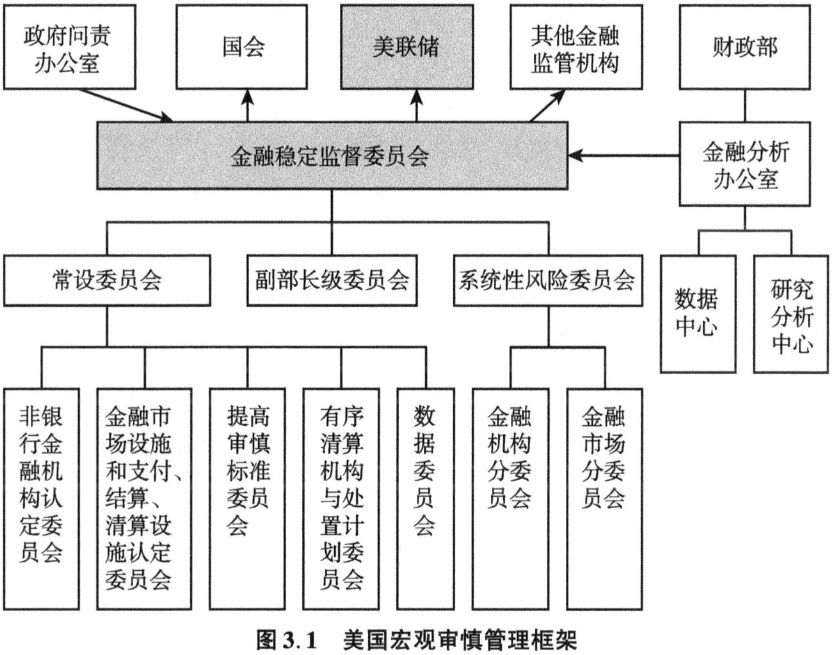


**图 3.1　美国宏观审慎管理框架**

资料来源：刘仁伍：《宏观审慎管理：框架、机制与政策》，社会科学文献出版社 2012 年版，第 239 页。

---

① See Dodd-Frank Act 116(a).

② See Dodd-Frank Act 112(d)(3)(B).

③ See Dodd-Frank Act 112(d)(3)(B)(C).

(2)扩大了美联储的监管权限。美联储在美国金融监管体系中处于核心地位,历次美国金融体系的改革也是围绕着对美联储金融监管权的弱化或强化来实现的。[①] 从1933年美国《银行法》颁布伊始,美联储就拥有"协同监管权力",监管的对象包括"银行和所有的银行关联机构",[②]而赋予美联储这种"协同监管权力"的初衷即防止由于单个金融机构的出现困境诱发金融网络的大崩盘。美联储的这种协同监管权力在历史上也经历了扩大了限制,此次危机唤起了人们对于系统性风险的关注,故在系统性风险监管方面,美国对美联储的权力又一次进行了扩大。

美联储监管权力扩大的最显著表现在系统重要性金融机构的特别监管权限。为了避免因美联储的监管权力扩张重蹈美国20世纪70年代出现的经济滞胀,在程序上由金融监督委员会决定美联储的监管范围,包括非银行金融机构、金融活动及金融基础设施。[③]

判断对于一家美国非银行金融机构是否需要接受美联储的监管,即所谓的系统重要性金融机构的认定需要金融监督委员会2/3成员以上支持票并必须有委员会主席(财政部部长)的赞同票才能够决定。委员会考虑该金融机构的要素为业务性质、业务范围、规模大小、集中程度和关联程度。[④] 外国非银行金融机构的系统重要性判断和美国非银行金融机构判断程序类似,标准基本上相同但还需要考虑该外国机构在美国的金融资产的规模和性质,在美国开展业务活动并进行融资而承担的负债数量和类型,包括对短期融资的依赖程度等条件。[⑤]

《多德—弗兰克法案》还规定了反规避条款,如果依据联邦或者任意州法律,或者其他国家或地区法律成立的公司所直接或间接进行的金融活动,将会对美国金融稳定造成威胁(参考杠杆率等指标),同时公司的运营方式将规避上述法

---

① 美国的金融行业分业监管始于1933年,经历了数次对于美联储监管权的加强和削弱。参见马君潞、常殊昱:《美联储权力结构变迁与混业经营监管的发展趋势》,载《金融论坛》2012年第1期。

② Regulation P, Series of 1933, Holding Company Affiliates-Voting Permits, 19 Fed. Res. Bull. 505 (1933). 所谓银行关联机构,包括银行的子公司、银行所属银行控股公司和银行所属控股公司下属的其他金融机构。转引自马君潞、常殊昱:《美联储权力结构变迁与混业经营监管的发展趋势》,载《金融论坛》2012年第1期。

③ 参见金融稳定监督委员会职责部分。

④ See Dodd-Frank Act 113(a)(1).

⑤ 美国非银行金融机构系统重要性认定标准,参见Dodd-Frank Act 113(a)(2);外国非银行金融机构系统重要性认定标准参见Dodd-Frank Act 113(b)(2)。

律的适用,则允许委员会自行发起或者由美联储授权对上述情形进行调查,这些公司将最后同样受到美联储的监管,适用更加严格的监管标准,以保证系统重要性金融机构的认定不被规避。① 在委员会做出上述的决断之前,需要向国会委员会提交一份合适的报告,详细阐述做出上述裁决的理由。②

美联储保留最终检查及决策权力,在上文所述信息部分之中,如果金融监督委员会依据现有信息不能够排除美国的非银行金融公司是否会对金融稳定构成威胁,委员会将请求并授权于美联储对该金融公司进行检查,以决定是否接受美联储的特别监管。③

3. 颁布系统重要性金融机构监管标准

依据《多德—弗兰克法案》第 115 条的规定,金融稳定监督委员会有权向美联储建议对于其认定为具有系统重要性而由美联储特别监管的非银行金融机构、大型相互关联的银行控股公司等,执行更加严格的监管标准及报告和披露要求。④ 而标准的严格程度将视该金融机构自身的系统重要性而定,具体参照该法案第 113(a)条和第 113(b)条的系统重要性衡量因素相关规定。同时法案第 165 条规定,美联储在实际执行标准的时候,可以酌情适用更加严格的监管标准。

(1)一般标准。从整体上来说,委员会建议的标准要高于那些对系统重要性更弱的金融机构的标准,同时参考法案第 115(b)(3)条的规定,考虑因素并增加严格程度。在做出建议标准时,委员会要按照个别或类别而区别对待不同的公司,参考它们的资本结构、风险水平、复杂性、金融活动类型(包括他们子公司的活动)、规模(建议的规模是 50 亿美元)和任何其他需要考虑的合适因素。⑤

(2)监管标准。依据法案第 115(b)(1)条的规定,委员会所建议的一般监管标准将包括:(A)基于风险的资本要求;(B)杠杆限制;(C)流动性限制;(D)清偿计划和信用敞口报告要求;(E)集中度限制;(F)或有资本;(G)增强公开披露;(H)短期债务限制;(I)整体风险管理要求。⑥ 对于外国金融公司而言,委员会在建议上述宏观审慎监管标准的时候,还应当考虑国民待遇原则和公平竞争

---

① See Dodd-Frank Act 113(c)(1).
② See Dodd-Frank Act 113(c)(2).
③ See Dodd-Frank Act 112(d)(4).
④ See Dodd-Frank Act 115(a)(1).
⑤ See Dodd-Frank Act 115(a)(1)(2).
⑥ See Dodd-Frank Act 115(b)(1).

原则,主要参考该公司在母国的监管标准。①

在做出上述监管标准的时候,委员会应当注意到各被监管公司的不同之处以制定不同的监管标准。各公司的不同之处包括:(i)《多德—弗兰克法案》第113(a)条和第113(b)条中所规定的因素;(ii)公司是否拥有存款类机构;(iii)非金融活动和其关联结构;(iv)其他由理事会认为恰当的因素。在依据该法案第165条制定上述监管标准的时候,应尽最大可能保持监管标准的稳定性和连续性,而不受到该法案第113(a)条和第113(b)条发生的细微修改而产生尖锐和不连续的影响。依据该公司的主营业务而调整监管标准,包括所管理的资产及其他活动可能适用了并不合适的某个特殊的监管标准。②

(3)或有资本要求。委员会应当对美联储所监管之下的非银行金融机构及银行控股公司适用或有资本标准做出评估,以衡量或有资本标准的可行性、收益成本及结构。这些评估应当包括:(A)这些监管标准的适用能在多大程度上增强公司的安全性和稳健性,促进美国金融体系稳定并减少美国纳税人的风险;(B)对所需要的恰当的或有资本性质和数量的评估;(C)对审慎标准的潜在分析,以用来判断一家公司的或有资本在风险时期能否转化成股本;(D)对于实施或有资本而产生的经济效果,如对公司所需要的成本、对金融市场所产生的信用结构和其他方面的影响;(E)实施这些要求后对公司国际竞争力和实施国际合作的影响;(F)对实施细则的建议。委员会应当在《多德—弗兰克法案》制定2年内向国会提交上述研究报告。③

(4)清偿计划和信用风险报告。委员会将向美联储做出建议,受到美联储监管的非银行金融机构和银行控股公司依据上述法案第115(a)条中所规定的情形,定期向委员会做出报告。同时上述被监管机构在发生重大财务困难时,应当向委员会报告其快速有序清偿计划。④

委员会可根据下列事项的必要性向美联储提出建议,即要求受美联储监管的非银行金融公司和(a)款所述银行控股公司定期向委员会、美联储和公司报告。报告应包括以下内容:(A)该公司对其他系统重要性非银行金融机构和系

---

① See Dodd-Frank Act 115(b)(2).

② See Dodd-Frank Act 115(b)(3).

③ See Dodd-Frank Act 115(c).

④ See Dodd-Frank Act 115(d)(1).

统重要性银行控股公司所产生的信贷风险的性质和程度;(B)其他系统重要性非银行金融机构和系统重要性银行控股公司所对本公司所产生的信贷风险的性质和程度。①

(5)集中度限制。为了限制单家金融机构倒闭而对美联储所监管的系统重要性金融机构所产生的连锁风险,委员会将向美联储做出建议以限制风险的过度集中。而美联储自身需要制定条例,该条例规定,系统重要性金融机构对任何单个非关联人的信用风险敞口不能超过该公司资本金和盈余的25%(可以制定更加严格标准)。

信用敞口包括:(A)为该企业提供的全部信用,包括贷款、储蓄和授信;(B)对系统重要性机构实际造成的信用敞口与该企业的全部回购和逆回购以及全部证券信贷;(C)为该企业出具的全部担保,承兑汇票、信用证(包括背书的信用证和备用信用证);(D)所有对该企业证券的购买和投资行为;(E)因为和其进行衍生品交易而产生信用风险;(F)其他被美联储认定为风险敞口的交易行为。②

(6)增强公开披露。委员会将向美联储建议,要求所监管的系统重要性金融机构定期公开披露信息,以支持市场评估风险特点、资本充足率、风险管理能力,等等。③

(7)短期负债限制。委员会将向美联储建议,对于所监管的系统重要性金融机构所借的短期负债进行限制,以避免该种类型债务的积累对美国金融体系造成威胁。同时,《多德—弗兰克法案》授权美联储在其认为必要时可以对该金融机构进行短期负债限制的豁免或者调整。④

**(二)美国宏观审慎监管改革的评价**

本质而言,此次美国金融监管的宏观审慎监管改革并没有构建一个全新的监管体系,而是在原有的伞状监管框架之下,设立了一个监管协调机构——金融稳定监督委员会。该委员会整合了原有的监管资源,在很大程度上避免了监管真空的问题。同时,宏观审慎监管权限的扩张,也是美联储作为央行的监管权限

---

① See Dodd-Frank Act 115(d)(2).

② See Dodd-Frank Act 115(e) & Act 165(e).

③ See Dodd-Frank Act 115(f) & Act 165(f).

④ See Dodd-Frank Act 115(g) & Act 165(g).

周期性随着金融危机而扩张与收缩的一个小缩影。每一次对于美联储金融监管权限的收放,都是美国金融监管体系对于效率和安全之间的一种试错平衡。

1. 宏观审慎监管与微观审慎监管并重

前文已经阐述,美国的此次金融改革并未颠覆原有的伞状监管体系,而是在微观审慎监管主体之间设立了监管协调机构。在宏观审慎监管方面,其关注跨金融行业部门的金融风险的积累和传播,在原有的监管体系之下设立了金融稳定监督委员会,负责识别和协调跨部门的系统性风险的监管。与此同时,强化了美联储在系统性风险监管方面的权限和范围,由金融稳定监督委员会负责程序性识别,而美联储负责实际的监管工作,包括对系统重要性金融机构的特别监管,从而解决“大而不能倒”的难题。而从微观审慎监管方面,宏观审慎监管协调机构——金融稳定监督委员会的本身成员都是来自微观审慎监管机构的高级管理人员,而委员会主席更是由财政部部长兼任,其监管标准也是普通的微观审慎监管的强化版本,不仅要关注单个微观金融机构的稳定更要着眼于整个金融体系的稳定。可以说,美国所执行的宏观审慎监管有赖于微观审慎监管的有效执行而达成。所以从根本上说,美国的宏观审慎监管改革,是对于现有的微观审慎监管体系的一次进化。①

2. 宏观审慎监管主体与职责清晰明确

依据《多德—弗兰克法案》而成立的金融稳定监督委员会是美国金融体系的法定监管机构,其是多个微观审慎监管机构之间的协调机构。上文已经阐述,该宏观审慎监管主体有法定的监管职责与目标,其与美联储和其他的微观审慎监管主体之间的分工非常明确。金融稳定监督委员会负责识别风险和建议执行标准,而美联储负责对金融监督委员会所认定的系统重要性金融机构进行具体监管,而各微观审慎监管机构也负有协助金融监督委员会监管,如提供信息和人力资源的义务。各监管主体之间的职权划分较为清晰明确,金融稳定监督委员会内部的议事规则也较为完善。这些措施都保证了避免因存在多个微观审慎监管机构而出现的监管真空和监管竞争。

---

① 参见杨利华:《美国〈多德—弗兰克华尔街改革和消费者保护法〉评述》,载《甘肃金融》2012年第11期。

3. 制定实施严格的宏观审慎监管标准

《多德—弗兰克法案》已经详细规定了对于系统重要性金融机构的执行标准。特别值得提出的是，除了这些较为严格于一般金融机构的宏观审慎监管标准，该法案还提出了“沃克规则”(Walker rules)。该规则的主要内容是，第一，限制规模较大的金融机构之间的自营业务交易，严格隔离商业银行业务和其他业务，做到风险隔离；第二，对商业银行的衍生品业务交易行为严格限制，如禁止其进入对冲基金和私募股权基金业务；第三，对金融机构的规模进行严格限制，以保证在必要的时候能够进行拆分。① 沃克规则的核心是限制银行从事自营交易和拥有对冲基金或私募股权基金，其监管思想和《格拉斯—斯蒂格尔法案》相类似，都是采取限制商业银行从事高风险业务以维护整个金融体系的稳定。其中“银行”指任何投保存款机构、任何控制投保存款机构的公司等，而“自营业务交易”指在任何交易中以本人作为委托人为自己的交易账号买卖、获得或处置任何证券、衍生品、商品期货合约，任何有关该证券、衍生品或合约的期权等。②

4. 妥善处理了“大而不能倒”的问题

《多德—弗兰克法案》还设置了一套有序清算程序以处理“大而不能倒”的难题。有序清算程序(Orderly Liquidation Authority)与加强后的宏观审慎监管标准相衔接，是在此次改革中关键性的创新。为大型的金融机构而设置的有序清偿计划，是在现有基础上更妥善地处置破产处理法律和运行风险都较为负责的法律程序。

有序清算程序是为了处理金融公司在破产法典的程序下进行清算时出现的一系列危害金融稳定的负面效应，且该程序是《多德—弗兰克法案》设置的最后手段。这一程序要求美联储或者其他在法案中规定的其他微观审慎监管机构，如联邦存款保险公司、美国证券交易委员会、联邦保险办公室在发生前述情形时，向财政部部长书面提出建议，由财政部部长做出是否启动有序清算程序的决定。决定是否启动该程序应考虑的因素包括该金融企业是否处于违约或者有违约风险的状态；该公司依据破产法或者其他法律清算程序是否将对美国金融稳

---

① 参见彭兴庭：《公平、稳定与自由的权衡与协调——〈多德—弗兰克法案〉述评》，载《证券市场导报》2010年第10期。See Dodd-Frank Act 619.

② 参见刘士余、周学东、刘向民：《美国金融监管改革概论：〈多德—弗兰克华尔街改革与消费者保护法案〉导读》，中国金融出版社2011年版，第68～69页。

定造成威胁;是否有其他合适的替代手段去阻止违约的发生。以联邦存款保险公司为例,其开发了一项 SPOE(Single Point of Entry)程序来实施有序清算程序。联邦存款保险公司只会在完成推荐、决定和司法审查程序之后,任命指派来自顶端控股母公司的破产管理人。联邦存款保险公司将组建一个临时过渡金融公司,并将所接管的财产(包括该破产公司的投资和向子公司的贷款)全部转移到该公司名下。联邦存款保险公司将监管该公司的运营并确保保留对该公司的关键控制权,在股东和无担保债权人之间分配损失,并替换可苛责的高级管理人员。联邦存款保险公司将任命新的股东会并提名首席执行官。该公司将通过缩小现有商业业务,拆分为几个较小的公司,清算财产或者停止营业以确保能够进入破产程序。①

5. 非常注重监管信息的收集和分析

"缺乏关于系统性风险的充分、准确数据是监管机构未能识别潜在风险并及时采取干预措施的重要原因。"②所以,此次改革在金融稳定监督委员会下专门成立了金融研究办公室,负责所有金融监管领域的信息收集与统筹。该金融研究办公室的主要任务即协助进行信息分析、对财务报表进行标准化分析、管理数据库等。《多德—弗兰克法案》同样规定其他微观审慎监管机构应尽可能提供支持宏观审慎监管机构的决策信息,而委员会的运作一直强调参与,即在会议之中尽可能地要求各具有投票权成员和非投票成员进行参与,以保证信息在各成员之间做到无障碍沟通。为了确保监管信息及商业秘密,委员会主席自身拥有自由裁量权并在委员会的批准下可以决定调阅其他非投票成员的备忘录或者类似的协议,并且在必要的时候能够在有投票权成员之间相互分享。③

**(三)美国宏观审慎监管改革可借鉴之处**

1. 改革需要明确权力职责和设定高效运作机制

《多德—弗兰克法案》赋予了金融稳定监督委员会明确的识别宏观金融风险的职责和权力,开发了一系列非常高效的金融监管工具,颁布了严格的金融监管

① FSOC, *FSOC* 2014 *Annual Report*, Financial Stability Oversight Council, 2014, pp. 95 – 96.

② 王刚、徐暮紫:《美国金融稳定监督委员会组织架构及运作情况介评》,载《金融法苑》2011 年第 1 期。

③ See Financial Stability Oversight Council, Rules of Organization of the Financial Stability Oversight Council, 2010, p. 12.

标准。同时,其也赋予了美联储明确的对于系统重要性金融机构的特别监管权限,对这些系统重要性金融机构设置了更加严格的监管标准。金融稳定监督委员会和美联储监管权力的扩大,都保证了能够由专门的监管机构负责系统性金融风险。金融稳定监督委员会的内部结构分为副部长级委员会(Deputies Committee)、系统性风险委员会(Systemic Risk Committee)、常设委员会(Standing Functional Committees),①该内部结构设置较为合理,分工明确而且在副部长级会议的领导下能够相互协作。委员会的主要运作机制是召开会议,由有投票权的成员对所裁决事项进行投票表决。会议表决采取多数决,即2/3以上有投票权会员赞同,并且需要主席的赞同票。会议机制保持着最大化的透明,对于各种意见尽可能地保留完整在案。会议对于无投票权成员的意见同样很重视,除非特殊保密情况,一般无投票权成员也列席会议。委员会在运作过程中一直接受监督,并且与被监督者保持良好的互动,如给予了被认定为系统重要性金融机构召开听证会的权利。② 所以,宏观审慎监管机构必须有明确的监管权力职责,并且其内部应当有良好的运作机制。

2. 宏观审慎监管应当与微观审慎监管协调合作

美国宏观审慎监管与微观审慎监管之间的协调合作体现在多个方面,一方面,是其监管协调组织的决策者来源于各微观审慎监管机构,如委员会有投票权成员包括联邦储备委员会主席、货币监理署审计主任等。另一方面,其非常注重宏观审慎监管机构与各微观审慎监管机构之间信息共享,法案甚至赋予了委员会调用联邦任意政府机构人员的权力,及非常强大的信息收集调查获取权力。这种流畅的信息沟通共享渠道,保证了任何金融部门的微观风险都能够被宏观审慎监管机构所收集分析,将避免出现各微观金融监管部门各自为政的局面。同时,宏观审慎监管与微观审慎监管之间的协调合作还表现在监管的工具和标准都依赖于具体的金融监管部门的微观审慎监管工具和监管标准,但是在具体操作上会更加集中执行并且更加严格。本质而言,美国宏观审慎监管框架并没有脱离现有的微观审慎监管体系,而是宏观审慎监管协调机构负责统领宏观审慎监管工作,并保持与微观审慎监管的高度协调合作。

---

① 具体职能分工参见 Financial Stability Oversight Council, *Financial Stability Oversight Council Committee Structure Deputies Committee*, 2010。

② See Dodd-Frank Act 115(e)&117(c).

3. 应设置监管权力制衡机制避免监管权力滥用

金融监管本身是政府干预市场的一种行为,其内在的正当性理论基础在于市场失灵理论和政府失灵理论,即对于监管者自身的委托代理成本等问题。所以此次美国金融监管改革的过程依旧体现了对于权力制衡的思想。首先,金融稳定监督委员会作为系统性风险监督主体,其内部的决策是一种会议机制,成员来自各微观审慎监管主体,表决采取民主和集中相结合的方式,在一定程度上保持了决策时顾及各方监管主体的各自微观目标实现,本身即一种监督。其次,金融稳定监督委员会负责识别系统重要性金融机构,而美联储负责具体监管。在这个层面上,委员会对于美联储的超级监管权力而言,是一种程序上的监督,保证风险识别和监督管理相对分立。最后,宏观审慎监管运作过程中,给予了被监管者和社会公众充分的监督权。例如,赋予被监管者申诉和听证的权利,而委员会做出的决策在不涉及保密前提下,都将详尽地向社会公众公开以接受监督。所以,美国宏观审慎监管的运作过程充分体现了监管权力制衡的思想,值得借鉴学习。

## 二、欧盟宏观审慎监管改革经验可借鉴之处

欧盟在进行金融监管改革之前所实行的监管框架是“莱姆法路西框架”(Lamfalussy Framework),该框架始于 2001 年由莱姆法路西向欧盟委员会提交了《拉姆法鲁西报告》。该报告指出欧盟欲建立统一金融监管体系所面临的主要问题,一是欧盟成员国内部法律文件并未统一,存在衔接上的空白或者重复性规定;二是欧盟层面的决策程序过于烦琐,缺乏效率。① 莱姆法路西框架主要分为四个层次,从上至下分别为:一是框架性立法层面,主要有欧盟委员会、欧洲理事会、经济金融委员会和欧洲议会四个机构,主要由欧盟委员会提出立法建议,理事会、委员会和议会三方协商通过;二是准则、规则制定层面,具体包括欧洲银行委员会、欧洲证券委员会、欧洲保险和职业养老金委员会和欧洲金融集团委员会,上述委员会由各国财政部高级代表组成,主要工作是贯彻执行由框架性立法层面所指导的具体规则;三是桥梁层面,由欧盟各金融监管局委员会即欧洲银行

① 参见张敏、薛彦平:《国际金融危机下的欧盟金融监管体制改革》,载《国际问题研究》2010 年第 5 期。转引自齐萌:《欧盟金融监管改革对我国的启示》,载《经济纵横》2012 年第 2 期。

监督官委员会、欧洲证券监督官委员会和欧洲保险和职业养老金监督官委员会组成，可提出建议但是并无强制约束效力；四是执行层面，即欧盟各国金融监管机构对欧盟所确立的监管规则的执行过程。① 莱姆法路西框架在2008年金融危机时显示出其缺陷：一是过于注重微观审慎监管，二是忽视欧盟系统性层面。②

**（一）欧盟宏观审慎监管改革的主要内容**

1. 构建网状宏观审慎金融监管体系

2009年6月19日，欧盟理事会通过了《欧盟金融监管体系改革》方案。该方案提出了改革思路，一方面，加强原有监管体系中第三层面各委员会的作用，并加强欧盟各国监管机构的协作，即欧盟微观审慎监管方面的工作；另一方面，在原有第二层面上设置独立的宏观审慎监管主体，负责欧盟系统性金融风险的防范工作。在欧盟的金融监管框架中成立两个新的监管机构，一个是欧洲系统性风险委员会（European Systemic Risk Board，ESRB），另一个是欧洲金融监管系统（European System of Financial Supervisors，ESFS）。这两个监管机构分别负责宏观审慎监管和微观审慎监管，但是相互之间保持密切的协作与沟通。

2. 完善原有的微观审慎监管体系

微观审慎监管体系上，欧盟根据原有的莱姆法路西框架中第三层面的三大委员会，即改组欧盟银行管理委员会、欧盟保险和职业年金管理委员会以及欧盟证券市场管理委员会分别对应成立了欧洲银行管理局（European Banking Authority，EBA）、欧洲保险和职业年金管理局（European Insurance and Occupational Pensions Authority，EIOPA）和欧洲证券市场管理局（European Securities and Markets Authority，ESMA）。此次重组不仅仅是名称上的变化，更扩张了其监管权限，重新确认了这个层级的权力和职责。原有的监管框架第三层面并没有实质的约束力量，而新成立的三大欧盟管理局作出能够约束当局的决定，同时也拥有监督系统重要性金融机构的权力，包括约束评级机构的权力。

三大监管局在法律地位上是独立的法人，可以处分财产并在诉讼程序中充当一方当事人。其职能包括：第一，提高欧洲内部市场的功能，特别是更高层次更有效更一致的规则和监管；第二，保护储户投资者投保人及其他受益人的利

① 参见苗永旺：《宏观审慎监管研究》，中国金融出版社2012年版，第122～123页。

② 同上书，第123～124页。

益;第三,确保金融市场的效率和有序;第四,维护金融系统的稳定;第五,加强内部监管协调。① 三大监管局的权力还包括制定统一的监管标准、对第四层级的欧盟各国监管部门提出建议、对相关部门采取特别决议、对系统重要性金融机构采取特别决议、向宏观审慎监管委员会提出建议等权力。

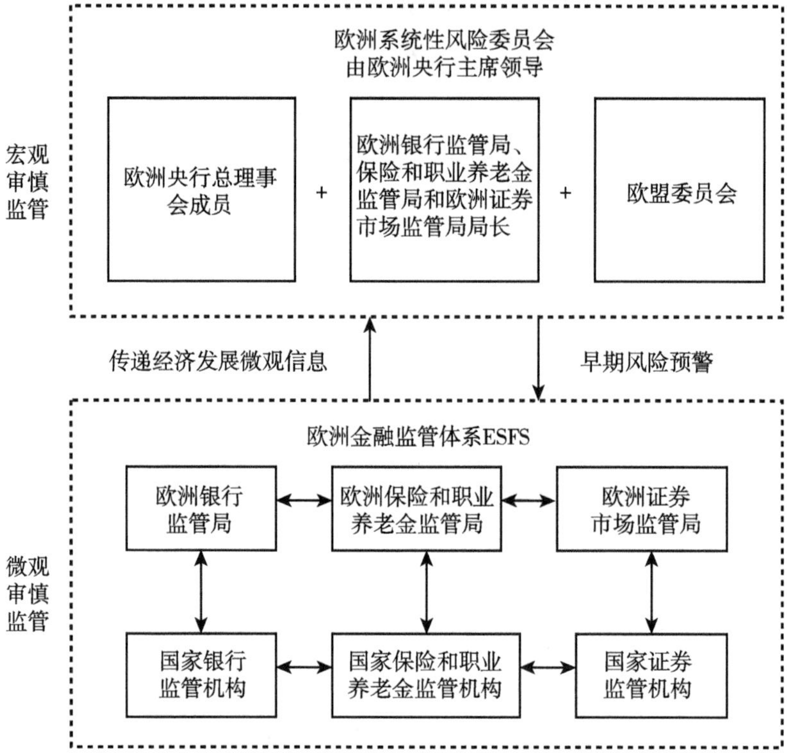


**图 3.2 欧盟宏观审慎监管与微观审慎监管结构**

资料来源:Jacques De Larosière, *The High-Level Group on Financial Supervision in the EU: Report*, European Commission, 2009, p. 57. 转引自彭刚、苗永旺:《宏观审慎监管框架构建的国际借鉴与中国的选择》,载《经济理论与经济管理》2010 年第 11 期。

3. 确立了宏观审慎监管主体与职责

在新的金融监管框架下,欧洲系统性风险委员会将负责欧盟系统性风险的宏观审慎监管,而三大监管局负责微观审慎监管,同时欧洲中央银行(European

---

① See Proposal for a Regulation of the European Parliament and of the Council establishing a European Banking Authority, Brussels, 23.9.2009, COM(2009) 501 final, 2009/014 2 (COD). 转引自张孟霞:《论欧盟金融监管改革与启示》,载《政治与法律》2011 年第 5 期。

Central Bank)将为系统性风险管理委员会的监管工作提供分析、统计、管理和后勤方面的支持,各国央行与监管机构将同样为委员会提供技术咨询。委员会有三个主要的目标:第一,检测识别威胁系统性安全的金融风险,开发恰当的风险预警系统是该目的能否实现的关键,为了实现此目的,委员会将与金融实务界保持对话以获取市场情报、与欧洲以外其他类似团体保持联系(如美国金融稳定监督委员会)、与学术圈交换信息与想法;第二,基于风险评估而指导有关当局的行动,一旦委员会识别出风险,其将发布警告并作出如何应对的建议,因此过去金融监管框架中对于风险缺乏有效一致政策应对的缺陷得到克服;第三,促进宏观与微观审慎分析以加强系统性风险评估的效率。所以,欧盟系统性风险管理委员会相当于欧盟各央行即国内金融监管机构交换信息的平台。①

4. 宏观审慎监管主体构成与运作程序

欧洲系统性风险委员会成员由欧洲成员国央行行长、欧洲三大金融监管局局长(欧洲银行管理局、保险和职业年金管理局和欧洲证券市场管理局局长)、欧盟委员会组成,其具体构成包括董事会、指导委员会、秘书处、学术咨询委员会、技术咨询委员会。董事会将作出最终决定以保证委员会实现其成立目的;指导委员通过筹备董事会会议、评论将被讨论的文档、跟进委员会正在进行的工作以协助决策形成;秘书处负责委员会的日常事务,其在主席和指导委员会的领导下将提供高质量的数据分析与统计、行政管理和后勤支持;学术和技术咨询委员会将为委员会的工作提供专业知识和建议。②

委员会的主席由欧洲中央银行行长兼任,任期 5 年。第一副主席从董事会来自欧洲中央银行的成员中选举,任期为 5 年,可以连任一次。第二副主席由联合委员会主席担任。主席将在听证会上向欧洲议会陈述其履行职责的情况。③

董事会有投票权成员组成如下:欧洲中央银行的主席和副主席、各国央行行长、欧盟委员会成员、欧洲三大金融监管局局长、学术咨询委员会主席及两位副主席、技术咨询委员会主席。董事会无投票权成员组成如下:来自成员国国家级

① See Vítor Constâncio, *Macro-Prudential Supervision in Europe*, *Macro-prudential Regulation as an Approach to Containing Systemic Risk: Economic Foundations, Diagnostic Tools and Policy Instruments*, Frankfurt am Main, 27 September, 2010. 更详细的任务、目标参见 Official Journal of the European Union, Article 3(2), 15.12.2010, p.5。

② See Official Journal of the European Union, Article 4(1), 15.12.2010, p.6.

③ See Official Journal of the European Union, Article 5, 15.12.2010, p.6.

金融监管机构的高级代表、经济和财政委员会主席。①

董事会分为指导委员会和一般董事会，一般董事会由欧盟27成员国央行行长组成，指导委员会一共12名，分别是7名欧洲中央银行系统成员（包括欧洲中央银行行长1名），欧盟三大监管局主席，欧盟委员会的一位成员以及经济和金融委员会的主席。②

董事会的决议主要通过会议作出，定期会议每年至少召开4次，紧急会议由主席或者董事会有投票权成员1/3以上召集。有投票权的成员应当亲自参加会议，无投票权的成员将被邀请列席会议，会议的过程将对各成员国国家级金融监管机构高级代表保持公开透明，但是对外保密。③ 每位有投票权的成员拥有一票，委员会的决议采取简单的少数服从多数规则，至少2/3的有投票权的成员赞同才能通过一项决议，并且主席在紧急情况下拥有决定性一票。④

指导委员会的组成如下：欧洲系统性风险委员会的主席和第一副主席、欧洲中央银行的副主席、来自董事会且来自欧洲央行董事会的4名成员、来自欧洲委员会的成员1名、欧洲三大金融监管局主席、经济和财政委员会主席、学术和技术咨询委员会主席。指导委员会的会议由董事会主席召开，每年至少4次，时间在每次董事会会议召开之前。⑤

5. 系统性风险管理委员会的主要工作

（1）收集和交换信息。委员会将向三大金融监管局提供各自完成其监管职责的信息，而三大金融监管局、欧洲中央银行系统、欧洲委员会、各成员国国家金融监管当局、国家统计局应当与委员会紧密合作，并向其提供符合欧盟立法的必要信息。委员会可以向三大监管局索取信息，如当特定的金融机构风险不能被确认的时候。在请求信息之前，委员会将尽可能利用国家统计局和欧洲中央银行系统所收集的现有数据。如果所需要信息不能通过前述现有数据库获得，委员会可以向上述合作机构索取，如果数据还是未能获得，委员会有权向相关成员国索取，在不损害被赋予的特权的前提下，其可以向欧盟委员会、欧盟议会、欧盟

① See Official Journal of the European Union, Article 6, 15.12.2010, pp.6－7.
② 参见陈玲：《国际金融危机后的欧盟金融体制改革研究》，载《上海经济研究》2010年第10期。
③ See Official Journal of the European Union, Article 9, 15.12.2010, pp.7－8.
④ See Official Journal of the European Union, Article 10, 15.12.2010, p.8.
⑤ See Official Journal of the European Union, Article 11, 15.12.2010, p.8.

中央银行、欧元体系和欧洲中央银行系统请求相关统计数据。如果委员会所请求的数据并不是概要或者汇总形式,其需要为个别的金融机构数据就当下市场情况下具有的系统风险相关性作出合理解释。如果委员会所请求的数据并不是概要或者汇总形式,其应当及时向相关欧盟金融监管机构咨询以确认该数据请求是合理的,如果相关欧盟金融机构不认为该请求是合理的,其将毫不迟疑地驳回请求,等待委员会提供额外的理由后,该请求将被发送给相关信息源,以证明委员会有合法权力获取该信息。① 委员会的信息收集原则分为两个:一个是定期为委员会提供完成其目标的汇总信息,另一个是专项提供汇总信息。②

(2)发布警告和建议。委员会检测出系统性风险时将发布警告并作出关于补救措施的建议,当然包括立法举措。委员会所作出的警告和建议可以是一般或者特定的,其发布对象可以是欧盟整体也可以是某几个成员国或者一个或全部三大金融监管局,或者向一个或者多个金融监管机构。如果警告和建议是向一个或多个金融监管当局作出,该相关成员国也应当被告知。建议应当包括最迟作出政策回应的截止时间,而有关立法方面的建议应当传递给欧盟委员会处理。警告和建议在向欧盟委员会、欧盟议会、欧盟三大金融监管局、成员国内金融监管当局传递的过程中,应当严格遵守保密原则。为了增强风险意识和给系统性风险分级,委员会将设计一套针对不同程度风险进行排序的颜色代码系统,并给每一个警告和建议附带风险分级的颜色标识。③

(3)建议的跟进工作。当上述建议向欧盟委员会、一个或多个成员国、欧盟三大金融监管局、一个或多个成员国金融监管当局发出,该建议接受者应当与委员会和欧盟委员会就所建议采取的行动执行情况保持联系,并对采取的任何行动提供合理的解释。如果该措施与系统性风险相关,其将在遵守严格的保密程序前提下,毫无保留和延迟地将所接受到的回复通知欧盟三大金融监管局。如果委员会认为其提出的建议没有得到执行或者采取的行动没有合理解释,其应当在严格遵守保密程序的前提下,通知建议接受者、欧盟委员会、相关的欧盟金

---

① See Official Journal of the European Union, Article 15, 15.12.2010, p.9.

② See Anat Keller, "Collecting Data: How Will the ESRB Overcome the First Hurdle Towards Effective Macro-prudential Supervision?", *European Business Law Review* 24, 2013, p.496.

③ See Official Journal of the European Union, Article 16, 15.12.2010, p.10.

融监管当局。①

6. 宏观审慎监管主体问责与报告义务

每年至少一次或者当发生金融危机的时候，委员会主席将被邀请参加欧洲议会召开的听证会，向欧盟议会和欧洲委员会做年度报告，该听证会和欧盟委员会、欧盟议会和欧盟中央银行进行的金融对话分开举行。委员会主席所作出的报告应当包括董事会作出决定的依据，同时年度报告应当在不违反保密原则的前提下保持公开。委员会将就欧盟委员会和欧盟议会所提出的质疑作出合理解释。欧洲系统性风险委员会主席每年至少两次和欧洲议会经济和货币事务委员会的主席和副主席就委员会本身执行事务保持口头保密的会议。②

7. 颁布更加严格的宏观审慎监管标准

欧盟在贷款机构和投资公司的最低资本金方面制定了新规定，以建立一个全面而具有风险敏感度的监管框架，并培育金融机构自身的风险管理能力。欧盟原有的资本金要求指令（第 2006/48 号与第 2006/49 号）被新的一整套立法措施——资本金要求指令第四版（Capital Requirements Directive Ⅳ，CRD Ⅳ）和资本金要求条例（Capital Requirements Regulation，CRR）所取代，上述立法于 2014 年 1 月 1 日起生效。该项立法措施是欧盟按照《巴塞尔协议Ⅲ》并根据地区特色所制定的，特点是要求更加可靠和更多的资本、更加平衡的流动性、杠杆率逆止（leverage back stop）、对衍生品的资本要求（对手方信用风险）、资本缓冲要求。③

欧盟在《巴塞尔协议Ⅲ》的要求上，根据本地区情况又进行了优化和微调，以避免将适用于国际的《巴塞尔协议Ⅲ》直接照搬到欧盟而出现扭曲竞争和监管套利的现象。整体来说，该项立法是从过去的单维（仅将资本要求作为监管标准）进化到多维监管（包括资本、流动性、杠杆率）。具体实施《巴塞尔协议Ⅲ》时，欧盟立法具有其自身特色。

在资本金要求指令方面：

（1）薪酬监管。为了应对过度冒险的行为，薪酬监管制度在平衡薪酬的可变和不可变部分加强了要求，从 2014 年 1 月 1 日开始，重大风险承担者总薪酬中的

---

① See Official Journal of the European Union, Article 17, 15.12.2010, p.10.

② See Official Journal of the European Union, Article 19, 15.12.2010, pp.10 – 11.

③ European Commission, Capital Requirements-CRD Ⅳ/CRR-Frequently Asked Questions, MEMO – 13 – 690, 16 July 2013, p.3.

可变部分不应当超过其总薪酬中可变部分比率的100%。在特定情况下,股东可将该比率增加到最大为200%。

(2)加强治理。资本金要求指令第四版对公司治理安排和流程提出更高要求,并且引进了新的规则以增强董事会风险监管的有效性,改善风险管理功能的状态并确保风险监管机构的有效监管。

(3)多样性。董事会组成的多样性将有效促进董事会的风险监督效率,因为其提供了更加广阔的思维和观点,可以避免出现群体思维现象。资本金要求指令第四版中引进了此类关于多样性的规定,最显著的是关于性别平衡的规定。

(4)增强透明度。资本金要求指令第四版改善了在不同国家下的银行和投资公司活动的透明度,特别是关于在不同司法管辖区的利润、税负和补贴。这对于恢复公众对在金融部门的信任而言是至关重要的。①

(5)系统性风险缓冲(Systemic risk buffer)。每个成员国将为金融部门引进一个普通级的系统性风险缓冲,或者为其子部门划分更多的子等级,以预防和减轻长期对各成员国的金融系统和实体经济有严重负面后果的非顺周期性风险和宏观审慎风险。直到2015年,成员国超过3%的资本缓冲率需要由欧盟委员会批准,而委员会将欧洲系统性风险委员会和欧洲中央银行的评估作为参考。而从2015年起,成员国设置3%~5%的缓冲率,将需要告知欧盟委员会、欧洲系统性风险委员会和欧洲中央银行。欧盟委员会将就该项措施作出一个意见,如果该意见是否定的,成员国需要遵守或解释。5%以上的资本缓冲率需要欧盟委员会参考欧洲系统性风险委员会和欧洲中央银行的意见并授权。②

(6)其他系统重要性机构缓冲(other systemically important institutions buffer)。除了全球系统重要性金融机构资本缓冲,资本金要求指令第四版为"其他重要性金融机构"提供了监管选择,包括成员国系统重要性金融机构(domestically important institutions)和欧盟系统重要性金融机构(EU important institutions)。为了避免其他系统重要性机构对国内市场造成不利影响,目前用

---

① European Commission, Capital Requirements-CRD Ⅳ/CRR-Frequently Asked Questions, MEMO-13-690, 16 July 2013, p. 26.

② Ibid.

于识别其他系统重要性机构的标准、通知/解释程序和资本缓冲的上限[2%风险加权资产(risk-weighted assets)]正在研制计划之中。其他系统重要性机构缓冲从2016年开始实施,而那些想尽早对银行实施更高的资本缓冲率的成员国可以先采用系统性风险缓冲标准。非强制的系统重要性金融机构缓冲普通股权一级资本指标也被考虑纳入将来的强制标准,以满足统一全球重要性机构缓冲的监管要求。

此外,在资本金监管方面,欧盟首次制定了一整套统一的审慎监管规则,即所谓的"单一监管手册"(Single Rule Book)。在危机时期欧盟国家元首和各国政府就呼吁建立欧盟范围内统一的监管标准,这将在很大程度上消除监管漏洞并更加有助于内部市场运作。单一监管手册中删除了大量对成员国的关于资本金要求的赋权性规定,并且允许成员国根据具体国情、金融稳定的需求或者银行的具体风险状况而采纳更加严格的规定。①

**(二)欧盟宏观审慎监管改革的评价**

1. 欧盟此次监管改革是对现有监管体系的改良

欧盟作为多个主权集合的整体,非常尊重各个成员国对内部的事务管理主权,奉行均衡性和辅助性,即严格限制所采取行动的限度及仅在必要的时候采取欧盟层面行动而不是随意介入成员国层面行动。② 欧盟现有的监管框架,是在原有的微观审慎监管体系之上构建了一个宏观审慎监管体系,二者保持高度密切的合作。张孟霞(2011年)认为,欧洲系统性风险委员会从欧洲金融监管体系中获取信息,一方面增加了监管效率,另一方面也增加了监管成本。③

原有的微观审慎监管体系,是对莱姆法路西框架进行了改良,保留了其对金融行业进行分业监管的核心体系,在欧盟成员国之间,即欧盟层面构建了三大监管局,加强了欧盟作为一个经济体所面临的在成员国之间传播的风险监管。三大监管局的存在保证了欧盟微观审慎监管标准的统一,同时保证了各国可以在统一的监管标准之下有其独特的监管制度安排,而这种改良也在很大程度上解

① European Commission, Capital Requirements-CRD Ⅳ/CRR-Frequently Asked Questions, MEMO - 13 - 690, 16 July 2013, p. 5.

② See Donato Masciandaro, Macr Quintyn, "Regulating the Regulators: The Changing Face of Financial Supervision Architectures Before and After the Crisis", *European Company Law* 6, 2009. 转引自陈玲:《国际金融危机后的欧盟金融体制改革研究》,载《上海经济研究》2010年第10期。

③ 参见张孟霞:《论欧盟金融监管改革与启示》,载《政治与法律》2011年第5期。

决了之前莱姆法路西框架所具有的成员国之间存在监管空白和监管标准不统一、效率低下的诟病。

而在与微观审慎监管体系保持密切信息沟通和风险预警的合作之下,宏观审慎监管体系的建立是对系统性风险的监管空白的补充。这不同于在微观审慎监管方面的改革,因为这已经不是单个国家或者单个监管机构可以单独完成的任务了。基于均衡和辅助原则,欧盟设立了欧洲系统性风险委员会,并赋予其监管权限,但赋予其的监管权限是必要而保守的,即主要是一种建议权,本身并没有独立于传统微观审慎监管体系的监管权。所以,宏观审慎监管体系的实际执行仍有赖于微观审慎监管体系的运作。

2. 央行在欧盟宏观审慎监管体系中起关键作用

央行是否要在宏观审慎监管体系中起关键的作用是宏观审慎监管体系构建的一个关键问题,即央行应该在宏观审慎监管体系中发挥何种作用。支持者认为,由于金融系统和货币政策之间紧密的联系,中央银行在金融稳定监督方面具备天然的便利,因为央行在监督宏观经济发展方面有着较高的技术水平去侦测那些可能威胁到金融稳定的风险。保罗·安吉里民(Paolo Angelini)、斯特凡诺·内里(Stefano Neri)、法比奥·帕内塔(Fabio Panetta, 2012 年)做的研究表明,宏观审慎监管机构与央行欠缺合作的情况会出现相互矛盾的政策。① 金融危机爆发后,央行也展现出了重新建立金融秩序的重要作用。甚至在大多数国家,央行直接参与了金融监管的工作,因此与微观和宏观审慎监管直接形成了天然的联系。所以支持央行应当在宏观审慎监管框架中起关键作用。②

在现有欧盟的宏观审慎监管体系中,欧盟中央银行在欧盟系统性风险委员会(ESRB)将起主导作用。例如,在董事会所有的 33 个投票权成员中有 29 个是欧盟中央银行或者其成员国央行。当然,也有一些呼声希望能够弱化央行在宏观审慎监管体系中的作用,但是目前来看央行在欧盟系统性风险委员会中起到了举足轻重的作用。在欧盟的微观审慎监管体系中,即欧洲金融监管体系中,欧

① See Paolo Angelini, Stefano Neri, Fabio Panetta, *Monetary and Macroprudential Policies*, European Central Bank Working Paper No. 1449, 2012, p. 1.

② See Axel A. Weber, *The Reform of Financial Supervision and Regulation in Europe*, Speech at the Institute of International and European Affairs, Dublin, March 10, 2010, p. 3.

洲银行业监管局可以代表欧洲中央银行。那些各国中央银行,并非唯一的涉及银行业的监管机构,同样有权参与各种会议或者秘密协商。①

3. 委员会的权力主要是信息收集权与警告建议权

欧洲系统性风险委员会的权力主要是一种信息收集权、警告和建议权,欧盟立法赋予了委员会广泛的信息收集权,并要求其在发现风险时向风险涉及相应的机构或公众发布预警。但是实际上其仅仅具有警告和建议权,接收到警告和建议的机构可以选择不执行建议。虽然立法规定了一些详细的程序,要求被建议机构需要对其拒绝履行建议作出合理解释,但是主要是一些程序性的规定。欧盟系统性风险委员会本身不具备任何直接的惩罚和救济权力。②

所以彭刚、苗永旺(2010 年)认为,该改革并没有赋予欧洲系统性风险监督委员会实质的监管权,可能会影响到实际的监管效果。③ 与美国的宏观审慎监管改革有些区别,其赋予了美联储对于系统重要性金融机构的特别监管权,但是欧盟的宏观审慎监管改革并没有赋予欧洲系统性风险委员会实质的监管权,而本身也有学者认为该委员会没有独立法人地位,仅仅是"咨询机构"。④ 因此,许多学者认为,欧盟金融体制改革的实际效果取决于其实质制度安排。

**(三)欧盟宏观审慎监管改革可借鉴之处**

1. 金融体制改革应当依据实际国情稳健推行

改革步伐应当稳健,欧盟的金融体制改革符合其一贯的均衡性和辅助性原则,即宏观审慎监管改革对原有的莱姆法路西框架进行了改良,但是并没有颠覆原有的监管框架,在很大程度上完善了不足(监管空白),但是保留了精华(分业监管)。我国的金融监管体系也有自身的特色,改革方向应符合具体国情,而不应当全盘否定。例如,张孟霞(2011 年)建议,我国依据现有的"一行三会"的监管框架对三大金融行业监管机构进行重整,组建一个类似于欧洲系统性风险委

---

① See Axel A. Weber, *The Reform of Financial Supervision and Regulation in Europe*, Speech at the Institute of International and European Affairs, Dublin, March 10, 2010, p. 3.

② 参见陈玲:《国际金融危机后的欧盟金融体制改革研究》,载《上海经济研究》2010 年第 10 期。

③ 参见彭刚、苗永旺:《宏观审慎监管框架构建的国际借鉴与中国的选择》,载《经济理论与经济管理》2010 年第 11 期。

④ 参见陈玲:《国际金融危机后的欧盟金融体制改革研究》,载《上海经济研究》2010 年第 10 期。

员会的金融监管协调机构。① 常健(2010 年)依据我国是一个以银行业为主导的金融生态体系,建议将银行业监督管理委员会重新回归到中央银行内部,以更加有效地实施宏观审慎监管。② 也有学者提议强化中国人民银行的宏观审慎监管权限。③ 同时张孟霞(2011 年)提出我国现有的三大金融监管机构之间的信息沟通渠道不够畅通,建议在三大监管机构之间设立类似于欧盟实践方式的联合委员会。④ 这些改革的方案都是基于我国现有的监管体系的具体现状而提出,同时考虑了我国具体的国情,有一定参考价值但是值得进一步深入研究。

2. 重视中央银行在宏观审慎监管体系中作用

在欧盟的宏观审慎监管体系中,欧洲中央银行和各国的央行都起到了关键性的作用,欧洲系统性风险委员会提供了人力资源、行政后勤支持,并且提供了最重要的系统性风险信息收集与分析工作。而宏观审慎监管工作在某种程度上是央行的天然职责,各国的央行一般都负有维护本国金融体系稳定的职责,同时央行具有获取预测系统性风险所必备信息的便利。⑤ 我国《中国人民银行法》(2003 年修正)第 2 条第 2 款明确规定:"中国人民银行在国务院领导下,制定和执行货币政策,防范和化解金融风险,维护金融稳定。"所以,防范和化解金融风险也是中央银行的本身法定职责。当然反对者也提出由中央银行制定宏观审慎监管政策可能会与其制定货币政策的职能相互冲突。⑥ 古德弗里登(Goodfriend,2011 年)指出,央行作为私人部门借贷关系的中介组织,致力于分配活动,其本身可能遭受损失(最终由纳税人和货币持有人承担)。在这种情况下,央行在不改变货币政策的前提下吸收金融损失的能力,取决于其自身的金融稳健性,即取决于央行是否有足够的金融资源来实施自身政策。学术观点上央行有两种选择:一是央行收益于其对于货币发行权的垄断,可以通过发行新的货币弥补之前的

---

① 参见张孟霞:《论欧盟金融监管改革与启示》,载《政治与法律》2011 年第 5 期。

② 参见常健:《"后危机" 时代我国金融监管体系的完善——以中央银行为核心的思考》,载《华中科技大学学报》(社会科学版)2010 年第 1 期。

③ 参见夏洪涛:《强化中央银行宏观审慎监管权限的思考》,载《武汉金融》2009 年第 10 期。

④ 参见张孟霞:《论欧盟金融监管改革与启示》,载《政治与法律》2011 年第 5 期。

⑤ See Iain Begg, *The EU'S Approach to Improving Financial Regulation*, in Sahoko Kaji, Eiji Ogawa, eds., *Who Will Provide the Next Financial Model?*, Springer Japan, 2013, p,14.

⑥ See Willem H. Buiter, "*Central Banks and Financial Crises*", Federal Reserve Bank of Kansas City's Symposium on "Maintaining Stability in a Changing Financial System", Jackson Hole, Wyoming, 21 - 23 Aug, 2008, pp. 495 - 633.

亏损，将会随着时间推移稀释货币价值。二是政府财政将充当央行的最终担保。① 故央行在我国宏观审慎监管体系中的作用应当得到加强，其应当注重与微观审慎监管机构之间的协调合作。

3. 赋予宏观审慎监管机构更加实质的监管权力

欧盟的宏观审慎监管机构，即欧洲系统性风险委员会所具有的权力主要是信息收集权、警告和预警权，并没有任何实质惩罚和救济的权力。所以一些学者认为欧盟的金融监管改革只是停留在形式上的变更，没有实质的进步。但是欧盟的改革有其特有的国情背景，其改革遵循保守原则，即欧盟层面的权力集中不能干涉各成员国内部的事务，由各成员国金融监管机构对国内金融秩序进行直接监管。而且由于欧盟的宏观审慎监管机构不具备直接的监管权力，其所有的决策都以建议和警告的形式向其他机构或公众传递，所以其本质上一个系统性风险收集、分析和预警的机构，最重要的职责是发布信息。虽然法律规定了宏观审慎监管机构对于预警和建议的后续跟进工作，但是并没有赋予其明确而独立的监管权，如果其他微观审慎监管机构不执行其建议，宏观审慎监管机构仅能要求其作出合理解释，并没有强制其他微观审慎监管机构履行的权力。任何权力如果没有对应的救济措施，将可能导致实施的落空并影响监管效果。所以，我国在构建宏观审慎监管体系的过程中，应当赋予宏观审慎监管机构更加实质的监管权力。

## 三、英国宏观审慎监管改革经验可借鉴之处

传统英国的金融监管体系一直以英格兰银行为核心，其肩负整个银行业监管规则的制定与实施任务。英国 1979 年与 1987 年《银行法》都明确赋予了英格兰银行较为广泛的监管权限，如确定银行业的市场准入及对运营的财务情况进行检查等。1980 年开始，金融混业经营在英国变得盛行，英国的金融监管改革也随之调整，将原有的九类金融监管机构的权力合并赋予金融服务局（Financial Service Authority，FSA），由其对银行（商业、投资）、证券、期货、保险等九类金融行业进行统一监管。金融服务局的该项综合监管权由 2000 年《金融服务与市场

① See Marvin Goodfriend, "Central Banking in the Credit Turmoil: An Assessment of Federal Reserve Practice", *Journal of Monetary Economics* 58, 2011, pp. 1 – 12.

法》所确认。当时英国的金融监管体系包括财政部、英格兰银行、金融服务局三大监管机构，为了解决监管协调问题，三者之间还签署了合作备忘录以加强合作与明确分工。三者的共同目标是维护金融秩序的稳定，而财政部主要负责金融监管规则的制定与修订，并对整体金融监管的规划建设提供指导；而英格兰银行负责制定货币政策，同时负责对于金融基础设施的建设；金融服务局负责各类金融机构的具体监管工作，包括对各类金融监管机构进行审批和制定具体审慎监管政策。① 该时期的英国银行业主要立法文件包括 1979 年《银行法》、1986 年《英格兰银行法》、2000 年《金融服务与市场法》。银行业实行谨慎原则，包括谨慎经营和谨慎监管，对于资本充足率、流动性缺口、大额风险限额都作出要求。同时，不同于美国的理性量化监督模式，其实行的是"理性质化监督"模式，即对于不同的银行在法律的实质性监管要求下，根据具体的风险情况赋予监督者自由裁量权。②

从 2008 年开始，英国对金融监管体制进行了一系列改革，如在对冲基金监管方面，设立了对冲基金管理委员会并颁布了《对冲基金标准管理委员会标准》。而且，在北岩银行挤兑事件后，对存款保险制度进行了完善，颁布了一系列相关法案。③ 2009 年以后，英国提出对传统的财政部、英格兰银行、金融服务局三方共治的金融监管体系进行改革，主张将更广泛的金融监管权重新赋予英格兰银行，并对现有的金融服务局进行拆分，由此拉开了改革的序幕。

**（一）英国宏观审慎监管改革的主要内容**

改革后的英国金融监管体系是一种双峰（twin peaks）模式，该模式将审慎监管与消费者保护相分离，因为两个目标同时由一个监管机构实施将导致难以实现。④ 具体而言，由审慎监管局（Prudential Regulation Authority，PRA）负责审慎监管，而金融行为局（Financial Conduct Authority，FCA）负责行为监管与金融消费者权益保护。

1. 将金融服务局拆分为三个独立监管机构

（1）金融政策委员会。2012 年《金融服务法案》给英国的监管框架带来了一

---

① 参见王正茂主编：《金融监管的国际比较》，国家行政学院出版社 2011 年版，第 118～119 页。

② 同上书，第 120～121 页。

③ 参见黄志强：《英国金融监管改革新架构及其启示》，载《国际金融研究》2012 年第 5 期。

④ 同上。

个重大的改革,即更加注重金融稳定的维护和风险预防。2013 年 4 月 1 日该法在英格兰银行下设立了一个全新的金融政策委员会(Financial Policy Committee, FPC),[①]该委员会的主要职责是识别、监控并采取合适措施去化解或防范系统性风险,以保护和改善英国金融体系的自我恢复能力。

①组成结构。金融政策委员会是英格兰银行董事法庭的小组委员会,隶属于英格兰银行,其组成人员包括:(a)英格兰银行行长;(b)英格兰银行副行长;(c)金融行为局局长;(d)1 名由英格兰银行行长与财政大臣商讨后委派的成员(该成员应当在银行中负责过分析金融稳定风险工作);(e)4 名由财政大臣委派的成员(该成员必须拥有胜任对该委员会职责的知识或经验,并且不应当存在影响其履行职能的外在利益关系);(f)1 名财政部代表。[②] 金融政策委员会的所有决策程序都被要求记录在案。

②监管目标。金融政策委员会的目标为:第一,帮助英格兰银行实现金融稳定,并且帮助英国政府实施经济政策,特别是经济增长和就业。第二,委员会帮助实现英格兰银行关于金融稳定目标的具体职责是识别、监控并采取适当措施以防范系统性风险,以保护英国金融体系的自我恢复能力。第三,这些系统性风险包括:(a)归因于金融市场结构特点的系统性风险,如金融机构之间的金融网;(b)归因于金融部门分布的系统性风险;(c)不可持续的杠杆率、负债和信用增长。第四,委员会的以上职能并不要求或者授权该委员会,以一个实施显著不利于金融行业效率的方式去为英国中长期的经济发展做贡献。第五,此处的"系统性风险"(systemic risk)意指对英国金融体系作为一个整体或重要部分造成威胁的风险。第六,系统性风险可能产生于英国内部也可能来源于外部。第七,"信贷增长"(credit growth)是指金融行业出借给英国个人或商业机构的贷款增长,"负债"(debt)是指由英国个人或商业机构欠金融行业的负债,"杠杆率"(leverage)是指英国金融部门的杠杆率。[③]

③监管职能。金融政策委员会的职能为:(a)通过识别和评估系统性风险以监控英国金融体系的稳定;(b)对金融行为局和审慎监管局实施宏观审慎措施作出指导;(c)向英格兰银行、财政部、金融行为局和审慎监管局作出建议;(d)筹

① See Financial Services Act 2012, 9B, Financial Policy Committee.

② See Financial Services Act 2012, 9B(1).

③ See Financial Services Act 2012, 9C Objectives of the Financial Policy Committee.

备并发布金融稳定报告。同时,董事法庭在取得财政部同意的前提下,可以将英格兰银行的指定功能授权给金融政策委员会。①

④监管措施。宏观审慎措施(macro-prudential measures)是由财政部依据法令实施的措施。财政部在作出宏观审慎措施时,必须咨询金融政策委员会或者当财政部认为咨询金融政策委员会造成延迟并不利于英国金融稳定,可以咨询英格兰银行行长。在签发宏观审慎措施时,应当明确该措施是否与金融行为局或者审慎监管局相关。签发的宏观审慎措施:(a)对不同的情况制定不同条款;(b)可以赋予金融政策委员会、金融行为局和审慎监管局自由裁量权;(c)可以参考金融行为局和审慎监管局所制定的政策;(d)可参考金融行为局、审慎监管局或者其他国内国际组织公开颁布有效的发行物;(e)可以包含过渡性条文、将要生效和失效的条款。②

(2)审慎监管局。审慎监管局作为英格兰银行的一部分,是英国银行、保险和投资公司的监管者。

①监管目标。审慎监管局在法律上的责任是促进企业的安全和稳健。为达成这一目标,首要的是避免对金融稳定的不利影响,并且最大限度地减少这种影响,特别是由于公司经营方式或者他们破产所引起金融服务中断而产生的坏影响。寻求最大限度减少一个公司倒闭所带来的坏影响,并不需要审慎监管局采取措施去避免所有这样的坏影响或者去阻止所有此类破产的发生。法律明确规定了审慎监管局的角色并非去确保没有企业破产,但是法律要求审慎监管局避免导致重大破坏关键金融服务供应的结果,包括存款人付款的能力。评估和计划包容失败的影响是审慎监管局工作的核心部分。它完成这一工作的能力取决于其与英格兰其他监管机构之间协作的效率。③ 所以,审慎监管局的首要目标是避免任何被监管公司以不利于英国金融稳定的方式运营,其次目标并非确保企业不会破产,而是如果发生破产的情形,尽量将破产的坏影响

① See Financial Services Act 2012, 9G Functions of the Financial Policy Committee.

② See Financial Services Act 2012, 9L Macro-prudential measures.

③ PRA, *The Prudential Regulation Authority's Approach to Banking Supervision*, Bank of England PRA Approach April, 2013, p. 5.

降到最低。[①]

②组成结构。2012 年《金融服务法案》的附表 1ZB 是关于审慎监管局的规定。审慎监管局由英格兰银行行长兼任审慎监管局局长,负责审慎监管的英格兰银行副行长任审慎监管局的首席执行官,同时审慎监管局内部还要组建理事会。理事会的组成如下:(a)主席;(b)首席执行官;(c)英格兰银行负责金融稳定的副行长;(d)金融行为局的首席执行官;(e)其他指定成员。[②] 审慎监管局可以将自己的职能委派给其下属的委员会、官员或者职员,但是法定职责除外。法定职责包括:(a)制定规则;(b)基于《金融服务法案》第 64 条发布法典;(c)基于法案发布申明;(d)基于第 316 条和第 318 条作出指导;(e)基于第 21 条发布引导。以上法定职责只能通过理事会执行。[③]

③监管机制。审慎监管局的方法依赖于显著性判断,即通过设定一些阈值条件去判断企业是否安全稳健。审慎监管局的监管方法是前瞻性的,即其不仅关注一家企业当下产生的风险,还预测其将来带来的合理预期风险。审慎监管局重点关注能对英国金融系统稳定施加巨大风险的金融公司,即所谓的系统重要性金融机构,关注这些机构所作出的重大决策造成的影响。审慎监管局的监管判断是基于证据和分析实施,其对于每一家公司的判断都将不一样,所以审慎监管局必须由具备较强相关技能和经验的工作人员组成团队,并且它的主要判断和决定需要由最资深和有经验的员工及董事做出。审慎监管局在作出决策时采取一种与被监管者对话的方式,听取被监管公司的董事会和高级管理人员的

---

① 单家公司也可能通过倒闭给整个金融体系造成负面影响。这种效果通过两种途径发挥作用。

直接途径:通过对实体经济活动或对其他参与者的稳健程度产生影响,以及对宏观经济的金融服务供给产生影响。实体经济可能会因为金融服务的停止而受到直接影响。市场中其他相关中介机构也可能受到影响,如具有相互关联的信贷敞口,破产清算或者大规模削价清仓给金融产品造成价格压力,或者通过金融服务补偿计划索赔造成索赔资金锐减等。

间接途径:通过危机爆发的行为示范效应对采取类似模式或者同类竞争产品的其他公司产生信心不足的压力。银行等存款机构在市场中扮演了将存款等短期债务通过贷款业务转化为长期资产的重要角色,同时具备系统重要性功能。所以银行应当额外关注这种信心不足的过度焦虑所产生的挤兑效应。

② See Financial Services Act 2012, Schedule 1ZB,2 – 3.

③ See Financial Services Act 2012, Schedule 1ZB,16.

意见。①

④风险框架。审慎监管局采取结构化方法以形成判断具体来用的框架参考表3.2,需抓住三个关键要素:第一,一家公司能够对金融稳定产生的潜在影响,包括其开展业务的方式及发生失败事件时结果。第二,外部环境如何,其中一家公司运行和其面临的商业风险(共同,其风险范围内)可能影响公司的稳健性。第三,缓解因素包括:企业的管理和治理、风险管理和控制(运营缓解);财务实力,特别是资本和流动性(财务缓解);可解决性(结构缓解)。②

**表3.2　英国审慎监管局的风险框架**

| 总风险(Gross risk) | | | 缓解因素(Mitigating factors) | | | | |
|---|---|---|---|---|---|---|---|
| 潜在影响(Potential impact) | 风险背景(Risk context) | | 运营缓解因素(Operational mitigation) | | 财务缓解因素(Financial mitigation) | | 结构缓解因素(Structural mitigation) |
| 潜在影响(Potential impact) | 外部环境(External context) | 经营风险(Business risk) | 管理与治理(Management and governance) | 风险管理与控制(Risk management and controls) | 资本金(Capital) | 流动性(Liquidity) | 可变性(Resolvability) |

⑤监管行为。审慎监管局的监管行为主要包括审批新的金融机构、前瞻性介入框架和审慎监管局对管理高层利用监管权力的方法,在英国,所有的实体企业都要受到审慎监管局的监管风险评估。审慎监管局在对一家企业进行评估时,力求对一家企业形成一个系统、深入并且全面的认识,以判断该企业是否能够在安全和稳健的方式下运行。审慎监管局在一个连续的周期视野下开展其自身的评估工作,且并不会过于刻板地执行监管行为,而是将企业放在一个特殊的具体环境之下判断。监管局要求企业提交充分的数据,以满足它们判断关键风险的要素。③

在审批新的金融机构方面,如果金融企业从事吸收存款业务,应当向审慎监管局提出申请。而审慎监管局从审慎监管标准出发权衡该申请,并作出是否允许申请的决定。同时,金融行为局还需要从保护金融消费者角度审查该申请,最

---

① See PRA, *The Prudential Regulation Authority's Approach to Banking Supervision*, Bank of England PRA Approach April, 2013, pp. 5 – 6.

② Ibid., p. 12.

③ Ibid., p. 30.

终才能作出允许从事该业务的决定。①

⑥前瞻性介入框架。前瞻性介入框架(Proactive Intervention Framework, PIF),是指一般的金融机构在制定监管计划的时候判断一家企业破产的原因,而审慎监管局通过标识企业在前瞻性介入框架中的位置来判断破产原因。判断一家企业的破产原因主要依据监管评估框架因素,如上表所述的外部环境、商业风险、管理和治理风险、风险管理和控制、资本金和流动性。前瞻性介入框架并不考虑一所企业的潜在影响和自我恢复能力。该框架将企业划分为五个阶段,每个阶段都对应不同的破产原因,并相应指定了审慎监管局的对应措施(见表3.3)。②

**表3.3 前瞻性介入框架的阶段**

| 阶段 | 可能的监管措施 |
| --- | --- |
| 阶段1:企业稳健性低风险 | 企业接受正常的风险评估监管程序和监管措施,包括恢复和解决计划 |
| 阶段2:企业稳健性中度风险<br>监管者已经在财务头寸或赤字中识别出了企业风险管理和治理结构的漏洞 | 恢复措施<br>1.监督力度将会加大。审慎监管局将会对其设定额外的报告要求,同时或单独对其使用信息收集权。<br>2.审慎监管局要求企业在一定时期内弥补所识别出的漏洞。<br>3.企业被要求重新制定恢复计划并且将其激活。<br>解决计划<br>1.审慎监管局和特别决议部(Special Resolution Unit)将联合审查该企业的应对方案,为了识别并启动任何必要的应急计划,包括形成决议所需要的信息。<br>2.金融服务补偿计划(Financial Services Compensation Scheme)将从单个客户的视角审查信息的质量,同时审查是否存在给赔付或付款转移造成阻碍的情形 |

① See PRA, *The Prudential Regulation Authority's Approach to Banking Supervision*, Bank of England PRA Approach April, 2013, p. 31.

② Ibid., pp. 31 - 32.

续表

| 阶段 | 可能的监管措施 |
| --- | --- |
| 阶段 3:缺乏措施而威胁企业稳健性风险<br>显著威胁企业安全和稳健的威胁被识别出来 | 恢复措施<br>1. 审慎监管局可能会要求以下的措施:高级管理人员或董事会成员的替换;资本分配的限制(包括股息和可变薪酬);对现有或计划经营活动的限制;资产负债表增长限制同时或单独杠杆率限制;设置紧缩的流动性指导原则同时或单独提出资本金要求。<br>2. 企业将被要求绘制适当的列在恢复计划中的选择菜单。<br>解决计划<br>特别决议部将加强参与制定应急决议计划并且将采取所有关于其为完成任务所需获取信息而必要的措施 |
| 阶段 4:企业稳健性紧急风险<br>企业的状况恶化,例如审慎监管局评估出企业将无法满足阈值条件的真实风险,但是还有采取纠正措施的可能 | 恢复措施<br>1. 审慎监管局将增加所需要恢复措施的幅度(包括流动性和资本金)。审慎监管局将设定一个实施恢复措施的时间表。<br>2. 企业主导的恢复措施需要在短期内实现并且企业需要证明这些措施是可信赖的并且将产生实质的后果。<br>3. 行动发起之后激活恢复计划,包括资产处置(或者出售),将需要完成。<br>解决计划<br>特别决议部和金融服务补偿计划将确认为了准备决议的所必需的措施都已经实施,包括相关数据已经准备妥当 |
| 阶段 5:企业正在特别决议或者正在清盘 | 解决计划<br>1. 审慎监管局将启动特别应对机制(Special Resolution Regime)并且特别决议部将实施特别应对和清算。<br>2. 金融服务补偿计划可能被要求向存款人进行存款保险赔付,成为存款转移及清算提供资金 |

(3)金融行为局。2012 年《金融服务法案》附表的 1ZA 中规定了金融行为局的组成和职责。金融行为局必须组成一个董事会,该董事会必须包括:(a)1 名由财政部部长委派的主席;(b)1 名由财政部部长委派的首席执行官;(c)英格兰银行负责审慎监管的副行长;(d)2 名由国务卿和财政部共同任命的成员;(e)至少 1 名由财政部任命的其他成员。①

金融行为局的主要职责是在与战略目标相匹配的前提下,推进其中一个或多个运营目标。金融行为局的战略目标是确保相关市场运行良好,而其运营目

① See Financial Services Act 2012, Schedule 1ZA, 2 Constitution.

标包括:(a)消费者保护目标。消费者保护目标是确保适当程度地保护消费者,考虑不同投资和交易所涉及的不同风险,及不同消费者所拥有的不同程度的经验和专业知识。(b)完整性目标。保护和完善英国金融系统的完整性,即确保金融系统的健全稳定和自我恢复性,不能用于金融犯罪,不能滥用市场支配地位,金融市场运行秩序,市场价格形成机制的透明度。(c)竞争目标。该目标为了促进消费者权益而促进有效竞争。①

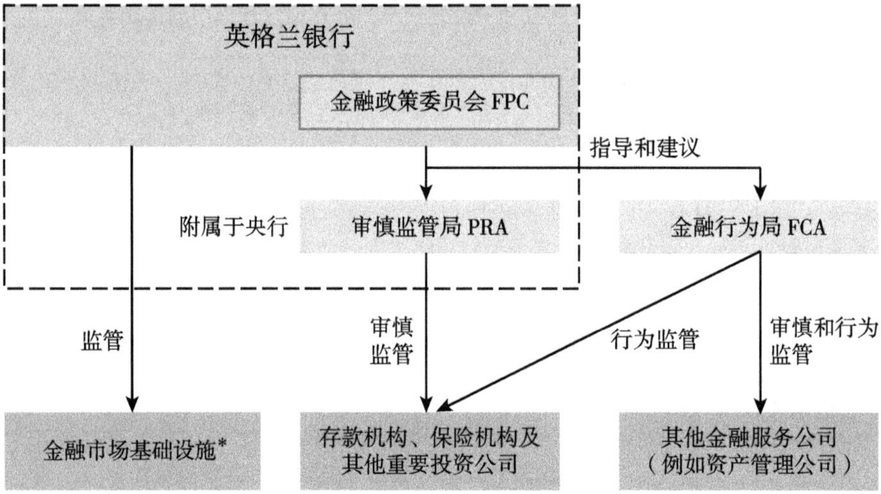


* 图中"金融市场基础设施"是指中央交易对手、证券结算系统和确认支付系统。

**图 3.3 英国金融监管新框架**

资料来源:Andrew Bailey, Sarah Breeden, Gregory Stevens, *The Prudential Regulation Authority*, Bank of England Quarterly Bulletin, Q4, 2012,p. 2。

2. 审慎监管局与其他金融监管机构间的协作机制

(1)审慎监管局和英格兰银行。审慎监管局是英格兰银行的一部分,并且因此与英格兰银行的其他功能有联系,包括央行作为最后贷款人角色和其在市场情报方面的工作、金融市场基础设施的监督、审慎政策制定、金融业复苏和决议。这有利于这些职责之间的信息交流。

审慎监管局的目标是促进公司的安全和稳健,首要集中于那些公司可能引起的有损英国金融系统的危害,补充英格兰银行达成更宽泛的"保护和促进英国金融系统稳定"的目标;并且审慎监管局关注于最小化企业倒闭的不利影响,补

① See Financial Services Act 2012, Part 1A, Chapter 1, 1B,1C,1D,1E.

充了在《2009年银行业法案》(Banking Act 2009)规定的特别决议目标，而英格兰银行是特别决议机关，与其他机关分享。

(2)审慎监管局和金融政策委员会。一个有效的金融稳定监管框架需要结合公司具体情况进行监督，并且提升金融系统作为一个整体的应变能力。金融政策委员会为了达成金融政策委员会的目标而采取的具体行动时能够向审慎监管局给出建议并且发出指导。审慎监管局负责实施金融政策委员会的建议，实施时应当按照"遵守或者解释"(comply or explain)的原则，并且符合金融政策委员会有关使用宏观审慎监管工具的指导，由财政部在二级立法中详细说明。审慎监管局应就所交付的那些建议和指导向金融政策委员会报告。

审慎监管局和金融政策委员会之间频繁的双向信息流动和意见交换是非常常见的。审慎监管局将公司具体信息提供给金融政策委员会，协助其实施宏观审慎监管，并且金融政策委员会对系统性风险的评估会影响审慎监管局在实现自己目标时的判断。审慎监管局和金融政策委员会之间的协调，由审慎监管局委员会和金融政策委员会中的普通会员协助，包括英格兰银行行长、分管金融稳定的副行长、审慎监管局的首席执行官。①

(3)审慎监管局与金融行为监管局。金融行为局作为行为监管者，管辖范围也包括那些处于审慎监管局审慎监管之下的公司。审慎监管局在行使其公共职能时，包括在政策制定和监管中，有法律义务与金融行为局协作。在金融行为局和审慎监管局之间的谅解备忘录记载了两个监管者如何履行相互协调的职责并在某种程度上支持各个监管者推进各自的目标。

这种合作的一个重要原则是针对由审慎监管局管辖的公司，由不同的监管者分别实施审慎监管和行为监管，各机关应当在专注于各自主要风险的防范目标的同时，意识到涉及对方(风险)的可能性。在其他情况下，需要更密切的合作。例如，金融行为局和审慎监管局会共享他们面临同一家公司时各自对行为监管和审慎监管的关键问题。对外公开行动如个案执法将被谨慎统筹安排，以评估联合行动可能造成的重大审慎影响。从具体操作角度，一方可以随时访问由另一方定期收集的结构化数据。

---

① See PRA, *The Prudential Regulation Authority's Approach to Banking Supervision*, Bank of England PRA Approach April, 2013, p. 14.

审慎监管局和金融行为局之间的统筹安排由各自成员中的首席执行官协助。这种跨部门的任务,专注于重叠领域和每个执行官自己组织的相关材料。组织之间的统筹也由各自在金融政策委员会担任执行官中的普通会员协助。审慎监管局和金融行为局作为英格兰银行的一部分,与财政部签署了关于国际事务的备忘录,并与英格兰银行的其他部门共同监督金融市场。

(4)审慎监管局与其他金融监管机构。为了追求自身目标或者协助完成其他机构的目标,审慎监管局经常需要与其他英国监管者合作,也许还会包括其他执法机构。审慎监管局签署了协议支持分享信息、判断和协调行动。审慎监管局应对这些安排的一般方法和它们支撑的关系主要集中在:保持各监管机构自身监管目标相对独立;潜在的实质性问题共同合作;避免在任何可能的情况下一个详细的,指令性的做法,确保判断和灵活性不丢失;定期审查,确保谅解备忘录保持现行并嵌入在组织内。

(5)国际合作。银行业是一个国际产业,许多英国公司拥有海外业务,并且许多定居海外的公司在英国有子公司或者分支机构。存款公司和投资公司因此在国际合作的基础上被监督,并且这种监管政策框架在很大程度上被全球范围认同,包括巴塞尔委员会和金融稳定委员会,确保所有的司法管辖坚持适当的标准符合他们集体的利益。审慎监管局积极参与全球和欧盟监管论坛,发挥其全面和积极的作用,对口监督跨境企业,并且寻求成为一个在国际政策辩论上有影响和有说服力的参与者。尤其是审慎监管局积极参与金融稳定委员会和巴塞尔委员会的工作,并且旨在影响和反应在欧盟系统金融监管中的工作。上述监管范式,落实了审慎监管局的国际义务和承诺,包括巴塞尔委员会有效银行监管核心原则、其关于综合监管的协议以及后续发布的国际监管协作文件。

3. 建立了银行业风险压力测试系统

建立压力测试(stress test)框架的主要目的是提供一个能够量化、前瞻性的标准用于英国银行系统和单家金融机构资本充足率的评估,以协助金融政策委员会和金融审慎监管局实现其法定目标。该评估的范围非常广泛,包括银行业、建筑协会和审慎监管局指定的投资公司。每年一次的压力测试将包括一个完整的围绕着资本充足率的程序,包括系统和个人两个层面。该压力测试通过连接金融政策委员会和宏观审慎监管局的应变能力标准,为议会、公众提供了一个追究银行责任的机制。定期的压力测试同时增强了公众对金融系统稳定的信心。

压力测试的方案包括:(1)一般方案,由金融政策委员会设计,并咨询审慎监管局董事会,适用于在压力测试下的所有银行;(2)定制方案,由银行根据自身情况设计测试方案,并报请审慎监管局董事会批准,并且其测试的灵敏阈值应当符合一般方案的最低限度并使用相同统计口径。

关于盈利能力和资本充足率的影响分析由银行自身测评,此种测评结果是对银行未来资本储备的综合观测。随着时间的推移,压力测试将收集足够数据,以俘获关于放大机制的多种反馈,对于系统范围的自我恢复能力是关键的因素。①

压力测试的结果公布以后,需要恰当的政策措施及时作出回应。压力测试的结果可能的用途包括:(1)告知金融政策委员会关于金融系统的自我恢复能力的评估结果,同时制定援助计划;(2)支持审慎监管局对于特定企业的判断和行动,当然任何系统层面的行动也将受益。②

基于压力测试的结果,金融政策委员会有两项法定的权力,即作出建议和给出指令。(1)其建议可以向任何个人或者机构作出,但是审慎监管局和金融行为局有特殊的权力——要求"遵守或者解释"原则,即如果上述两个监管机构拒绝执行其给出的建议,应作出合理解释;(2)对实施宏观审慎政策措施的金融监管机构作出指导,如对于部门资本金要求(sectoral capital requirements)作出指导,并且政府已经授权金融政策委员会设置逆周期资本缓冲率。③

英格兰银行颁布的《2014 年金融稳定报告》专栏介绍了英国 2014 年所执行的压力测试,审慎监管局依据该测试结果要求一些银行采取措施加强它们的资本储备。2013 年参与测试的 8 家银行中有 3 家被要求提供资本储备,而 2014 年

---

① See Bank of England, *A Framework for Stress Testing the UK Banking System*, Bank Of England Discussion Paper October, 2013, p. 10.

② Ibid., p. 8.

③ In January 2013, the FPC published a statement of the general policy that it proposes to follow in relation to the exercise of its powers of Direction:"The Financial Policy Committee's powers to supplement capital requirements", available at www. bankofengland. co. uk/financialstability/Documents/fpc/policystatement130114. pdf. 转引自 Bank of England, *A Framework for Stress Testing the UK Banking System*, Bank of England Discussion Paper October, 2013, p. 31。

仅有1家银行被要求提交修订的筹资计划。①

**(二)英国宏观审慎监管改革的评价**

1.宏观与微观审慎监管高度契合

英格兰银行统一负责宏观审慎监管以及微观审慎监管职能;金融政策委员会负责“宏观审慎监管”,包括识别和检测系统风险并且可以在必要时采取应对行动向审慎监管局发布指令或建议。审慎监管局负责微观审慎监管。② 而从上文所述可以发现审慎监管局与其他金融监管机构有着广泛的协作关系,金融政策委员会的成员中即分别包括审慎监管局和金融行为局的局长。同时各金融监管机构通过签订合作备忘录的形式,③将各自的分工和合作事项较为详细地约定下来,该种合作贯穿于英国金融监管体系的始终。金融政策委员会对于审慎监管局的工作从其自身视角进行指导,但其对审慎监管局和金融行为局的权力主要是建议权,由于该两机构都将遵循“遵守或解释”原则,所以围绕监管信息的交换,英国的宏观审慎监管机构和微观审慎监管机构紧密地协作。

2.英格兰银行的监管权限得到强化

在金融宏观审慎改革之前,英格兰银行与财政部、金融服务局形成三足鼎立的金融监管体系,财政部负责金融监管政策的制定,英格兰银行负责货币政策制定和金融基础设施建设,而金融服务局是所有金融监管权独揽一身的超级监管者。2010年7月26日,英国政府宣布在英格兰银行下设立金融政策委员会,专门负责宏观审慎监管,同时将金融服务局拆分为金融政策委员会、金融行为局、审慎监管局这三个机构。审慎监管局负责微观审慎监管,其受金融政策委员会的指导,两者都隶属于英格兰银行,从这个意义来说,英格兰银行是英国目前的超级金融监管者。英国财政部2010年7月颁布了《金融监管的新方法:判断、焦点及稳定性》,明确授予英格兰银行宏观审慎监管、微观审慎监管、货币政策制定的权力。④

---

① 更加详细的关于压力测试报告参见英国《2014年金融稳定报告》专栏5。See Bank of England, *Financial Stability Report*, Bank of England No. 36, December 2014, pp. 60 – 64.

② 参见黄志强:《英国金融监管改革新架构及其启示》,载《国际金融研究》2012年第5期。

③ Such As MoU Between the FCA and the Bank of England, Including the PRA, MoU Between the FCA and the PRA Re: Supervision of With-Profits Policies, MoU Between FCA and OFT. And so on.

④ Paul Tucker, "Macro and Microprudential Supervision", *British Bankers' Association Annual International Banking Conference*, London, June 29, 2011, p. 6.

3. 监管程序灵活并赋权性规则较多

与之前所推行的“理性质化监管”理念一脉相承，该种监管理念注重对银行的授权标准、管理层素质、银行业务风险等方面进行监管，这种监管标准比较抽象，并不拘泥于刻板的法条，需要监管者具有较高的分析能力。这种理念在宏观审慎监管改革之后依然保留，体现在制定宏观审慎监管政策时，允许金融政策委员会对审慎监管局和金融行为局进行授权性规定；而“审慎监管局”的监管机制中，对于风险的判断也不拘泥于法条设置的阈值，而是前瞻性地考察一家企业所处的具体情形；审慎监管局在前瞻性介入框架中，对于企业的具体可能破产原因，需要考察诸多评估框架因素来综合判断。所以英国的金融监管比较注重实质，而不依赖于具体的刻板的规则，即所谓的“相机抉择”。①

4. 金融消费者权利受到特别的保护

英国金融改革所形成的“双峰”模式即其已经认识到“审慎监管和消费者保护与市场行为监管放在一个机构内的实践不可行”，②审慎监管局与金融行为局共同形成了该独特的监管结构。金融行为局并不隶属于英格兰银行，金融行为局致力于促进金融有效竞争，维护相关市场健康运行，并监管所有金融企业的金融行为。包括防止市场支配地位滥用，并确保金融消费者从金融交易中获得公平待遇。金融行为局对于不受审慎监管局监管的金融企业，如资产管理公司和投资咨询公司，依旧实施审慎监管，以确保金融消费者的权益得到最大化保护。

**（三）英国宏观审慎监管改革可借鉴之处**

1. 应当注重金融消费者权益的保护

金融消费者与金融机构相比，无论在财力还是专业知识技能方面都处于弱势地位，而我国《消费者权益保护法》在专业的金融市场方面，由于缺乏相应的保护机制和信息不对称，保护金融消费者显得较为吃力。所以，为了维持金融消费者在金融市场中的公平地位，我国应当重视对于金融消费者的权益保护，将对金融消费者的保护列为监管目标之一，成立金融消费者权益保护机构，赋予监管机构专门的监管权，对于金融市场中的金融交易行为进行约束，如金融行为局的三个具体监管目标即消费者保护目标、市场完整性目标、竞争性目标。对比英国在

---

① 与相对应的是“规则抉择”。规则抉择和相机抉择是两种不同的策略，规则抉择是指行为者按照既定的规则进行操作，相机抉择则是指行为者根据对决策形势的判断进行操作。

② 黄志强：《英国金融监管改革新架构及其启示》，载《国际金融研究》2012 年第 5 期。

这方面的建设，我国在立法理念上还有待跟进，同时监管机构、监管权力等方面的设置也需要完善。

2. 应强化监管机构间协调机制建设

审慎监管局是英国金融监管体系中的微观审慎监管机构，通过上文的分析可以发现，其和其他金融机构之间的监管协调机制非常健全。一方面，由于审慎监管局和金融行为局都要接受金融政策委员会的指导，所以在这个协调机制下政策的执行会得到较高程度的统一。另一方面，审慎监管局和金融行为局之间，包括其他金融监管机构之间，订立了许多合作备忘录。这些备忘录一般都要求监管当局在执行自身监管目标时，需要注意到合作监管机构的监管目标，这种合作不仅是被动的提供信息，而且具有一种金融安全监督网络的思想，即用一种潜在的分布式权力思想指导各自的监管职权配置。任何监管目标和职责都不仅仅是单个监管机构所追求的，更是整个金融监管群体所需要追求的，这种监管的思想是在尽力弥补分业监管导致的监管空白和真空。英国金融监管机构之间的协调已经从一种金字塔式的监管协调机构统领模式，进化成了一个网状的监管协调模式，在这个金融监管网络里，每个监管机构不是被动地在为其他监管机构所协调，而是积极主动地与其他监管机构相互协作。

3. 应赋予监管权行使适度自由裁量

英国的金融监管注重的是“理性质化监督”，非常强调在监管的过程中不能拘泥于具体的监管标准，而应当相机抉择，赋予监管者足够的自由裁量权。其对于审慎监管局的定位，首先并非仅在于避免破产，而在于避免由于企业破产给金融行业带来的负面效应，所以在前瞻性介入框架的设置中，也明确提出了监管不能拘泥于僵化的指标，而应当根据该企业本身的具体风险情况，参考监管评估框架因素，如外部环境、商业风险等，根据具体的情况作出相应的监管措施。在监管协调部分中，其合作原则中特别强调了“避免在任何可能的情况下一个详细的、指令性的做法，确保判断和灵活性不丢失”，所以英国的金融监管特别强调监管权行使的灵活性。我国在构建宏观审慎监管法律制度的过程中，应当注意到系统性风险的分布是宏观视野，在很多情况下无法使用统一微观指标予以衡量，必须参考具体实际情况来作出判断，所以在宏观审慎监管权的行使过程中需要给予足够而恰当的自由空间。

## 四、域外宏观审慎监管改革比较分析

前述三个宏观审慎监管体系有各自的特色,其中美国被称为“伞状模式”,欧盟称为“网状模式”,英国被称为“双峰模式”。从共同点的角度,三个国家及地区的宏观审慎金融改革,都确立了宏观审慎监管主体,赋予了明确的宏观审慎监管权和职责。从不同点的角度,各国及地区的改革都是基于原有的金融监管体系,带有传统的金融监管体系的特点,美国的监管比较注重“理性量化监管”,英国注重“理性质化监管”,欧盟的宏观审慎监管主体权力最弱,各国央行在宏观审慎监管中的关键作用也不一样。

### (一)域外宏观审慎监管法律制度要素解构

1. 宏观审慎监管主体

三个国家或地区都通过立法确定了宏观审慎监管主体,而且改革措施都是重新设立了宏观审慎监管协调组织,即组建独立的委员会,区别在于权力与角色定位稍有不同。美国的宏观审慎监管主体是金融稳定监督委员会和美联储,微观审慎监管机构是原有监管体系的各微观审慎监管机构;欧盟的宏观审慎监管主体是欧洲系统性风险监督委员会,欧洲三大金融监管局统领下的各国微观审慎监管构成了微观审慎监管机构群——欧洲金融监管体系;英国的宏观审慎监管主体是金融政策委员会。

美国金融稳定监督委员会由财政部部长出任主席,同时包括10位由各微观审慎监管机构的负责人组成的有投票权成员,5名列席无投票权成员;欧盟系统性风险管理委员会由欧洲成员国央行行长、欧洲三大金融监管局局长、欧盟委员会所组成,由欧洲央行行长出任主席;英国金融政策委员会由英格兰银行行长(出任主席)及副行长、金融行为局局长、财政部代表等组成,特点是组成成员都是来自各微观审慎监管机构、财政部和央行的高级负责人,而且央行在该委员会中处于重要地位。故宏观审慎监管改革需要明确设置宏观审慎监管主体,从域外的经验来看主要是设置了独立的监管协调委员会。

2. 宏观审慎监管职能

美国金融稳定监督委员会的主要职责如下:第一,识别和防范系统性金融风险;第二,促进金融市场自律,降低金融机构依赖救助的道德风险;第三,研发监管措施应对未来新风险。欧盟系统性风险管理委员会的主要职责为:第一,检测识别威胁系统性安全的金融风险；第二，负责指导微观审慎监管当局的监管行为；第三，加强微观和宏观审慎监管协调，促进对于系统性风险的评估。英国金融政策委员会的主要职责为：识别、监控并采取合适措施去化解或防范系统性风险，以保护和改善英国金融体系的自我恢复能力。所以，宏观审慎监管机构基本上都以防范系统性风险为基本职能，以培养市场自律、消除道德风险并加强企业自身的抗风险能力为拓展职能，各国或地区在职能方面基本上达到一致。

宏观审慎监管职能的安排，主要集中在：第一，对于系统性风险的识别和防范方面；第二，为实现对系统性风险的识别和防范而被赋予的制定相应宏观审慎政策，开发监管工具的职能；第三，增强企业抗风险能力，提升市场约束力量，共同维护金融体系稳定；第四，对于微观审慎监管机构的指导和协调职能。

3. 宏观审慎监管权力

美国金融稳定监督委员会所享有的监管权力主要是信息收集权（包括人员调配权）、监管成员管辖争议裁判权、宏观审慎监管规则制定权、系统重要性金融机构的认定权、对于微观审慎监管机构的建议权；美联储的监管权力是对于系统重要性金融机构的特别监管权；联邦存款保险公司的权力是监察权、执行权及破产清算权。欧盟系统风险管理委员会的主要权力是信息收集权、对微观审慎监管机构的指导权、识别风险后的警告建议权。英国金融政策委员会的主要权力是制定宏观审慎监管政策权，[①]对审慎监管局及金融行为局的监管作出指导和建议权，除此之外委员会还能行使英格兰银行所赋予其的部分权限。

综合来看，域外宏观审慎监管主体的监管权限由于各国的监管体系制度安排而有所不同，基本上包括信息收集权、规则制定修改权、指导建议警告权，而对系统重要性金融机构的监管权及其他对于被监管机构的直接监管权力属于选择性配置的权力，如英国金融政策委员会还可以行使部分由央行赋予的其他监管权限。

4. 宏观审慎会议机制

美国《多德—弗兰克法案》第111(f)条及第113(c)(1)条规定，除非另外说

---

① 目前，金融政策委员会已经做出的宏观审慎政策主要有：额外资本仅要求、住房和杠杆率工具。See Bank of England, "Policy Statements", available at http://www.bankofengland.co.uk/financialstability/Pages/fpc/policystatements.aspx, retrieved on April 2, 2015; Bank of England, *Financial Stability Report*, Bank of England No. 36, December 2014, p. 46.

明，委员会所有的决策都基于内部成员的多数投票意见，需有2/3以上有投票权成员同意，包括主席的赞成票；欧盟系统性风险管理委员会作出任何决策和建议都需要2/3以上有投票权成员赞同；英国金融政策委员会的决策机制是形成合意，如果对于该问题无法形成统一意见可以由各成员投票而作出决策。①

故从域外立法经验来看，宏观审慎监管机构是一个监管协调和风险预测组织，基本的运行机制为召开会议。会议的表决机制也比较趋同，基本上都是需要2/3以上有投票权成员同意，同时需要争取委员会主席的关键赞同票。会议有固定的地点，召开程序分为定期会议和紧急会议。该会议机制的能够向其他政府部门请求资源以协助决策，会议将尽可能地详尽记录各种意见，并按照不同的保密规则予以公开。

**（二）域外宏观审慎监管法律制度安排差异**

1．央行在微观审慎监管方面的权限

美国和英国的央行在微观审慎监管方面的权限要比欧盟的央行更强也更直接，英国是通过其下属的审慎监管局来间接执行，而美国的美联储对于系统重要性金融机构拥有特别监管权。欧洲中央银行在数据的收集和分析中起到了关键性作用，但是它并不直接涉及微观审慎监管的执行。产生这种权力安排差别的原因在于，本国的金融监管体系设置不同，英国的英格兰银行取代金融服务局成为金融行业的超级监管者，而金融政策委员会作为其内部的咨询委员会，享有的权力来自英格兰银行的赋权，审慎监管局作为具体的执行机构身兼宏观和微观审慎监管的功能，故英国的宏观审慎监管主体的权限将更强一些。美国此次改革再一度加强了美联储的监管权限（曾经被削弱的协同监管权），其在权力配置的过程中贯彻了权力制衡的思想，如金融监督委员会负责系统重要性金融机构的认定，而美联储负责系统重要性金融机构的特别监管，前者限制了后者的监管范围。欧盟由于其特有的政治结构，欧盟层面的监管权都要尊重各成员国本国的监管权，所以欧盟系统性风险管理委员会的监管权力在微观审慎监管方面受到各成员国主权的限制，并不直接介入微观审慎监管过程中。

---

① See Dodd-Frank Act 111(f)&113(c)(1); Official Journal of the European Union, Article 10(3), 15.12.2010, p.8.

2. 央行的危机管理和破产程序权限

美联储和英格兰银行对于突发的风险可以动用传统的流动性支持与监管工具,作为主导的破产管理机构,欧盟系统性风险监督委员会在这方面没有任何明确的关于危机应对的授权,仅有向欧洲理事会就紧急情况做警告的权力。此外,欧盟的现有法律框架可能会影响其情报分析的质量和作出建议的及时性与恰当性。美国在危机管理和破产程序上有为了解决系统重要性金融机构"太大而不能倒"的有序清算程序,有序清算程序和美国的联邦存款保险制度分别为非银行金融机构和银行金融机构提供了有序的破产程序规范,两个程序的执行人都是联邦存款保险公司,通过接管问题金融机构并与其他公司合并或者转移该公司的资产和负债,设立过桥金融公司,债权申报和清偿等程序,妥善解决系统重要性金融机构太大而不能倒的问题,消除企业的道德风险,促进市场自律。而英国也有前瞻性介入框架和有序破产程序,前瞻性介入框架是一个融合系统性风险测试和风险评级的制度,其通过设定相应的评价指标对于企业可能面临的破产风险进行分级,而审慎监管局将视不同等级和企业的具体情况采取对应的措施。而欧盟由于上文所述的原因,必须尊重成员国内的金融监管当局的监管权限,无法直接介入成员国内部行使风险管理和破产程序权限。

3. 宏观审慎监管主体的监管权类型

各宏观审慎监管主体的监管权力基本上围绕着收集信息、警告和建议、指导微观审慎监管机构。美国除了金融稳定监督委员会可以向其他政府部门请求人员和资源的协助,美联储对于系统重要性金融机构还享有特别监管权;欧盟系统风险监督委员会,能够对其发出的指令进行跟进的工作,监督执行的效果;而英国金融政策委员会还可以对于财政部签发宏观审慎监管政策提供意见。

美国和英国的宏观审慎监管主体所享有的监管权主要是制定宏观审慎监管政策,而欧盟系统性风险监督委员会的权限更弱化,主要是建议和警告。①

监管权力的类型有一些差别,更加重要的是权力的效力也有很大的差别。英国金融政策委员会通过发布宏观审慎监管政策,从而指导审慎监管局或者是金融行为局执行该监管政策,而审慎监管局或金融行为局必须尽快执行该指导,

① Vítor Constâncio, Macro-Prudential Supervision in Europe, Macro-prudential Regulation as an Approach to Containing Systemic Risk: Economic Foundations, Diagnostic Tools and Policy Instruments, Frankfurt am Main, 27 September, 2010.

并将执行的情况及时反馈给金融政策委员会;①欧盟的系统性风险管理委员会对其他微观审慎监管主体行使其警告建议权时应遵从"遵守或解释"原则,即权力并没有强制效力,微观审慎监管主体收到建议或警告后可以作出合理解释以不执行该决议;美国金融稳定监督委员会能够向其他监管主体建议执行新的或更严格的标准,其在建议之前将向被建议监管主体或者公众咨询,而被建议监管主体应当实施委员会所建议或者实施委员会所能接受的标准,或者其可以在90日内采取书面形式解释决定不执行委员会建议的理由,故其也是采取"遵守或解释"原则。② 所以相比英国,欧盟和美国的建议指令权效力较弱,英国宏观审慎监管主体权力的效力和约束力较强。

**表3.4 美国、欧盟和英国宏观审慎监管实施对比**

| 项目 | 美国 | 欧盟 | 英国 |
| --- | --- | --- | --- |
| 监管主体 | 金融稳定监督委员会 | 欧盟系统性风险监督委员会 | 金融政策委员会 |
| 监管职权 | 1. 识别金融机构的行为或者破产所引起的金融风险;<br>2. 促进市场自律,减轻救助期待;<br>3. 对危害美国金融稳定的威胁做出回应 | 1. 预防和减弱金融体系的系统性风险;<br>2. 维持金融市场稳定运行;<br>3. 确保金融领域的可持续发展 | 1. 对金融体系的系统性风险进行预测和评估;<br>2. 选择最合适的政策工具以应对系统性风险 |
| 监管手段 | 1. 指定需要被监管的非银行金融机构和金融市场公共事业;<br>2. 向监管机构建议以加强监管标准;<br>3. 就管辖权做出建议,并向国会报告监管空白 | 1. 非正式指令权,对欧盟成员国及监管机构关于系统性风险进行警告和非约束性建议的权力;<br>2. 建议或指令的执行遵守"遵守或解释"原则 | 1. 就系统性风险向金融监管机构提出建议;<br>2. 要求微观审慎监管机构实施特别工具的直接权力 |

① See Financial Services Act 2012, 9H(1)&9I.

② See Dodd-Frank Act, Section 120 (c)(2).

续表

| 项目 | 美国 | 欧盟 | 英国 |
| --- | --- | --- | --- |
| 治理结构 | 主席为财政部部长,另外有9个有投票权成员和5个无投票权成员(来自其他监管机构) | 主席为欧洲中央银行行长,包括主席在内有37个投票权成员,28个无投票权成员(来自其他监管机构) | 主席为英格兰银行行长,另有11个投票权成员(6名来自英格兰银行),1名无投票权成员(来自财政部) |
| 信息收集和分析系统 | 金融研究办公室、美联储和其他金融监管机构 | 欧洲中央银行、欧洲银行监管局、成员国中央银行、技术咨询委员会、学术咨询委员会 | 英格兰银行 |
| 优势 | 1. 所有监管主体都在统一领导下;<br>2. 给监管机构带来联邦层面视野 | 填补了欧盟系统性风险防范和宏观审慎监管的专职机构设置空白 | 能够实施特别的宏观审慎监管工具 |
| 挑战 | 1. 监管环境依旧复杂;<br>2. 领导效率并未提升 | 1. 不能对于金融机构或市场进行直接干预,监管还停留在成员国内部;<br>2. 治理结构太复杂 | 没有对金融企业和市场进行直接监管 |

资料来源:Christian Weistroffer, *Macroprudential Supervision: in Search of an Appropriate Response to Systemic Risk*, Deutsche Bank Research, May 24,2012,p.9。

### (三)域外宏观审慎监管制度改革经验借鉴

1. 金融监管改革应当考虑本国实际国情

通过对于域外国家和地区的分析和比较可以发现,它们的金融体系改革都贯彻了宏观审慎监管的理念,在设置宏观审慎监管主体的时候都采取了委员会的形式,委员会的本质是一个监管协调组织,而其成员来自各微观审慎监管机构。美国保留了原有的伞状金融监管体系,而欧盟受到欧盟法律环境的影响,其宏观审慎监管权的行使需要尊重各成员国的监管权,英国将原有金融服务局的监管功能拆分为三个机构行使,这种设置可以较好地保留原有的金融监管体系设置,避免监管权力大面积移交出现的动荡不安和制度变迁成本,而也因此在制度安排上体现了本国特色。在我国现有的金融改革时期分业监管体制下,构建宏观审慎监管法律体系应充分考虑到现有的监管体系框架之下,在保证监管效率的前提下，尽量避免对现有的监管体系进行过大的变革。实践证明，各国金融监管体系有各自的特色，如我国属于机构监管模式，①其优点是分工明确，而缺点是交叉业务无人监管或重复监管。所以我国应根据本国国情和特色进行相应的宏观审慎监管制度构建。

2. 应当发挥央行在宏观审慎监管中作用

比较发现，央行在宏观审慎监管中所起的作用非常关键，欧盟和美国的央行都在委员会中占据了主席的职位，而且欧盟的央行在整个委员会中的席位数量是压倒性的。支持者认为，中央银行具备维护金融稳定的天然优势和便利，而宏观审慎监管与货币政策职能方面有着天然的联系，宏观审慎监管的本质也是一种流动性管理，与央行作为最后贷款人的身份正好相契合，央行对于金融行业强大的信息收集分析能力也能帮助其较好地履行作为宏观审慎监管主体的职能。我国《中国人民银行法》明确规定中国人民银行的基本职能之一，是防范和化解金融风险，维护金融稳定，②但是并没有赋予其宏观审慎监管的权力和工具，其实际的职能主要是制定货币政策。所以中央银行在宏观审慎监管中的作用是至关重要的，有学者认为，宏观审慎监管的本质是流动性管理，③这一点和央行的最后贷款人的职能非常契合。不过也有反对的意见认为宏观审慎监管职能的履行可能会损害央行的货币政策制定效率，我国应当充分权衡央行是否应当像英国那样成为宏观审慎监管的主导机构（其金融政策委员会隶属于英格兰银行），或者是像美国和欧盟那样将央行纳入委员会之中，不过两种方式都将突出央行在宏观审慎监管中的作用。

3. 宏观审慎监管与微观审慎监管应并重

微观与宏观审慎监管相协调，是上述国家的一致做法。美国的做法是两者并重；而欧盟系统性风险监督委员会与微观审慎监管体系，相互提供信息与风险预警；英国的宏观微观审慎监管机构都隶属于中央银行，各监管机构之间订立了

---

① 学者将金融监管模式分为：机构监管、功能监管、综合监管和双峰监管。参见张晓朴：《变革与稳健：银行监管和银行转型的思考》，中国金融出版社2014年版，第72～73页；黄辉：《中国金融监管体制改革的逻辑与路径：国际经验与本土选择》，载《法学家》2019年第3期。

② 参见《中国人民银行法》第1条规定："为了确立中国人民银行的地位，明确其职责，保证国家货币政策的正确制定和执行，建立和完善中央银行宏观调控体系，维护金融稳定，制定本法。"

③ 参见尹久：《宏观审慎监管：中央银行行使的依据、目标和工具》，载《武汉金融》2010年第8期。

监管协作备忘录。因此在制度设计时,一方面,应当明确微观和宏观审慎监管的各自职能;另一方面,在权责清晰的前提下,应当加强对于信息共享交流方面的建设,具体包括主动的索取信息和主动的发布信息。宏观审慎监管能够为微观审慎监管提供早期的风险预警,而微观审慎监管能够执行宏观审慎监管政策,两者是金融发展到不同阶段的不同需求,其本质都属于审慎监管的范畴。微观和宏观审慎监管,监管角度分别是微观和宏观,监管视野分别是从下而上与从下至上,而最终的目的都是维护金融系统的稳定。我国在设计宏观审慎监管法律制度的过程中,要充分考虑将现有的微观审慎监管体系与宏观审慎监管体系结合起来,构建宏观审慎监管体系时,要在强化微观审慎监管的同时充分考虑和微观审慎监管体系的协作。

4. 应明确宏观审慎监管主体的职能及权力

通过观察域外宏观审慎监管改革的经验可以发现,改革需要设立一个宏观审慎监管主体,赋予其适当的监管权限和明确的监管职能。目前来看,普遍的措施是从各微观审慎监管机构中抽调高级管理人员,重新组建独立的金融监管协调机构,具体的组织形式是成立委员会,如美国的金融稳定监督委员会、欧盟的系统性风险监督委员会和英国的金融政策委员会。各委员会都通过本国或地区的立法明确了法律地位,设置了明确的监管目标和监管职能,被赋予了相应的监管权限。各宏观审慎监管主体的决策机制都采取会议表决的形式,而监管权力主要是建议警告和指令权。宏观审慎监管的本质是一种政府干预市场的行为,其在法律上的正当依据即需要有正当赋予的监管权力,而监管权力的边界即宏观审慎监管的边界,故明确宏观审慎监管权,一方面是为了防范系统性风险,另一方面也是为了规范监管部门行使权力。监管主体的确定,需要考虑监管成本及监管效率之间的平衡,以最终实现监管目标。

5. 应当加强完善监管机构间的协调机制

宏观审慎监管主体的本质是监管协调机构,而宏观审慎监管本身很重要的理念在于实施更加恰当合理的监管而不是更多、更严格的监管,监管效率的提升是宏观审慎监管的首要特点之一。故加强各监管机构之间的协作,填补监管真空、消除监管重复及监管管辖争议的裁决,都是宏观审慎监管法律制度完善中所要重点解决的问题。目前,我国监管机构之间存在为了监管部门利益而扩张自身监管权的趋势,由此可能会出现监管主体为争夺部门利益而损害国家利益的情况。[1] 我国在完善宏观审慎监管法律制度的过程中，需要考虑激励相容的制度设计因素，力求减少这种委托代理成本、降低监管效率的现象。监管机构的扩权倾向是一个基本的假设，我国在构建宏观审慎监管法律制度的过程中，应当明确各监管主体的监管职责和管辖范围，同时需要有一个专门监管协调机构即宏观审慎监管主体，赋予该监管主体裁决监管管辖的权限，赋予其裁决权的强制效力，构建管辖权争议解决机制。[2] 与此同时，还应当完善信息披露以增强透明度，并在法律责任上进行相应的设置。

6. 应强化宏观信息分析并完善共享渠道

美国次贷危机爆发的重要原因是次级贷款的风险通过金融创新产品不断被放大，而实际最初的次级贷款数额是非常有限的，在金融交易复杂程度较高的环境下，监管漏洞是对于其衍生品的信息未充分收集。监管者对于次级贷款的实际数量和危机的爆发点没有收集足够的信息以支撑分析判断。我国在完善宏观审慎监管法律制度的改革过程中，应当设计相应的信息收集和分析制度。比如，美国财政部下属设立了金融分析办公室，能够协助美国金融稳定监督委员会在信息收集分析及共享方面的工作；而欧洲中央银行及其各成员国央行和欧洲系统性风险管理委员会内设的技术咨询委员会及学术咨询委员会，都能够承担其信息收集分析的工作；英国的英格兰银行拥有较好的经济信息收集分析能力，英国审慎监管局与其他金融监管机构之间的协作非常通畅，而各微观审慎监管机构之间的双向信息流动和意见交换也非常的充分。

---

① 以债券市场为例，在财政和会计监管方面，财政部门、审计部门、银保监会、证监会、工商局和税务局等部门都有监管权。在信用评级监管方面，中国人民银行、发改委和证监会各自监管不同品种的债券，从而实现对信用评级机构的监管。

② 参见文洪武：《基于现行法律框架的中国金融监管协调合作研究》，载《广东金融学院学报》2011 年第 4 期。

# 第四章　我国银行业系统性风险监管实践

## 一、我国金融监管体系的监管主体及职责分工

我国的金融监管体制经过了一个渐进式的变革过程，大体可以划分为以下几个阶段：第一阶段是 1948 年至 1978 年，属于管制型监管，在计划经济时代中国人民银行充当了金融行业的统一监管者，其一方面是经济实体，另一方面又是金融管理者。第二阶段是 1978 年至 1993 年，属于统一监管向分业监管过渡阶段，该阶段成立四大国有银行，从而将商业银行业务从中央银行中剥离，当时中国人民银行的主要职责是审批金融机构的设立、变更并且对其业务进行检查监督等。第三阶段是从 1993 年至 2017 年，确立了分业监管模式，中央银行开始制定较为独立的货币政策，而政策性金融和商业性金融行业开始分离。[①] 从 2004 年银监会颁布《资本充足率管理办法》开始，其正式开始对银行业实施监管，而也正是从当年开始形成了我国"一行三会"的金融分业监管格局。第四阶段从 2017 年开始至今，属于宏观审慎监管阶段。2017 年 7 月 14 日，全国金融工作会议宣布设立国务院金融稳定发展委员会，旨在强化金融监管协调、补齐监

---

① 参见郑明高：《中国金融业混业经营的路径选择》，中国经济出版社 2012 年版，第 50～56 页。

管短板。2018 年 3 月,中国银行业监督管理委员会与中国保险监督管理委员会的职责整合,组建中国银行保险监督管理委员会。

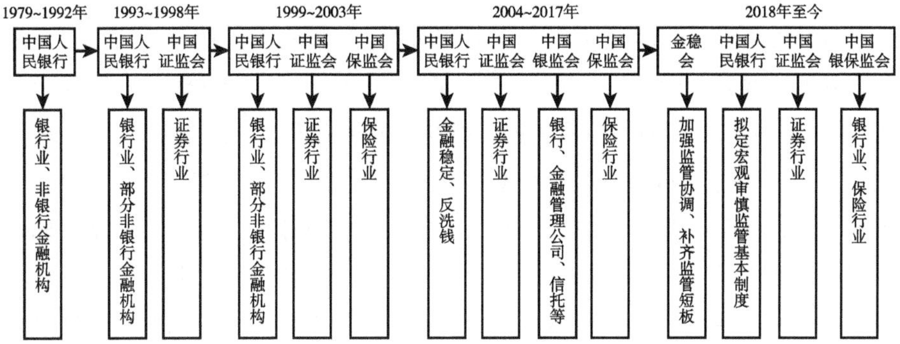


**图 4.1　中国金融监管体系变迁**

资料来源:王广谦主编:《中国经济改革 30 年——金融改革卷》,重庆大学出版社 2008 年版,第 175 页。

在我国现有的“一委一行两会”金融监管体系下,国务院金融稳定发展委员会、中国人民银行、中国银行保险监督管理委员会、中国证券监督管理委员会是法律明确规定的金融监管主体,而其他政府部门如财政部、发改委和外汇管理局也拥有部分金融监管权。

**(一)中国人民银行**

从 2003 年银监会成立以后,央行对于商业银行的监管职能就移交给银监会。而依据 2003 年 12 月 27 日全国人大常委会颁布的《中国人民银行法》的规定,中国人民银行的基本职能是制定国家货币政策,并肩负宏观调控金融体系、维护金融稳定的职能。中国人民银行的基本职能规定在《中国人民银行法》第 4 条,包括制定和执行货币政策、监督银行间债券市场等 10 多项。中国人民银行的基本权力由该法第 32 条所规定,主要是对于金融机构及其他单位和个人行使检查监督权,检查的对象包括存款准备金、特种货币、外汇、黄金等类别。同时,中国人民银行如在制定货币政策及对金融体系进行宏观调控的过程中,发现了潜在的危险可以向原银监会发出建议,对某些具有潜在威胁的金融机构进行检查监督,原银监会需要在收到建议之日起 30 日内做出回复。除此之外,《中国人民银行法》第 34 条规定,当银行业金融机构出现支付困难有可能引发金融风险时,中国人民银行在向国务院请示批准后,可以对银行业金融机构进行直接检查监督。

### (二)中国银行保险监督管理委员会

原银监会成立于2003年4月25日,是国务院下属的正部级单位,依据《银行业监督管理法》由国务院授权统一监管银行业、金融资产管理公司、信托投资公司及其他存款类金融机构。依据2006年10月31日修订的《银行业监督管理法》第2条的规定,银行业金融机构是指在我国境内设立的商业银行、城市信用合作社、农村信用合作社等吸收公众存款的金融机构以及政策性银行。银监会的监管目标是促进银行业自律,维护公众对银行业的信心。银监会的基本职责是审查批准银行业金融机构的设立、变更、终止及其业务范围。银行业金融机构的业务品种需要经过银监会的审查批准或备案,同时银行业金融机构的高级管理人员资质考核也需要银监会认定。此外,银监会还需要负责制定审慎监管规则,内容包括风险管理、内部控制等多项。银监会的主要权力包括对银行业金融机构进行现场及非现场监管,对银行自律组织进行指导和监督,对银行业系统性突发事件拥有处置权,对问题银行金融机构拥有接管权,对违法经营银行金融机构拥有撤销权,具体监管措施包括现场检查及非现场检查、查阅复制相关文件资料、约谈高级管理人员、披露重大事项等信息。

原保监会成立于1998年11月18日,是国务院直属的正部级单位,依据2009年2月28日颁布的《保险法》对保险业市场进行统一监管。保监会的监管目的是维护保险活动当事人的合法利益。《保险法》第84条规定,保监会的主要职责在于审批保险公司、保险专业代理机构、保险经纪代理人变更名称、注册资本、变更公司或者分支机构、分立合并等情形及批准设立保险资产管理公司,颁发保险代理和保险经纪人业务许可证,审批保险险种和保险费率等。保监会的主要权力是监督整顿权,保险公司偿付能力不足时行使接管权,向人民法院申请问题保险金融机构的重整或清算权等。《保险法》第154条规定,保监会的主要监管措施是对保险业金融公司进行现场检查,进入违法行为现场进行调查取证,要求有关当事人做出说明,复制查阅相关资料,向人民法院申请查封冻结财产。

2018年3月17日公布的《国务院机构改革方案》将中国银行业监督管理委员会和中国保险监督管理委员会的职责整合,组建中国银行保险监督管理委员会作为国务院直属事业单位,不再保留中国银行业监督管理委员会、中国保险监督管理委员会。①

**（三）证券业监督管理委员会**

证监会成立于1992年10月，是国务院下属的正部级单位，依据2013年6月29日修订的《证券法》和2012年10月24日修订的《期货交易管理条例》由国务院授权统一监管全国证券期货市场。依据《证券法》的规定，证监会的主要监管目的是保护投资者的合法权益，维护经济秩序。《证券法》第179条规定，证监会的主要职责是依法对证券发行、上市、交易、登记、存管、结算，进行监督管理；对于证券发行人及证券业金融企业所从事的证券业活动进行监督管理；制定相应证券从业人员行为规则；依法检查监督证券发行、上市、交易的情况；对证券业协会的工作进行指导。《期货交易管理条例》规定，期货公司合并、分立停业解散或者破产等情形，需要证监会批准。证监会拥有的监管权力主要有：对证券业金融企业进行现场检查的权力，调查取证权，查阅与被调查事件有关事项的权力，冻结或查封被调查有关单位和个人资金账户的权力。

**（四）中华人民共和国财政部**

财政部的主要金融监管职责是对于国有金融企业资产的管理，以及对于国债市场进行监督管理。财政部颁发了一系列与其金融监管职能相关的法律规范性文件，主要有《金融企业国有资产评估监督管理暂行办法》《金融企业国有资产转让管理办法》《关于金融企业国有资产评估监督管理有关问题的通知》。其主要职责是审核金融企业股权确认和变更，规范企业年金及高级管理人员薪酬，对国有企业产权登记、资产评估和转让进行管理。同时2015年3月12日颁布的《地方政府一般债券发行管理暂行办法》规定了财政部对地方政府债务的管理职责，该暂行办法第22条规定，财政部驻各地监察专员对于一般债券的发行行使监督检查职权，规范债券的发行、资金使用和偿还行为等。

**（五）国家发展和改革委员会**

1993年8月2日国务院颁布的《企业债券管理条例》规定了国家发改委对企业债券市场的监管职责。该管理条例第11条规定，中央企业发行债券需要发改

---

① 参见《国务院机构改革方案》，载新华网：http://www.xinhuanet.com/politics/2018lh/2018-03/17/c_1122552185.htm，2018年4月5日最后访问。

委审批，地方企业发行企业债券需要地方同级发改委审批。国家发改委2008年1月2日颁布的《关于推进企业债券市场发展、简化发行核准程序有关事项的通知》将企业债券发行先核定规模再核准发行的程序，简化为直接核准发行。2009年10月29日颁布的国家发展改革委、财政部《关于实施新兴产业创投计划、开展产业技术研究与开发资金参股设立创业投资基金试点工作的通知》和2011年8月17日颁布的《新兴产业创投计划参股创业投资基金管理暂行办法》规定，财政部会同发改委对由中央财政资金参股的创业投资基金运行情况进行监督。

**（六）国家外汇管理局**

2008年8月5日修订的《外汇管理条例》规定，外汇管理局依法履行外汇管理的职责。外汇管理局的具体职责包括：合理审查交易单证的真实性与外汇收支的一致性，批准、登记境外机构及个人在境内的直接投资，管理外债的规模，审批提供对外担保，等等。主要的监管措施是对涉及外汇业务的金融机构进行现场检查及调查取证，要求所调查事件有关机构和个人就有关事项做出说明，查阅复制有关交易单证等资料，查询或冻结有关当事人资金账户。

**（七）国务院金融稳定发展委员会**

2017年7月14日至15日召开的全国金融工作会议针对多元金融监管所产生的罅隙和错位，提出了设立国务院金融稳定发展委员会的设想，以强化金融监管协调和补齐监管短板。2017年年底，党中央和国务院批准后正式成立了国务院金融稳定发展委员会。金融稳定发展委员会的主要职责是统筹金融改革和金融监管，统筹协调货币政策、财政政策、监管政策和产业政策等，增强多个金融监管机构之间的权威性、有效性和协调性。

目前，金融稳定发展委员会办公室设在中国人民银行，其主任由国务院副总理刘鹤担任，副主任兼办公室主任由中国人民银行行长易纲担任，副主任由中国人民银行金融稳定局局长周学东担任，其他委员包括中国银行保险监督管理委员会主席郭树清、中国证券业监督管理委员会主席、国家外汇管理局局长、中央财经委员会办公室副主任、国家发展和改革委员会副主任等。

**表 4.1　我国金融监管机构及其职能**

| 监管主体 | 主要监管职责 |
| --- | --- |
| 国务院金融稳定发展委员会 | 1. 落实党中央、国务院关于金融工作的决策部署；<br>2. 审议金融业改革发展重大规划；<br>3. 统筹金融改革发展与监管，协调货币政策与金融监管相关事项，统筹协调金融监管重大事项，协调金融政策与相关财政政策、产业政策等；<br>4. 分析研判国际国内金融形势，做好国际金融风险应对，研究系统性金融风险防范处置和维护金融稳定重大政策；<br>5. 指导地方金融改革发展与监管，对金融管理部门和地方政府进行业务监督和履职问责等 |
| 人民银行 | 1. 管理人民币流通；实施外汇管理；监督管理银行间同业拆借市场和银行间债券市场；监督管理黄金市场等。<br>2. 当银行业金融机构出现支付困难，可能引发金融风险时，为了维护金融稳定，中国人民银行经国务院批准，有权对银行业金融机构进行检查监督。<br>3. 对小额贷款公司、融资性担保机构等新型金融机构进行监管等 |
| 银保监会 | 1. 依法依规对全国银行业和保险业实行统一监督管理，维护银行业和保险业合法、稳健运行，对派出机构实行垂直领导。<br>2. 对银行业和保险业改革开放和监管有效性开展系统性研究。参与拟订金融业改革发展战略规划，参与起草银行业和保险业重要法律法规草案以及审慎监管和金融消费者保护基本制度。起草银行业和保险业其他法律法规草案，提出制定和修改建议。<br>3. 依据审慎监管和金融消费者保护基本制度，制定银行业和保险业审慎监管与行为监管规则。制定小额贷款公司、融资性担保公司、典当行、融资租赁公司、商业保理公司、地方资产管理公司等其他类型机构的经营规则和监管规则。制定网络借贷信息中介机构业务活动的监管制度等 |
| 证监会 | 1. 对证券、期货业实施监管；统一管理证券期货市场，对证券期货监督机构实行监督领导；依法管理证券期货交易所；监管证券期货经营机构、证券投资基金管理公司、证券登记清算公司、期货清算机构、证券期货投资咨询机构等。<br>2. 依法监管股票、可转换债券、证券投资基金的发行、交易、托管和清算；批准企业债券的上市；监管上市国债和企业债券的交易活动；监管境内期货合约上市、交易和清算，监督境内机构从事境外期货业务。<br>3. 会同有关部门审批律师事务所、会计师事务所、资产评估机构及其成员从事证券期货中介业务的资格并监管其相关的业务活动等 |

续表

| 监管主体 | 主要监管职责 |
|---|---|
| 财政部 | 1. 国有金融企业的监督管理：审核国有金融企业股权确认和变更事项、加强派出董事管理、规范国有金融企业年金计划、规范金融企业负责人薪酬管理、开展金融企业绩效评价、金融国有企业产权登记、资产评估和转让管理等；<br>2. 国债市场的监督管理：对银行、邮政、证券经营机构的国债兑付业务进行监督，对证券公司、登记公司、国债服务部以及证券交易所财务执行情况进行监督等 |
| 国家发改委 | 1. 企业债券：对企业债券市场依法实施监督管理，负责受理企业发行企业债券的申请，核准企业债券的发行，依法对企业债券存续期间内的资金用途、信息披露情况等进行监督；<br>2. 私募股权基金：创业投资基金（风险投资基金）需要在发改委进行备案，大型产业投资基金需要经发改委审批成立 |
| 外汇管理局 | 1. 依法监督管理外汇市场的运作顺序，培育发展外汇市场；<br>2. 依法监督管理经常项目的汇兑行为，依法监督管理资本项目下的交易和外汇的汇入、汇出及兑付；<br>3. 经营管理国家的外汇储备等 |

## 二、我国银行业系统性风险的主要分布

在分业监管的框架之下，不同金融部门监管机构所担负的监管职责及其所追求的监管目标都不一致。例如，“银行业监管者的监管目标是防范系统性风险发生，而保险监管者的监管目标是保护投保人利益”。[①] 银行业与其他金融部门也有不同特点，银行业爆发的系统性风险很可能会传递给其实体经济，影响实体经济的正常运行和发展。

依据周小川对2014年5月26日党的十八届三中全会报告的解读，我国的金融行业正是以银行业为主导，银行业的所有资产和融资占全国金融体系的80%以上，并且五大国有银行占据绝对主导地位，所以“我国的宏观金融风险主要集中在国有商业银行”。[②] 截至2017年年末，银行业金融机构不良贷款余额为2.39

---

① 马君潞、常殊昱：《美联储权力结构变迁与混业经营监管的发展趋势》，载《金融论坛》2012年第1期。

② 陈敏娟：《中国金融系统性风险及其宏观审慎监管研究》，中国社会科学出版社2014年版，第42页。

万亿元,同比增加1957亿元,不良贷款率1.85%,同比下降0.06个百分点。其中,商业银行不良贷款余额1.71万亿元,同比增加1934亿元,已连续25个季度反弹;不良贷款率1.74%,连续5个季度保持基本平稳。①

理论研究认为,系统性风险具有两个分布的维度:一是时间维度,即金融体系的顺周期性或亲周期性(procycliciality)。② 周小川(2010年)指出金融部门与实体经济之间存在动态的相互作用,这种相互的作用存在一个放大效应,将会促使经济周期性波动的幅度变大,由此反馈造成了金融部门及实体经济的不稳定状态。③ 二是空间维度,即系统重要性金融机构。国际清算银行对其的定义是,在金融市场中起关键性作用,如果破产倒闭会对金融部门和实体经济造成较大不良影响的金融机构。

陈敏娟(2014年)对于我国银行业系统性风险的研究表明,我国目前暂时不会爆发大规模的金融风险,但是随着金融安全环境的改变,可能会在将来出现系统性风险危机。而诱导该银行业系统性风险的主要因素在于:第一,盈利模式不可持续。当前银行业的主要盈利来源是存贷款利息差,《2012中国商业银行竞争力评价报告》显示,2011年城市商业银行与大型商业银行的收入中,利息收益分别占85.2%和76.9%,这充分说明利息收入占银行业收入比例过高,一旦经营环境发生重大改变,将严重影响银行业的可持续盈利能力。第二,信贷过于集中。中国金融行业的融资渠道,主要是依赖于从银行业融资,而其中又以五大国有银行为主导,同时资金的去向也高度集中在国有企业和政府融资平台,故资金的链条高度趋同,可能出现严重的连锁反应。④

**(一)时间维度:商业银行顺周期性**

1. 商业银行信贷顺周期性

顺周期性(procyclicality)是系统性风险在时间层面的分布,其是金融系统和实体经济之间存在的动态正向反馈机制(positive feedback mechanisms),由于该

---

① 参见中国人民银行金融稳定分析小组:《中国金融稳定报告》(2018),中国金融出版社2018年版,第52页。

② 参见王道平、范小云、方意:《中国系统性金融风险》,经济管理出版社2018年版,第38~48页。

③ 参见张显球:《宏观审慎监管:理论含义及政策选择》,中国金融出版社2012年版,第32页。

④ 参见陈敏娟:《中国金融系统性风险及其宏观审慎监管研究》,中国社会科学出版社2014年版,第42~43页。

机制的存在会放大经济上行和下降的波动幅度，由此反馈给金融体系内部影响其稳定。比较常见的例子是，金融行业对实体经济发放贷款，给经济增长输血，由此形成了经济周期的交替或者说增大了经济周期的波动幅度。在经济上行期间，由于借款人的资金相对充裕，而其用来贷款的抵押品价值亦有上升趋势，导致银行部门放宽信贷标准，加大信贷数量，进一步推动经济加速发展，而经济发展迅速又反馈给银行业进一步加大信贷，由此相互作用；而当经济处于下滑阶段时，由于借款人的资金已经相对紧缩，其用来贷款的抵押品价值呈现贬值趋势，导致银行部门抓紧信贷标准，缩小信贷数量，进一步加剧了经济的萎缩，而经济萎缩进一步反馈给银行业。

2. 我国商业银行资本充足率顺周期性

李文泓（2011 年）收集了我国 1998 ~ 2008 年 6 所大型银行和 10 所股份制银行的面板数据，采用的指标包括资本充足率、资本收益率、不良贷款率等参数，对照了同期我国的年度 GDP 数据，采用了线性拟回归分析（最小二乘法）和广义矩（generalized method of moments，GMM）分析方法，得出的结论主要如下：第一，我国商业银行的资本充足率与 GDP 增长之间存在一定顺周期性；第二，大型银行资本充足率表现出来的顺周期性要比股份制银行更加显著。总体来说，该实证结果表明，在我国现行和 1988 年相匹配的巴塞尔资本协议所要求的监管框架下，大多数商业银行的资本充足率与 GDP 增长率存在一定程度的相关性。①

李向前（2013 年）选取了 15 家上市银行 2006 ~ 2011 年的财务数据进行样本分析，得出以下结论：第一，大部分商业银行的资本充足率具有顺周期性，与 GDP 增长率呈现正相关性；第二，我国商业银行资本充足率与第一产业的发展具有负相关性；第三，我国商业银行资本充足率与第二、第三产业的发展具有正相关性。②

**（二）空间维度：系统重要性银行**

五大国有银行的总资产占银行业总资产的一半左右，故五大国有银行在整个银行业中具有举足轻重的作用，其经营出现任何波动都将影响整个银行业的

---

① 更详细的实证方法和结果参见李文泓：《宏观审慎监管框架下的逆周期政策研究》，中国金融出版社 2011 年版，第 213 ~ 216 页。

② 参见李向前：《宏观审慎监管政策与货币政策：理论与实践》，中国金融出版社 2013 年版，第 60 ~ 69 页。

发展。

1. 系统重要性银行

根据金融稳定理事会对于系统重要性金融机构的定义,系统重要性金融机构是指那些因为自身的规模、复杂性、系统性、关联度、可替代性等原因,一旦发生无序倒闭将会对整个银行体系和实体经济造成显著传染和负面效应的银行机构。对于系统重要性金融机构的识别和度量,国际货币组织、国际清算银行和金融稳定理事会提出了从规模、可替代性和系统关联性三个方面进行衡量的标准。我国的中国工商银行、中国农业银行、中国银行和中国建设银行位列美国金融稳定委员会所制定的全球系统重要性银行名单之内。

**表 4.2　中资系统重要性银行(G-SIBs)系统重要性得分**

| 名称 | 年份 | 规模指标 | 关联指标 | 金融基础设施 | 复杂性 | 跨境行为 | 总得分 |
|---|---|---|---|---|---|---|---|
| 工商银行 | 2017 | 93.25 | 89.13 | 50.01 | 41.55 | 24.05 | 267.99 |
| | 2018 | 98.93 | 65.66 | 41.70 | 51.78 | 25.35 | 283.43 |
| 农业银行 | 2017 | 75.27 | 47.03 | 21.38 | 26.07 | 6.19 | 175.94 |
| | 2018 | 80.01 | 44.04 | 19.95 | 31.74 | 7.29 | 183.03 |
| 中国银行 | 2017 | 70.57 | 51.53 | 33.29 | 20.47 | 55.17 | 231.02 |
| | 2018 | 73.52 | 55.50 | 46.52 | 23.54 | 54.41 | 253.50 |
| 建设银行 | 2017 | 80.35 | 51.45 | 41.62 | 66.16 | 11.54 | 251.11 |
| | 2018 | 82.70 | 44.88 | 36.20 | 46.90 | 14.21 | 224.89 |

资料来源:金融稳定理事会、中国银行国际金融研究所数据。

2. 对我国银行系统重要性评估

高国华(2014 年)结合巴塞尔协议和中国国情,设置了衡量我国系统重要性银行的考察指标,包括资产规模、系统关联度、不可替代性、复杂性、跨境活跃度和业务同质六个维度;选取了 63 家银行 2010 年的财务报表数据进行系统重要性评估,包括 5 所国有商业银行、12 家股份银行、46 家城市商业银行,资产总额达到 69.83 万亿元,占整个银行业资产的 85.17%。通过测评发现:第一,中国银行、中国工商银行、中国建设银行和中国农业银行的系统重要性远远高于其他银行,其中以中国银行系统重要性最强,而交通银行属于部分重要银行;第二,12 家股份制银行系统重要性相互差别较小；第三，其他股份制银行和商业银行基本不具备系统重要性。①

3. 我国银行业系统性风险传染实证研究

陈敏娟（2014 年）选择了 11 家股份制商业银行和五大国有银行共 16 家有代表性的银行，利用矩阵分析方法，获取银行间资本、负债及其核心资本数据，得出主要结论为：第一，单家银行所能引发的传染中，中国银行最有感染性；第二，银行是否受到传染，主要取决于核心资本和偿还能力大小，核心资本越大，越不容易被传染；第三，因为我国银行业集中度过高，传染仅有第一轮，没有第二轮。②

## 三、我国对银行业系统性风险监管的实践探索

自 2009 年伊始，国内学者展开了对宏观审慎管理的理论探索。中国人民银行在 2009 年第三季度《货币政策执行报告》中对“宏观审慎管理”作了专栏介绍，提出“加强宏观审慎管理是当前推动金融监管改革的核心内容”。2010 年党的十七届五中全会提出了“构建逆周期的金融宏观审慎管理制度框架”的要求。2011 年十一届全国人大四次会议通过的《国民经济和社会发展第十二个五年规划纲要》中，明确提出要“建立宏观审慎管理制度”。2017 年国家外汇管理局重点完善针对跨境资本流动的宏观审慎管理框架。2019 年 2 月，中国人民银行取消了货币政策二司而重新组建了宏观审慎管理局。

### （一）宏观审慎政策框架的提出

《金融业发展和改革“十二五”规划》明确提出了“建立健全金融宏观审慎政策框架”。该规划认识到，加强金融宏观审慎管理，防范系统性风险已经成为国际社会的共识；提出要对资本、流动性、系统重要性金融机构和“影子银行”方面监管加强；原则性地提出了，“借鉴国际经验并结合我国国情，进一步构建和完善逆周期的宏观审慎政策框架，有效防范系统性金融风险，保持经济金融平稳较快发展”。该规划提出的具体措施包括：第一，要将货币信贷政策和流动性管理与强化宏观审慎管理相结合；第二，建立、完善逆周期缓冲资本和前瞻性资本；第

① 参见高国华：《银行资本监管及其宏观经济效应》，格致出版社、上海人民出版社 2014 年版，第 60 ~ 65 页。

② 更详细的实证方法和结果参见陈敏娟：《中国金融系统性风险及其宏观审慎监管研究》，中国社会科学出版社 2014 年版。

三,完善系统性金融风险监测评估框架,建立前瞻性风险预警体系;第四,研究制定系统重要性金融机构的评估方法,针对系统重要性金融机构设定更为严格的资本和流动性要求;第五,构建层次清晰的系统性风险处置机制和清算安排;第六,建立和完善宏观审慎政策与微观审慎监管协调配合、相互补充的体制机制。

"十二五"规划专栏介绍了"金融宏观审慎政策框架",提出宏观审慎政策以防范系统性风险为目标,而为了达成这一目的需要宏观审慎工具和良好的治理结构。其认识到:第一,系统性风险是分为跨时间维度和跨行业维度的,分别是金融体系顺周期性和系统性风险过度集中;第二,传统监管工具在防范系统性风险方面存在不足;第三,宏观审慎政策框架是一个动态的框架,目前世界公认主要涉及银行资本、流动性、杠杆率、拨备等审慎性要求,而对系统重要性金融机构流动性和资本的额外要求包括会计标准、信用评级、衍生产品交易和清算体系等方面的改革以及"影子银行"监管等内容。

同时,"十二五"规划指出了我国目前已经取得的成就:第一,提高了最低资本比例和资本质量要求;第二,实施差别准备金动态调整措施;第三,探索建立逆周期资本缓冲,针对房地产价格波动调整按揭贷款首付比例;第四,在会计准则、建立中央交易对手方面积极向国际标准靠拢等。

**(二)巴塞尔协议在中国的实施**

巴塞尔协议由国际清算银行下属的巴塞尔银行监管委员会为了统一国际层面资本标准和资本核算而制定。《巴塞尔协议Ⅰ》是1988年制定,《巴塞尔协议Ⅱ》由1999年开始启动修订工作,于2004年6月26日颁布同年12月开始实施,《巴塞尔协议Ⅲ》于2010年制定,巴塞尔委员会于2017年12月7日颁布了《巴塞尔协议Ⅲ:最终版》。① 虽然巴塞尔监管委员会所制定的巴塞尔协议并不具有强制效力,但是该协议在制定之初就由十国集团的监管当局参与,而最新的巴塞尔协议是由G20成员联合制定,所以该标准已经得到各国监管部门的普遍认同和实践。

我国2009年正式成为G20成员,并于同年3月加入了巴塞尔委员会。我国

---

① 参见鲁政委、陈昊:《巴塞尔协议Ⅲ操作风险资本监管的新标准法与实施挑战》,载《金融监管研究》2019年第4期。

从2007年已经开始着手推行《巴塞尔协议Ⅱ》,并颁布了一系列规范性文件以实施该协议。而随着《巴塞尔协议Ⅲ》的修订及其相关文件的颁布,我国也面临着实施新巴塞尔协议的挑战。

1.《巴塞尔协议Ⅱ》的实施情况

(1)《巴塞尔协议Ⅱ》的创新和特点。我国最早从2007年2月开始,以颁布了《中国银行业实施新资本协议指导意见》为标志开始实施《巴塞尔协议Ⅱ》。《巴塞尔协议Ⅱ》是对于《巴塞尔协议Ⅰ》的重大改进,由于银行业务的日新月异,《巴塞尔协议Ⅰ》所提出的资本充足率已经不能满足防范银行风险监管的需求。而《巴塞尔协议Ⅱ》在《巴塞尔协议Ⅰ》最低资本要求的标准的基础上,提出了外部监管和市场约束要求,共同组建了《巴塞尔协议Ⅱ》的三大支柱(资本充足率、外部监管和市场约束)。

《巴塞尔协议Ⅱ》具有几大特点:第一,严格要求资本充足率标准。该标准为《巴塞尔协议Ⅰ》所提出,被《巴塞尔协议Ⅱ》所继承,成为该颁布的核心监管要求。但是,具体的操作上有所改进,如改进了对于信用风险的评估方式,对操作风险要求单独储备资本,同时扩大了资本约束范围。第二,强调外部监管。其要求各国银行监管当局将对银行的外部监管列入自身的职责范围内,同时依据被监管银行的个体特殊情况而实施不同的监管。该外部监管实际上还是强调从实质角度,通过现场检查、非现场检查等手段确保被监管银行的资本充足率要满足要求。第三,重视市场约束。市场约束将该第三支柱作为前面两支柱的补充,本质上还是强调对银行的资本监管。通过要求银行发布可靠的信息,而让市场对银行的风险和经营情况进行判断,由此督促银行自身实施更加稳健的经营策略,其操作重点是要求银行提高信息披露的透明度和范围。

《巴塞尔协议Ⅱ》的创新:第一,监管理念创新。从单一强调信用风险到综合强调信用风险;从银行被动接受监管到自身主动自我约束;同时提出"激励相容"理念,即将风险进行量化成不同严格程度的标准,但是作为选择更加严格标准的银行的一种激励,允许其执行更加少的资本标准,这更加灵活地将银行自身的经营目标和监管者的防范风险的目标相结合。第二,丰富了监管手段。从《巴塞尔协议Ⅰ》简单强调资本充足率到《巴塞尔协议Ⅱ》的三大支柱(资本充足率、外部监管、市场约束);从强调定量指标到定量和定性相结合;更加重视银行监管的国际合作。第三,监管视野更加多维。从简单合规到体系审查,即从简单衡量资本充足率是否满足到审查银行的风险管理体系是否健全;监管对象更加广泛,从监管单一银行到监管金融集团。①

(2)《巴塞尔协议Ⅱ》的实施情况。我国从2007年开始实施《巴塞尔协议Ⅱ》,以颁布《中国银行业实施新资本协议指导意见》为标志,至今先后颁布了共计10多份关于《巴塞尔协议Ⅱ》的规范性文件(见表4.3)。

**表4.3　关于实施《巴塞尔协议Ⅱ》的规范性文件**

| 支柱 | 颁布时间 | 规范性文件 |
|---|---|---|
| 三大支柱 | 2007年2月 | 《中国银行业实施新资本协议指导意见》 |
| | 2010年8月 | 《商业银行新资本协议实施申请和审批指引》(意见稿) |
| 第一支柱 | 2008年9月18日 | 《商业银行银行账户信用风险暴露分类指引》 |
| | 2008年9月18日 | 《商业银行专业贷款监管资本计量指引》 |
| | 2008年9月18日 | 《商业银行信用风险缓释监管资本计量指引》 |
| | 2008年9月18日 | 《商业银行操作风险监管资本计量指引》 |
| | 2009年8月3日 | 《商业银行资本充足率计算指引》(第三次意见稿) |
| | 2009年11月23日 | 《商业银行资本计量高级方法验证指引》 |
| | 2009年12月23日 | 《商业银行资产证券化风险暴露监管资本计量指引》 |
| 第二支柱 | 2008年9月18日 | 《商业银行信用风险内部评级体系监管指引》 |
| | 2009年8月25日 | 《商业银行声誉风险管理指引》 |
| | 2009年9月28日 | 《商业银行流动性风险管理指引》 |
| | 2009年11月25日 | 《商业银行银行账户利率风险管理指引》 |
| | 2009年12月4日 | 《商业银行资本充足率监督检查指引》 |
| | 2010年2月21日 | 《商业银行稳健薪酬监管指引》 |
| | 2010年2月27日 | 《商业银行市场风险资本计量内部模型法监管指引》 |
| 第三支柱 | 2009年11月7日 | 《商业银行资本充足率信息披露指引》 |

资料来源:巴曙松、朱元倩等:《巴塞尔资本协议Ⅲ研究》,中国金融出版社2011年版,第245~246页。

① 参见巴曙松、朱元倩等:《巴塞尔资本协议Ⅲ研究》,中国金融出版社2011年版,第28~29页。

从表4.3可以看出,我国原银行业监督委员会已经在积极地将《巴塞尔协议Ⅱ》的监管标准应用到我国的银行业监管工作中,所制定的这些规范性文件,涵盖了《巴塞尔协议Ⅱ》的三大支柱(资本充足率、外部监管、市场约束)。两份《新资本协议指导意见》属于《巴塞尔协议Ⅱ》的框架统领性文件,《商业银行实施新资本协议申请和审批指引》第16条规定:“银监会对于商业银行新资本协议实施第一支柱、第二支柱实行审批,并关注第三支柱信息披露相关准备情况。”在第一支柱方面,规范性文件涵盖了资本充足率计算等问题;第二支柱主要以推行内部评级法为主,同时涵盖流动性风险、利率风险、声誉风险和稳健薪酬问题;第三支柱主要是信息披露方面。

第一支柱的实际实施情况为,信用风险方面与《巴塞尔协议Ⅱ》逐渐靠拢,市场风险管理方面较为成熟,操作风险方面正结合国情不断完善;第二支柱尚处于起步阶段,内部评级系统还有待进一步实施;第三支柱不属于银监会的强制检查内容。①

(3)《巴塞尔协议Ⅱ》的评价。虽然《巴塞尔协议Ⅱ》对于《巴塞尔协议Ⅰ》有诸多改进,但是本质上其还是强调对于资本充足率的监管。第一,《巴塞尔协议Ⅱ》的三大支柱的改进,后两支柱(外部监管、市场约束)还是主要为第一支柱即资本充足率所服务,而且在实际中后两支柱所能发挥的作用非常有限,特别是在信息披露方面;第二,对于风险的认识得到加强,但是还不够深入,《巴塞尔协议Ⅱ》对于风险的评价,从单一的信用风险到综合的风险评估,虽然有一定的改进,但是视野还是落后于复杂的金融创新,并未意识到各种风险可以相互转化和传导;第三,激励相容加剧了顺周期性,《巴塞尔协议Ⅱ》允许银行通过内部评级,即衡量违约概率、违约损失率、违约敞口和年期等参数,来计算信用风险,这种做法加剧了银行业的顺周期性;第四,银行监管国际合作还存在提升空间。

(4)《巴塞尔协议Ⅱ》的不足。《巴塞尔协议Ⅱ》制定以来,在全球范围内的银行业得到了广泛的应用。但是经过了金融危机之后,人们反思其存在的不足:第一,资本充足率的监管是银行顺周期性的根源。而对于资本充足率的严格监管,只会加大顺周期性的作用。第二,激励相容机制实效不足。即《巴塞尔协议

① 参见巴曙松、朱元倩等:《巴塞尔资本协议Ⅲ研究》,中国金融出版社2011年版,第248~253页。

Ⅱ》所创新的内部评级法依赖基于一定资本充足率上的激励，而鼓励银行推行对风险预测更加灵敏的内部评级法，以此督促银行提高自身风险管理能力。但是没有考虑到银行的盲目短期逐利行为，导致进一步加剧了顺周期性。第三，对非正态分布风险缺乏预测。即虽然《巴塞尔协议Ⅱ》已经扩大了风险的预测范围，但是对于一些较为罕见的小概率风险，还没有在技术上考虑周全。第四，导致监管套利，由于《巴塞尔协议Ⅱ》的核心监管指标还是资本充足率，商业银行通过金融衍生工具如资产证券化等手段降低风险资产，在账面上提高了资本充足率。①

我国实际上尚未完全推行《巴塞尔协议Ⅱ》，而欧美金融大国实施了《巴塞尔协议Ⅱ》依旧爆发了金融危机，由上文可以看出，《巴塞尔协议Ⅱ》并非完美无缺，其不足表现在：第一，对系统性风险评估方面存在不足，视野局限于单个金融机构的稳定，而忽视了单个金融机构倒闭所引发的负外部性问题；第二，8%的资本充足率设置过低，该标准已经远低于银行业普遍可以达到的水准，不足以防范系统性风险；第三，对于银行的表外业务存在监管空白，没有引入杠杆率指标。

2.《巴塞尔协议Ⅲ》的实施情况

次贷危机爆发之后，各国监管当局意识到《巴塞尔协议Ⅱ》存在不完善之处。比较突出的是，其自身设置的标准加剧了顺周期性，如“公允价值”和“内部评级法”，另外对于交易账户的风险控制不足，而且对于资本的定义过于简单，无法排除资本充足率虚高的现象，以上都是在微观审慎监管方面存在缺陷。而最重要的是对于系统性风险存在忽视，即主要关注的是单个银行的风险，希望通过设置对单个银行的监管标准而将风险转移到其他金融机构，但是并没有从整个金融网络的角度考虑，并未解决风险的实际承担者的倒闭可能会威胁整个金融网络的问题。

2008年次贷危机后，巴塞尔委员会颁布了一系列对于《巴塞尔协议Ⅱ》更完善的监管准则，直到2010年11月在G20峰会上，各国监管当局达成了广泛共识，并预计逐步在全球推行。2017年12月7日，巴塞尔委员会颁布了《巴塞尔协

---

① 参见巴曙松、朱元倩等：《巴塞尔资本协议Ⅲ研究》，中国金融出版社2011年版，第58～59页。

议Ⅲ》(2017 年版)及包括计算操作风险资本在内的系列新规定,如 2022 年开始实施的《操作风险最低资本要求》。①

**表 4.4 巴塞尔协议 30 年发展历程(1988～2017 年)**

| 年份 | 阶段 | 目标 | 措施 | 风险覆盖 | 资本监管 |
| --- | --- | --- | --- | --- | --- |
| 1988 | 《巴塞尔协议Ⅰ》 | 金融稳定及公平竞争环境 | 提出合格资本/风险加权资本 RWA 框架及 8%资本充足率 | 信用风险 | 标准化监管模型 |
| 1996 | | | 首次提出 VaR 内部模型法 | 市场风险 | 鼓励内部模型 |
| 2004 | 《巴塞尔协议Ⅱ》 | 监管资本套利 | 引入内部模型法和资本激励体系,提出三大监管支柱 | 操作风险;交易对手风险 | |
| 2010 | 《巴塞尔协议Ⅲ》 | 增强银行体系稳健性 | 提高资本质量要求和抗风险能力,提出宏观审慎监管框架 | 资本市场活动风险;流动性风险;系统性风险;经济周期风险 | |
| 2017 | 《巴塞尔协议Ⅲ:最终版》 | 减少监管计量差异 | 改革风险加权资本 RWA | | 限制内部监管模型 |

资料来源:陈忠阳:《巴塞尔协议Ⅲ改革、风险管理挑战和中国应对策略》,载《国际金融研究》2018 年第 8 期。笔者进行修改。

注:时间内年份指该阶段开始的年份。

(1)《巴塞尔协议Ⅲ》的主要内容。《巴塞尔协议Ⅲ》的改革包括微观和宏观两个层面。微观审慎监管层面:第一,对资本进行了细分。《巴塞尔协议Ⅱ》仅是笼统规定了资本,没有区分细目,《巴塞尔协议Ⅲ》区分了核心一级资本、一级资本和二级资本。针对资本细目修订了合格的标准,同时增加了资本扣除项目,对

① 参见鲁政委、陈昊:《巴塞尔协议Ⅲ操作风险资本监管的新标准法与实施挑战》,载《金融监管研究》2019 年第 4 期。

企业要求更加严格的信息披露义务。第二,提升了资本充足率的监管标准。传统的资本充足率为8%,在某种程度上是利益博弈平衡的结果,并不具备实质的科学性,也不满足当前的风险监管要求。《巴塞尔协议Ⅲ》针对三级资本有不同的监管要求。第三,创新设置了杠杆率作为资本充足率的补充。《巴塞尔协议Ⅲ》对于单一的资本充足率指标进行了创新,将杠杆率添加到第一支柱的范围内,以求其能够更加有效预测涵盖表外风险。第四,设置流动性监管指标,主要是流动性覆盖率指标和净稳定融资比例指标。

宏观审慎监管方面主要包括三项,即逆周期资本缓释、留存资本缓释和系统重要性金融机构的监管准则。第一,逆周期资本缓释。该资本是指在经济上行期间,未雨绸缪提高对于银行的资本要求标准,一方面抑制经济过热,另一方面将较多的资本储备留存起来作为经济下行时候的准备金,避免信贷供给能力大起大落。第二,留存资本缓释。与逆周期资本思路类似,在银行经营良好的时期,储存一部分资本作为经营出现危机时期的资本缓释。第三,对系统重要性银行的监管规则。规则对系统重要性金融机构比一般非系统性金融机构监管更严,表现在对前者提出附加资本,或有资本(contingent capital)和自救债务(bail-in debt)等指标要求。

(2)《巴塞尔协议Ⅲ》对《巴塞尔协议Ⅱ》的改进。相比《巴塞尔协议Ⅱ》,《巴塞尔协议Ⅲ》也是围绕着资本充足率来改进,《巴塞尔协议Ⅱ》主要是通过改进分母,而《巴塞尔协议Ⅲ》更进一步,其同时对分子和分母进行改进,偏重分子。①

第一,《巴塞尔协议Ⅲ》在资本质量方面较高,其监管指标可以作用到普通股,同时计算口径较为统一,避免各国在交换信息时出现不匹配,增强了资本的质量、一致性和透明度。第二,对于无法用传统的资本充足率涵盖的表外业务,设置了杠杆率去衡量,两者相结合确保最大化地预测风险。第三,对于《巴塞尔协议Ⅱ》所未涵盖的一些表内外风险,全部纳入新的《巴塞尔协议Ⅲ》框架之中。第四,构建了多层次的资本监管框架,同时影响了微观和宏观审慎监管的运行。第一层次,提高最低资本监管要求。第二层次,资本留存缓冲2.5%,一方面用来

---

① 资本充足率=合格资本/加权风险资本。参见巴曙松、朱元倩等:《巴塞尔资本协议Ⅲ研究》,中国金融出版社2011年版,第61页。

抑制顺周期性,另一方面用来约束银行在危机时期滥发红利。第三层次,逆周期资本缓冲。将在经济上行时期积累的资金用于弥补经济下行时期的损失。第四层次,系统重要性银行附加资本。对于具有系统重要性的银行,要求其准备附加的资本要求。

(3)《巴塞尔协议Ⅲ》的实施情况。我国银监会已经是巴塞尔委员会的正式成员,在我国实施巴塞尔协议也是法定义务。银监会希望将《巴塞尔协议Ⅲ》监管标准与我国实际国情结合,不断提高被监管银行自身的风险管理和内部控制能力。在资本监管立法方面,2012 年开始,银监会颁布了《商业银行资本管理办法(试行)》等一系列新管理办法和配套的监管规则、指导意见(见表 4.5)。

**表 4.5 关于实施《巴塞尔协议Ⅲ》的规范性文件**

| 颁布时间 | 规范性文件 |
| --- | --- |
| 2012 年 6 月 7 日 | 《商业银行资本管理办法(试行)》 |
| 2012 年 9 月 4 日 | 《商业银行实施资本管理高级方法监管暂行细则》 |
| 2012 年 11 月 29 日 | 《关于商业银行资本工具创新的指导意见》 |
| 2012 年 11 月 30 日 | 《关于实施〈资本办法〉过渡期安排相关事项的通知》 |
| 2013 年 10 月 30 日 | 《关于商业银行发行公司债券补充资本的指导意见》 |
| 2014 年 12 月 30 日 | 《商业银行并表管理与监管指引》 |
| 2015 年 1 月 30 日 | 《商业银行杠杆率管理办法》 |
| 2015 年 8 月 29 日 | 《关于修改〈中华人民共和国商业银行法〉的决定》 |
| 2016 年 9 月 27 日 | 《银行业金融机构全面风险管理指引》 |
| 2018 年 5 月 23 日 | 《商业银行流动性风险管理办法》 |

资料来源:北大法意、证监会网。

所以,我国银监会以《商业银行资本管理办法(试行)》为核心,构建了过渡期的资本管理安排,同时在高级方法实施的具体制度、资本工具创新和发行公司债券补充资本监管方面,逐步建立完善贯彻《巴塞尔协议Ⅲ》理念的资本管理法律制度体系。

**表 4.6 《巴塞尔协议Ⅲ》的资本要求和我国目前监管要求的对比**

| 指标体系 | 具体指标 | 我国监管部门要求 | 《巴塞尔协议Ⅲ》监管要求 | 达标时间 | |
|---|---|---|---|---|---|
| | | | | 我国监管部门 | 《巴塞尔协议Ⅲ》 |
| 资本充足率 | 普通股核心资本 | 最低 5% | 最低 4.5% | 2013 年开始实施,2018 年前达标 | 2013 年 1 月 1 日至 2015 年 1 月 1 日 |
| | 一级资本 | 最低 6% | 最低 6% | | |
| | 总资本 | 最低 8% | 最低 8% | | 2019 年前仍为 8% |
| | 资本留存缓冲 | 2.5% | 2.5% | | 2016 年 1 月 1 日至 2019 年 1 月 1 日 |
| | 逆周期资本缓冲 | 0～2.5% | 0～2.5% | | |
| | 系统重要性银行附加资本 | 1% | 1% | | 2013～2018 年逐步实施 |
| 杠杆率 | 核心资本/表内外未加权总资产 | 最低 4% | 最低 3% | — | 2013 年至 2018 年逐年实施 |
| 拨备覆盖率 | 拨备/信贷余额 | 最低 2.5% | — | — | 2013 年至 2018 年逐步实施 |
| | 拨备覆盖率 | 最低 150% | — | — | 2013 年至 2018 年逐步实施 |
| 流动性比率 | 流动性覆盖率 | 最低 100% | 最低 100% | — | 2015 年开始实施 |
| | 净稳定融资比率 | 最低 100% | 最低 100% | — | 2018 年开始实施 |

资料来源:高国华:《银行资本监管及其宏观经济效应——基于系统性风险的视角》,格致出版社、上海人民出版社 2014 年版,第 10 页。

从表 4.6 可以看出,我国在实施《巴塞尔协议Ⅲ》(2011 年版)的监管标准方面,资本充足率、杠杆率、拨备覆盖率和流动性比率等方面较为全面地实施了《巴塞尔协议Ⅲ》的监管要求,从执行标准和期限来看,基本上符合《巴塞尔协议Ⅲ》的监管精神,在某些指标上甚至要比《巴塞尔协议Ⅲ》更加严格。但是也要注意到,我国杠杆率、拨备覆盖率和流动性比率三个指标的实施时间还没有明确。

巴塞尔委员会对其成员国实践巴塞尔协议在全球范围内是否一致,专门成立了评估机制,对巴塞尔委员会成员国的现行监管制度在实施《巴塞尔协议Ⅱ》和《巴塞尔协议Ⅲ》方面是否具有一致性进行评级。一共分为 4 个等级,即"符合""大体符合""大体不符合""不符合"四个等级。2013 年 10 月 10 日,第 149

次巴塞尔委员会会议围绕《巴塞尔协议Ⅲ》框架下的资本标准一致性评估已在进行中,对欧盟(征求意见稿)、美国(征求意见稿)、日本、新加坡、瑞士、中国、巴西的第一轮评估工作已经结束,中国取得了"符合"的最高评价结论,在资本监管框架的14个组成部分中,12个被评为"符合",2个被评为"大体符合"。除资本标准外,未来的国别评估还将陆续涵盖流动性、杠杆率、全球系统重要性银行的恢复与处置计划等内容。

**表4.7 过渡期内分年度资本充足率要求**

| 银行类别 | 项目 | 2013年年底 | 2014年年底 | 2015年年底 | 2016年年底 | 2017年年底 | 2018年年底 |
|---|---|---|---|---|---|---|---|
| 系统重要性银行 | 核心一级资本充足率 | 6.5% | 6.9% | 7.3% | 7.7% | 8.1% | 8.5% |
| | 一级资本充足率 | 7.5% | 7.9% | 8.3% | 8.7% | 9.1% | 9.5% |
| | 资本充足率 | 9.5% | 9.9% | 10.3% | 10.7% | 11.1% | 11.5% |
| 其他银行 | 核心一级资本充足率 | 5.5% | 5.9% | 6.3% | 6.7% | 7.1% | 7.5% |
| | 一级资本充足率 | 6.5% | 6.9% | 7.3% | 7.7% | 8.1% | 8.5% |
| | 资本充足率 | 8.5% | 8.9% | 9.3% | 9.7% | 10.1% | 10.5% |

资料来源:中国银监会关于实施《商业银行资本管理办法(试行)》过渡期安排相关事项的通知附件部分。

同时,我国商业银行的资本结构一直是以普通股为代表的核心一级资本占主要成分,一方面表明我国的商业银行资本质量较高,另一方面说明我国的商业银行缺乏其他的资本工具。资本的补充应当优先使用企业内源性资金积累,而以外部资金供给作为补充。在资本工具方面,2013年天津滨海农村商业银行发行了首笔含有减记条款的二级资本债券而完成首次创新。由此标志着,我国银行业开始使用巴塞尔协议所要求的新资本工具补充资本。同时,中国农业银行使用了二级资本债券和优先股发行作为其补充资本工具的创新渠道,既是巴塞尔协议的创新资本工具实践,也是风险防范的实践。

(4)《巴塞尔协议Ⅲ》在中国的实施评价。2014年银监会统计的数据资本充足率情况如下:以第四季度为例,大型商业银行为14.10%,股份制商业银行为

11.23%，城市商业银行为12.19%，农村商业银行为13.81%，外资银行为17.08%。可以看出我国的银行业体系资本充足率比《巴塞尔协议Ⅲ》所规定的8%尚有充足余地，同时也远高于《巴塞尔协议Ⅲ》所预计2019年的10.5%，并且满足我国银监会指定的过渡时期资本充足率要求。所以《巴塞尔协议Ⅲ》在我国的实施，并不会对我国的银行业发展和监管造成巨大的冲击，其所起到的真正作用在于限制银行业的过度过快扩张。国内银行由于受到资本充足率的监管要求，将面临补充资本充足率的压力，能够延缓其扩张的脚步。同时杠杆率、缓冲资本和流动性的监管指标实施，将促进我国的银行业杠杆率继续下降，而抗风险能力会更强。

**（三）商业银行逆周期监管规则**

构建逆周期的宏观审慎监管框架，已经在我国金融行业“十二五”规划中明确提出。我国商业银行逆周期监管制度的构建主要借鉴了《巴塞尔协议Ⅲ》（2011年版）与《各国实施逆周期资本监管指导原则》，测算的方法是通过使用广义信贷/GDP这个指标来衡量，从而分析我国商业银行的系统性风险程度和分布。实践证明，在备选的GDP增长、广义信贷增长、股票价格、房地产价格等宏观经济方面，或者是银行利润、损失等业绩指标方面，广义信贷/GDP是我国衡量商业银行业的信贷是否过快增长，系统性风险是否过度累积的较好指标。

原银监会在商业银行逆周期监管制度构建方面的已有成果主要如下：第一，建立动态风险拨备制度。对商业银行在信贷扩张期间的各类信贷资产实际损失率进行测算，并动态调整该贷款损失准备，调整幅度为上浮到50%左右，以保证在信贷紧缩期间不出现入不敷出的现象。第二，建立动态资本监管制度。经济情况上行期间，要求商业银行对自身的资本结构进行优化。第三，建立动态调整贷款价值比率（loan-to-value ratio，LTV）制度。例如，在房地产行业过热的情况下，提高了第二套房贷政策。

**（四）系统重要性银行监管规则**

2013年6月，巴塞尔委员会发布了《全球系统重要性银行：评估方法与损失吸收能力》，对具有全球系统重要性的银行进行了排名，该系统重要性银行一共分为5类，最重要的是第5类。中国银行、中国工商银行、中国农业银行都入选了全球系统重要性金融机构第1类。2014年1月6日银监会修订了《商业银行全球系统重要性评估指标披露指引》和《商业银行系统重要性评估、资产要求与处置指引》,要求被巴塞尔委员会认定为全球系统重要性金融机构的商业银行及上一年年末调整后的表内外资产余额为1.6万亿元人民币以上的商业银行承担特别的信息披露义务,包括披露调整后的表内外资产余额、金融机构间资产等12个指标。

**(五)商业银行的风险预警指引**

国外很早就有学者开展了系统性风险预测,如赫尔穆特·埃尔辛格(Helmut Elsinger)及阿尔弗雷德·莱哈尔(Alfred Lehar)、马丁·萨默(Martin Summer)(2006年)提出共同风险暴露是系统性风险的主要原因,[①]F. 阿克曼(F. Ackermann et al. ,2007年)提出风险之间的相互作用常被人所忽视,应当将风险作为一个系统来研究。[②] 世界多国监管当局都建立了商业银行风险预警系统,作为预测防范银行业系统性风险的有效手段。为此,我国银行监督委员会在2005年制定了《商业银行风险预警操作指引(试行)》,以此为依据开展风险预警工作。依照该指引的要求,风险预测对象包括国有商业银行、股份制银行、城市商业银行、在中国境内注册的外资独资及中外合资银行。预测的频率是每季度1次,即每年4次。预测结果将作为监管机构的现场检查和风险评估材料使用,并不对外公开。风险预警的指标体系包括定性和定量两大类。定性指标主要参考管理层素质、经营环境、公司治理水平、风险管理与内部控制能力、信息披露透明度和重大危机事件6个类别。定量指标主要包括资本充足率、信用风险、市场风险、经营风险和流动性风险等5个大类共计22个具体指标。我国的预警体系数据和证监会自身的非现场监管数据库相对接,能够自动生成具有解释力和预测能力的预测指标变量体系,指标体系采取了K-S统计法、AR功效曲线、Kamisky噪讯比等主要方法。[③] 风险预警系统依据历史数据和管理部门的经验,对各项指标设定风险阈值及其所占权重,每个定量指标有红色预警和蓝色预警界限。具体操作是通过收集单个银行的数据(通过现场检查或者非现场检查),将连续汇总输入预测模型,按照输出结果进行判断,分为3个预警等级,分别是蓝色、橙

① See Helmut Elsinger et al. , "Risk Assessment for Banking Systems", *Management Science* 52, 2006, p. 1313.

② See F. Ackermann et al. , "Systemic Risk Assessment: A Case Study", *The Journal of the Operational Research Society* 58, 2007, p. 39.

③ 参见中国银监会银行风险早期预警综合系统课题组:《单体银行风险预警体系的构建》,载《金融研究》2009年第3期。

色、红色预警,危险等级逐渐递升。①

同时,中国银行业监督管理委员会上海市监管局于 2012 年 8 月 8 日颁布了《中国银行业监督管理委员会上海监管局关于使用客户风险预警数据审核系统的通知》,向在上海的中资银行分行(政策性银行、大型银行、股份制银行)推广银监会客户风险预警数据审核系统。

**(六)商业银行的压力测试指引**

我国在 2007 年 12 月 25 日颁布了《商业银行压力测试指引》,该指引在 2014 年 12 月 8 日颁布了修订版。2014 年修订版《商业银行压力测试指引》第 4 条规定:"本指引所称压力测试是一种银行风险管理和监管分析工具,用于分析假定的、极端但可能发生的不利情景对银行整体或资产组合的冲击程度,进而评估其对银行资产质量、盈利能力、资本水平和流动性的负面影响。压力测试有助于监管部门或银行对单家银行、银行集团和银行体系的脆弱性做出评估判断,并采取必要措施。"该指引所涵盖的测试对象较为广泛,包括在我国境内依法设立的商业银行(中资、外商独资和中外合资)。该压力测试结果将作为原银监会及其派出机构的检查工作的指引。《商业银行压力测试指引》要求商业银行在法人和集团层面都要建立与其经营规模、业务复杂程度相匹配的压力测试系统,而该系统最基本的要素包括治理结构、政策文档、方法流程、情景设计、保障支持以及验证评估。

《商业银行压力测试指引》所要求的压力测试包括原银监会组织商业银行统一测试,也包括商业银行在自身内部组建专业的团队负责本银行的压力测试。实施压力测试的主要目的在于:第一,前瞻性的评估压力情景下的风险暴露,即假定特殊的经营环境以识别出现实经营所存在的潜在风险;第二,识别管理尾部风险;第三,预测新产品和新业务的潜在风险;第四,评估银行的资产质量、盈利能力、资本水平和流动性承受压力事件的能力等。

在商业银行层面,商业银行的高级管理人员应当制定压力测试政策,组织人员开展压力测试工作,制作压力测试报告并向董事会报告相关情况。董事会对压力测试进行审批、监督并承担最终的责任。商业银行制作的压力测试政策,应

---

① 参见银监会:《改善风险监管技术 银监会建立商业银行风险预警体系》,载银监会网:http://www.cbrc.gov.cn/chinese/home/docView/1333.html,2015 年 3 月 13 日最后访问。

当包括但不限于管理目标、主要类型、组织结构、方法、流程和频率、情景假设等方面。对于每一次的压力测试，商业银行都将尽可能详细地记录在案。商业银行内部的压力测试应当包括对银行所有业务及新产品新业务的专项压力测试。对于压力测试所需要确定的情景环境参数，应当尽可能定量确定。

压力测试方法分为敏感性分析和情景分析，两种方法应当综合使用。敏感性分析，是对于波动幅度进行假设，而该波动程度应当达到一定程度，以观察这种极端的情况对银行所造成的影响。而情景分析主要是测试多个风险影响影子发生变化的时候并且在发生了极端不利事件时，银行风险暴露和银行承受风险能力的影响需要考虑不同风险影响因子之间的关系。商业银行应当建立一个或多个指标来反映银行的稳健性，并且可以进行反向压力测试以识别出何种经营环境将对商业银行的持续经营带来重大的影响。

压力测试的结果应当及时向董事会或者高级管理层报告。而商业银行应当每年将本银行的压力测试报告向监管部门提交汇总。若报告显示出可能面临重大风险，应当及时向监管部门报告。在不违反保密义务的情况下，商业银行应当将压力测试报告向公众披露。

原银监会对于商业银行的压力测试进行监督和指导，对其压力测试系统是否运行有效进行验证评估，对于不符合要求的压力测试系统，帮助并要求该银行尽快整改。原银监会也定期开展压力测试，包括统一所有银行和对特定银行进行压力测试，以评估整个银行体系或者特定银行所存在的风险，在评估整个银行体系风险的时候需要考虑风险在不同银行之间的传递。

**（七）金融监管机构间协调机制**

金融监管协调机制是填补监管机构之间监管空白，增强金融监管系统整体监管效率的重要手段，特别是针对跨部门跨行业的金融风险的防范预测能够起到避免各监管部门各自为政的局面。我国对金融监管协调机制的重要性已经有所认识，并已经在这方面取得一些成绩。

我国目前的金融监管协调机制主要有以下内容：第一，国务院建立的金融旬会制度。该旬会制度的主要负责机构是国务院办公厅，参会的金融监管机构是人民银行、原银监会、证监会、原保监会、外汇管理局、发改委和财政部参加。金融旬会主要功能是研究我国的金融体制改革以及金融行业发展中面临的重大问题，而金融监管协调也是其中讨论的一个议题。第二，反洗钱工作部际联席会议制度。会议发起单位是中国人民银行,其参与单位包括中国人民银行、最高人民法院、最高人民检察院、国务院办公厅、外交部、公安部、原银监会、证监会、原保监会等20多个部门。反洗钱工作部际联席会议下设办公室,会议主要讨论的议题是反洗钱工作。第三,处置非法集资部际联系会议制度。该会议的主要负责单位是原银监会,参与单位是发展改革委、公安部、监察部、财政部、证监会、原保监会等,主要讨论的议题是指导全国非法集资处置问题。第四,非法证券活动协调工作制度。主要负责单位是证监会,主要参与单位是公安部、中国人民银行、工商总局、原银监会并邀请最高人民法院、最高人民检察院等有关单位参加。主要讨论议题是整治非法证券活动。第五,各省市建立的金融稳定联系会议制度。该会议由各地方在本行政区划内建立,参与单位是本行政区划内的监管机构。主要议题是本辖区的金融行业发展及需要解决的重大问题。第六,"一行三会"金融监管联系会议。2000年9月中国人民银行、证监会、原保监会建立了金融监管联席会议,该会议的主要职责是协调跨银行、证券、保险行业的监管政策问题。2004年6月,原银监会、证监会、原保监会签订了《中国银行业监督管理委员会、中国证券监督管理委员会、中国保险监督管理委员会在金融监管方面分工合作的备忘录》,但是该备忘录没有强制法律效力,同时没有中国人民银行的参与。在信息共享方面,在原有"一行三会"体系下制定了《中国人民银行、银监会、保监会、证监会信息共享暂行办法》。总体而言,我国初步建立了金融监管机构之间的多层次协调机制,但是还有待完善。

2013年8月20日,国务院批准了金融监管协调部际联席会议制度,主要负责单位是中国人民银行,原银监会、证监会、原保监会、外汇局,必要时可邀请发展改革委、财政部等有关部门参加。该会议的主要作用是讨论货币政策与金融监管政策之间的协调等多个议题。联席会议办公室设在人民银行,承担金融监管协调日常工作。①

2017年7月14日至15日,就金融监管的顶层设计、银行监管体系、金融系统性风险防范等主题在北京召开了全国金融工作会议,对于未来5年金融发展和稳定提出了四大原则(回归本源、结构优化、强化监管和市场导向)和三大任务

---

① 参见国务院办公厅:《国务院关于同意建立金融监管协调部际联席会议制度的批复》,载中央政府网:http://www.gov.cn/zwgk/2013-08/20/content_2470225.htm,2015年3月14日最后访问。

(服务实体经济、防控金融风险和深化金融改革)。会议特别强调,对于系统性金融风险的识别、防范和化解将是未来金融工作的重点和难点。

金融工作会议提出的“机构监管”向“功能监管”的改革思想,在后续监管协调机制方面得以体现。2017 年 11 月 8 日,国务院金融稳定发展委员会正式成立,形成“超级监管框架”。[①] 2018 年 3 月,国务院机构改革方案实施,将原银监会和原保监会的职责合并,重新设立中国银行保险监督管理委员会。传统的“一行三会”金融监管模式变成“一委一行两会”,上述措施都将我国金融监管的协调机制向更高效的方向推进。

## 四、我国银行业系统性风险监管体系存在的问题

### (一)初步确立防范系统性风险监管主体

1. 分业监管时期系统性风险监管主体虚置缺位

2017 年以前,我国在传统金融分业监管时期对于银行业系统性风险防范的实际工作主要由原银监会实施开展,通过上文的阐述可知,具体包括《巴塞尔协议Ⅲ(2017 年版)》监管标准的执行,制定预防系统性风险的部门规章,建设用于侦测系统性风险的配套制度等职责。但是,原银监会的法定基本职能定位主要还是微观审慎监管,而负责整个金融行业的宏观审慎监管的法定主体曾经是一度缺失的。故实际开展实施银行业系统性风险防范工作的原银监会的法定职能并不包涵防范整个金融行业的系统性风险,这也是系统性风险具备跨金融行业部门存在的特点所决定的。因为原银监会、证监会、原保监会等微观审慎监管机构仅具有本行业的信息,不适合监管整个金融行业的系统性风险。但是仅就银行业而言,银监会实际开展的防范系统性风险的工作也同样没有法律依据,其监管权限源于自身所制定的法律位阶略低的部门规章。

由于对系统性风险的认识和重视是在金融危机爆发之后逐渐加强的,当时我国对系统性风险的认识还停留在对于国外经验的借鉴层面。我国已经正式成为巴塞尔委员会的成员,对于系统性风险的防范工作也逐渐本土化和体系化。

各国在推进金融改革、构建宏观审慎监管制度过程中,中央银行都肩负起了

① 宋士云、宋博:《三个版本的〈巴塞尔协议〉与中国银行业监管》,载《理论学刊》2019 年第 1 期。

重要角色作用。中国人民银行是我国的中央银行,2003 年 12 月 27 日颁布的《中国人民银行法》第 2 条规定:“中国人民银行是中华人民共和国的中央银行。中国人民银行在国务院领导下,制定和执行货币政策,防范和化解金融风险,维护金融稳定。”由于中国人民银行的职能主要是执行货币政策和防范化解金融风险,所以从扩张性解释来说,中国人民银行肩负了维护我国金融体系稳定及防范系统性风险的职能。但是,立法之初宏观审慎监管理念还没有得到各国的广泛重视,而我国自 2003 年组建银监会以来,对于银行业的微观审慎监管职能就主要由银监会负责,中国人民银行主要负责反洗钱和维护金融体系的稳定的职能。[①] 维护金融体系的稳定,可以认为是宏观审慎监管主体职能的雏形。

2. 监管改革时期系统性风险监管主体逐渐明确

2019 年 1 月 19 日中共中央办公厅、国务院办公厅颁布的《中国人民银行职能配置、内设机构和人员编制规定》(以下简称《编制规定》)第 3 条规定了国务院金融稳定发展委员会的机构设置及职能安排。国务院金融稳定发展委员会的办公室设在中国人民银行,负责起草金融业改革发展重大规划,提出系统性金融风险防范处置和维护金融稳定重大政策建议,协调建立中央与地方金融监管、风险处置、消费者保护、信息共享等协作机制,承担指导地方金融改革发展与监管具体工作,拟订金融管理部门和地方金融监管问责办法并承担督导问责工作等。《编制规定》第 4 条规定了中国人民银行在宏观审慎监管框架中的职能,包括牵头建立宏观审慎管理框架,拟订金融业重大法律法规和其他有关法律法规草案,制定审慎监管基本制度,建立健全金融消费者保护基本制度。

《编制规定》确立了中央银行职能转变及 20 个具体的监管职能,包括监管系统性风险的明确授权,强化宏观审慎管理和系统性金融风险防范职责,守住不发生系统性金融风险的底线等。

我国金融行业宏观审慎监管初步确定了监管主体,明确其法定职责和监管权是有效防范系统性风险的前提。由于《编制规定》属于党内法规,其对于我国宏观审慎监管框架制度在监管主体的确定方面具备里程碑式意义,建议适时修

① 参见高增安:《宏观审慎监管视角的国家系统性洗钱风险与反洗钱研究》,科学出版社 2017 年版,第 130 页。

改《中国人民银行法》以立法形式明确中国人民银行的监管职责和监管权力。①

### (二)宏观审慎监管职权与责任待细化

1. 防范系统性风险的权力有待明确

美国金融宏观审慎监管机构美联储对于其所监管的系统重要性金融机构拥有特别监管权,虽然在程序层面,原则上系统重要性金融机构应当由金融监督委员会来认定,但是法律赋予了美联储最终的检查和决策权力。欧盟法律明确赋予欧洲系统性风险管理委员会信息收集权、警告和建议权。英国的金融政策委员会拥有对审慎监管局和金融行为局进行指导和建议的权力。目前《中国人民银行法》第31条、第32条赋予中国人民银行监测金融市场稳定并对金融机构以及其他单位和个人的一些特定行为进行检查监督的权力。《编制规定》对于国务院金融稳定发展委员会及中国人民银行在宏观审慎监管方面都赋予了一定纲领性的权力,如提出系统性金融风险防范处置和维护金融稳定重大政策建议等,但这种权力仅是一种纲领性规定,相比其他金融宏观审慎监管制度较为健全的国家,我国在系统性风险防范方面的权力及其边界有待进一步明确。

2. 系统性风险的监管职能有待界定

美国《多德—弗兰克法案》对于金融稳定监督委员会和美联储职责的规定较为详细,包括收集信息、做出指导决策、监督金融服务市场以识别对美国金融稳定造成不利的潜在威胁等共计10多项规定,而实际上金融稳定监督委员会的主要职责是监管标准的制定和执行建议及系统重要性金融机构的认定,美联储主要负责对系统重要性金融机构的实际监管;欧洲系统性风险委员会的主要职责也非常明确,即监测识别系统性风险、基于风险评估而指导有关当局的行动、促进宏观与微观审慎分析以加强系统性风险评估的效率;英国金融政策委员会的主要职责为通过识别和评估系统性风险以监控英国金融体系的稳定,对金融行

---

① 中国人民银行的职责参见《中国人民银行法》第4条规定:“中国人民银行履行下列职责:(一)发布与履行其职责有关的命令和规章;(二)依法制定和执行货币政策;(三)发行人民币,管理人民币流通;(四)监督管理银行间同业拆借市场和银行间债券市场;(五)实施外汇管理,监督管理银行间外汇市场;(六)监督管理黄金市场;(七)持有、管理、经营国家外汇储备、黄金储备;(八)经理国库;(九)维护支付、清算系统的正常运行;(十)指导、部署金融业反洗钱工作,负责反洗钱的资金监测;(十一)负责金融业的统计、调查、分析和预测;(十二)作为国家的中央银行,从事有关的国际金融活动;(十三)国务院规定的其他职责。中国人民银行为执行货币政策,可以依照本法第四章的有关规定从事金融业务活动。”

为局和审慎监管局实施宏观审慎措施给出指导，向英格兰银行、财政部、金融行为局和审慎监管局提出建议。所以观察国际经验可以发现，各国及地区在明确宏观审慎监管主体后，对其提出了较为明确的职责。我国目前初步确定了专门负责金融宏观审慎监管的主体为国务院金融稳定发展委员会及中国人民银行。《编制规定》第 3 条规定，中国人民银行接受国务院金融稳定发展委员会的统筹协调，但是其他微观审慎监管主体如证券监督管理委员会等分工和职责尚不明确。

3. 金融监管主体的问责监督待完善

我国目前对金融监管的问责机制不够完善，传统金融监管联席会议缺乏科学而具有强制效力的决策机制，当前国务院金融稳定发展委员会统筹下的问责机制也尚不明确。例如，美国金融稳定监督委员会对于一项决议的通过，需要2/3以上有投票权会员同意，同时要争取主席的同意票，如果发生了监管者的懈怠原因而导致的金融风险爆发，可以追究监管者的法律责任。美国、欧盟和英国的法律都要求金融监管协调会议尽可能地将会议的各种意见详细记录在案，增强决策做出的透明性，也利于事后问责。特别是，欧洲系统性风险委员会还负有参加欧洲议会的听证会并做出报告的法律责任，而美国和英国都有类似的规定。《编制规定》第 3 条已经赋予了国务院金融稳定发展委员会拟订金融管理部门和地方金融监管问责办法并承担督导问责工作的职责，但是上述规定较为笼统。

目前，我国对金融监管者本身的监督还不够完善，“需要强化对于系统性风险监管的事后问责机制，包括一类错误（过早关闭）和二类错误（监管宽容）”。[①]

**（三）监管机构间协调机制尚不完善**

李成、马国、李佳（2009 年）从进化博弈论的角度对我国的传统分业监管中的“一行三会”监管协调制度进行了分析，认为监管协调机制中“搭便车”的现象比较严重，缺乏妥当的监管协调制度安排导致监管合作成本较高而收益较低，监

---

① 参见刘亮：《系统性金融风险度量与预警研究的新发展》，载胡滨、尹振涛、郑联盛主编：《中国金融监管报告（2014）》，社会科学文献出版社 2014 年版，第 176 页。

管者在联合行动中出现了消极合作的态度。① 我国2017年成立了国务院金融稳定发展委员会，明确其负责协调建立中央与地方金融监管、风险处置、消费者保护、信息共享等协作机制，承担指导地方金融改革发展与监管具体工作。所以我国已经通过设立专门机构的形式建立了正式的金融监管协调机制，但是上述协调机制有待进一步完善和深化改革。

1. 协调机制的治理结构有待完善

我国已经建立在国务院金融发展稳定委员会统筹下的监管协调机制，并且主要采取会议的形式实施监管协调。目前，我国已在金融委的主导下召开了数次会议，参会人员主要包括金融委成员单位负责同志、金融委协作单位联络员及其他有关单位同志。

《中国人民银行法》第9条规定，国务院负责建立金融监管协调机制。《编制规定》第3条已经明确规定金融委的办公室设在中国人民银行，但是尚未规定相应的运行机制和治理结构，目前对于相关事项的会议机制和表决机制尚不完善。发达国家监管机构之间的协调机制主要是开展定期或者专项会议，多监管部门参加的协调会议一般都规定每年至少召开4次，同时分为有投票权和无投票权成员。而且有严格而规范的表决程序，按照少数服从多数规则并需要争取主席的关键一票，大会所决定的事项将指导微观审慎监管机构的具体监管工作。

目前，国务院金融稳定发展稳定委员会所牵头的协调会具备较为浓厚的行政色彩，主要讨论的问题是金融行业的稳定、发展与改革问题，而专项的货币政策协调问题、人民币汇率、小微企业及民营企业融资困难等问题的监管协调尚未体现在会议决策机制中，协调防范系统性风险方面的功能有待通过治理结构予以完善。

**表4.8 金融稳定发展委员会一部分会议及主要议题**

| 界别 | 序号 | 时间 | 会议主题 |
|---|---|---|---|
| 第一届主任：马凯 | 成立及第一次会议 | 2017年11月8日 | 成立大会并且确立职责为国务院统筹协调金融稳定和改革发展重大问题的议事协调机构 |

---

① 参见李成、马国、李佳：《基于进化博弈论对我国金融监管协调机制的解读》，载《金融研究》2009年第5期。

续表

| 界别 | 序号 | 时间 | 会议主题 |
| --- | --- | --- | --- |
| 第二届<br>主任：<br>刘鹤 | 第一次会议 | 2018 年 7 月 3 日 | 分析了当前经济金融形势和金融运行情况，审议了金融委办公室提出的打好防范化解重大风险攻坚战三年行动方案 |
| | 第二次会议 | 2018 年 8 月 3 日 | 疏通货币政策传导机制，增强服务实体经济能力；坚持结构化去杠杆、促进国际收支平衡等重点问题 |
| | 第三次会议 | 2018 年 9 月 10 日 | 实施稳健中性的货币政策，加大政策支持和部门协调等，继续有效化解各类金融风险，推进金融领域改革开放 |
| | 专题会议 | 2018 年 10 月 21 日 | 关注货币政策的稳健性及市场流动性、人民币汇率弹性问题；小微企业和民营企业融资困难问题；资本市场金融稳定问题 |

资料来源：中华人民共和国中央人民政府网。

2. 协调机制的法律效力有待明确

域外宏观审慎监管体系建设较早的国家或地区，非常重视明确各微观审慎监管机构之间的监管协调机制的法律效力，主要是通过会议为表决机制形成具备一定约束力的决议。而上述决议事项将指导微观审慎监管机构的具体监管工作，此种“指导”在英国立法下遵循的“执行或解释”原则，即要求微观审慎监管机构对宏观审慎监管机构所做出的指令接受（予以执行）或者拒绝（同时做出合理解释），具有一定的强制效力。故在法律效力明确的监管协调机制下，做出决策具备较为明确的效力规则，同时具有一定的强制效力和反馈机制。传统“一行三会”之间签订的“备忘录”并不具有法律强制力，也无法做出统一的决策，其仅是一个分业监管体系下加强各监管部门沟通的权宜之计。目前，“国务院金融稳定发展委员会”是处理系统风险防范的监管协调机构，但是相关规定仅原则性地确定了该委员会的职责，金融委召开的会议并未形成决议，并没有具体的决策规则和强制效力规定。

3. 协调机制的组成成员有待拓展

我国国务院金融稳定发展委员会由金融稳定相关单位的主要负责人组成，金融委组成人员分为成员单位负责同志、金融委协作单位联络员及其他有关单位同志，但是上述金融委监管协调机制中的组成成员有待拓展及职责尚未明确。相比 2017 年国务院安全生产委员会组成名单①的构成逻辑，金融委的组成人员遗漏了许多重要的监管机构的参与，不能够完全反映出我国系统性风险的分布，同时也阻碍财政政策、货币政策、监管政策、产业政策相互的协调。建议将协调会议参与者分为有投票权和无投票权成员，最大化地吸收做出决策所需要的信息，如财政部代表。我国当前地方政府债务数量非常庞大而蕴含巨大金融风险，而财政部作为地方政府债务风险的监管部门应当参与到我国金融行业系统性风险的决策之中，并且赋予其相应的投票权。

**（四）监管机构间信息共享机制不健全**

在我国现有的“一委一行两会一局”的监管体系下，中国人民银行主要具备较为完善的货币政策信息，而财政部具备较为完善的财政政策信息，两个监管协会和外汇管理局主要具备各个金融行业的监管信息，国家发展和改革委员会及其他国务院相关部门具备产业政策信息。虽然在国务院金融稳定发展委员会的统筹下，已经形成了会议机制，但信息交流机制有待进一步完善。故我国在系统性风险监管方面的信息交换渠道还不够通畅，信息的请求与发布权利不够清晰，信息的收集汇总主体不够明确，信息的用途方面规则也还未形成。由于协调制度激励设计不足，监管机构出现信息重复收集及金融创新领域的收集真空现象。②

1. 监管机构主动请求信息渠道不够畅通

我国金融稳定发展委员会关于不同监管机构之间监管信息的主动获取的渠

① 2017 年 4 月国办发〔2017〕31 号调整了国务院安全生产委员会组成人员名单。主任：马凯（国务院副总理）；副主任：郭声琨（国务委员、公安部部长）；王勇（国务委员）；杨焕宁（安全监管总局局长）；孟扬（国务院副秘书长）。成员涵盖国家发改委、教育部、科技部、工信部、公安部、监察部、民政部、司法部、财政部、人社部、国土资源部、环保部、住建部、交通部、水利部、农业部、商务部、文化部、卫计委、国资委、工商总局、质检总局等 37 家部委和直属机构、国家局等。每家机关都有明确的职责分工。

② 参见李成、马国、李佳：《基于进化博弈论对我国金融监管协调机制的解读》，载《金融研究》2009 年第 5 期。

道尚不完善。

2. 监管机构主动发布信息渠道不畅

以英国审慎监管局和金融行为局之间的信息沟通为例，其双向的信息交流和意见交换是非常顺畅的，各监管机构之间签订了非常详细的监管合作备忘录。而英国法律规定，财政部在做出宏观审慎政策时，必须咨询金融政策委员的意见。欧盟的欧洲系统性风险管理委员会在发布警告或者建议时，照例要警告或建议将所牵涉的监管机构所作为告知对象。相比国务院金融稳定发展委员会，各种信息在不同的监管机构之间的主动发布机制也有待完善。

3. 监管机构信息相互协调机制欠缺

由于国务院金融稳定发展委员会的监管协调机制本身还不够健全，信息的传递与协调机制尚未健全，缺乏信息汇总分析的渠道。目前在我国只能依靠监管部门相互之间传递或者在金融委会议上分享信息，但是上述信息交换渠道缺乏时效性和常态性。而在监管部门之间相互传递，目前仅有的协调机制是制定在2004年的备忘录，当时尚未考虑到系统性风险的防范问题。

在备忘录中，授权原银监会、原保监会、证监会向各监管对象收集监管信息并负责汇总，但是汇总的仅是所监管行业的信息，并没有对整个金融行业的所有统计信息进行汇总分析。同时该备忘录中规定了“经常联系机制”和“联席会议机制”。但是这两种机制仅有三个监管机构参与，没有中国人民银行和其他监管机构的参与，讨论和协调的事项也是“有关金融监管的重要事项、已出台政策的市场反映和效果评估以及其他需要协商、通报和交流的事项”，并且“监管联席会议仅协调有关三方监管的重要事宜，原三方监管机构的职责分工和日常工作机制不变”。① 在某种程度上该备忘录的信息交换机制并不具备常态性，也没有法律强制效力。而在信息的主动发布和信息的主动获取方面，相关的规则几乎是空白。

4. 公众信息披露机制缺失

国务院金融稳定发展委员会在针对公众的信息披露方面也不健全。欧洲系统性风险委员会对收集的数据信息进行分析后，在发现风险时将做出警告和建

---

① 参见中国银行业监督管理委员会、中国证券监督管理委员会、中国保险监督管理委员会：《中国银行业监督管理委员会、中国证券监督管理委员会、中国保险监督管理委员会在金融监管方面分工合作的备忘录》2004年版，第15条。

议，并将风险分等级用不同颜色代码识别发布。当然，总结完善的信息共享机制主要包括协调会议机制相互交换、信息需求者的主动请求、信息所有者的主动发布和公众信息披露四个层面，我国目前在上述几个方面都还有待完善。

**（五）宏观审慎监管工具体系尚不完善**

1. 巴塞尔协议尚存争议

2017 年 12 月颁布的《巴塞尔协议Ⅲ》（2017 年版）除引入了逆周期资本缓冲、留存资本缓冲等解决系统性风险方面的监管工具外，还对宏观审慎监管方面的系统性风险检测提出了新的测量方法，如 2022 年 1 月 1 日开始实施的《操作风险最低资本要求》。① 但是其由于过于追求资本充足率作为核心指标而受到质疑，理由是仅靠增加资本充足率并不足以维持金融机构的稳健运营。因为真正发生危机的时候，资本金的作用仅是缓冲，真正起作用的是流动性。而流动性和资充足率之间的关系，《巴塞尔协议Ⅲ》（2017 年版）并没有揭示。而且，《巴塞尔协议Ⅲ》（2017 年版）的实施推进速度过于缓慢，且允许各国依据国情调整具体标准，可能会出现监管套利的现象。而随着金融混业经营的发展与金融创新的不断涌现，以及越来越复杂的跨金融部门的金融行为，给实施巴塞尔协议带来了困难。对于我国而言，我国实施《施巴塞尔协议Ⅲ》（2017 年版）已经得到了巴塞尔委员会的评级认可，但是一方面要注意研究《巴塞尔协议Ⅲ》（2017 年版）在我国的本土化问题，另一方面应当注意发现《巴塞尔协议Ⅲ》（2017 年版）本身存在的漏洞，并及早改善监管工具体系。

2. 风险预警系统指标体系有待完善

我国的风险预警系统是 2005 年依据《商业银行风险预警操作指引（试行）》制定的，该指引制定年份久远，其参考的风险因素为资本充足率、信用风险、市场风险、经营风险和流动性风险五大类。另外，中国银监会 2007 年颁布了《商业银行操作风险管理指引》，要求商业银行制定措施有效识别、评估、检测和控制缓解操作风险。而英国审慎监管局的风险框架考虑了潜在风险、风险背景及缓解因素（运营、财务和结构缓解因素），可见英国的风险预测框架考虑了被评估机构所处的实际运营环境及其自身的特色，审慎监管局的前瞻性介入框架也对于企业

① 参见鲁政委、陈昊：《巴塞尔协议Ⅲ操作风险资本监管的新标准法与实施挑战》，载《金融监管研究》2019 年第 4 期。

面临可能的破产原因进行了划分。所以我国在完善自身的风险预测指标体系的时候,一方面要考虑本国国情的问题,另一方面还要考虑到企业自身所处的实际环境,不能僵化地适用统一标准。

3. 压力测试系统报告后的反馈有待完善

目前,我国的压力测试系统的法律依据是2014年新修订的《商业银行压力测试指引》(银监发〔2014〕49号)。对比英国的压力测试系统,我国主要聚焦于具体的技术层面的继续完善,但是忽视了更重要的问题即应当合理适用压力测试的结果。例如,在英国压力测试报告发布后,金融政策委员会可以依据报告做出建议和指令,而在我国2014年版的《商业银行压力测试指引》还停留在监督、帮助企业开展压力测试,尚未达到利用检测报告向问题金融机构提出建议和指令,也未达到要求被建议和指令的金融机构做出相应的反馈的阶段。同时我国缺乏压力测试的情景环境,也缺乏用于压力测试的宏观经济结构模型。①

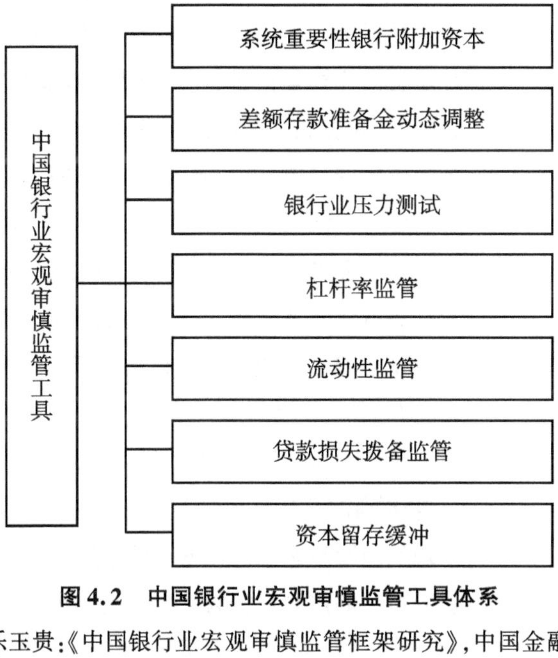


**图4.2 中国银行业宏观审慎监管工具体系**

资料来源:乐玉贵:《中国银行业宏观审慎监管框架研究》,中国金融出版社2014年版,第102页。

① 参见殷俊、刘爽:《银行宏观审慎监管框架下的压力测试应用研究》,载《财经理论与实践》2011年第1期。

# 第五章　我国银行业宏观审慎监管法律制度的完善

## 一、我国银行业宏观审慎监管目标与原则

### （一）监管目标

监管目标是金融监管机构的监管行为所欲达到的最终效果或者目的。《有效银行监管的核心原则》提出银行监管的目标是促进银行和银行体系的安全稳健运行。《中国人民银行法》第3条规定："货币政策目标是保持货币币值的稳定，并以此促进经济增长。"2006年《银行业监督管理法》第3条规定："银行业监督管理的目标是促进银行业的合法、稳健运行，维护公众对银行业的信心。银行业监督管理应当保护银行业公平竞争，提高银行业竞争能力。"美国金融稳定监督委员会的监管目标规定在《多德—弗兰克法案》中，主要包括：第一，识别和防范系统性风险；第二，消除金融企业的道德风险，促进市场自律；第三，制定金融系统性风险政策工具，以应对新出现的威胁金融系统性安全的威胁。欧盟系统性风险管理委员会的监管目标为：第一，检测识别威胁系统性安全的金融风险；第二，基于风险评估而指导有关当局的行动；第三，拓展多维监管视野。英国金融政策委员会的监管目标为：第一，帮助英格兰银行实现金融稳定目标，并且帮助英国政府实施经济政策，特别是经济增长和就业；第二，帮助英格兰银行实现关于金融稳定目标的具体职

责是识别、监控并采取适当措施以防范系统性风险,以保护英国金融体系的自我恢复能力。

依据克劳迪奥·博里奥(Claudio Borio,2003 年)的观点,宏观审慎监管的目的是限制金融风险在整个体系蔓延以避免对实体经济造成损害,而微观审慎监管的目的是限制个别机构的风险对实体经济的冲击。① 同时,其将宏观审慎监管目标分为直接目标和终极目标,其中宏观审慎监管的直接目标是防范系统性风险,而终极目标是防止系统性风险损害经济增长,以导致 GDP 损失。

所以,我国的银行业宏观审慎监管的目标也将分为直接目标和长远目标。

1. 直接目标

我国银行业宏观审慎监管直接目标为:第一,检测防范系统性风险,维护金融体系稳定;第二,指导有关金融监管当局采取对应措施;第三,促进市场自律,提升被监管机构自身风险防范能力。而最直接的目标是防范系统性风险,该目的主要分为两个层面,一方面,是防止系统性风险在金融体系内随着时间而累积,这主要是逆周期性监管;另一方面,是防止系统性风险在金融体系内部传播,这主要是处理系统重要性金融机构及共同风险暴露问题。

2. 长远目标

乐玉贵(2014 年)对银行业宏观审慎监管体系提出了"三位一体"的监管目标,即防范银行业系统性风险、支持实体经济发展和助推货币政策目标实现(见图 5.1)。② 所以,我国银行业宏观审慎监管的长远目标就是维护金融行业的稳定,促进货币政策的实现和经济的发展。"防范系统性风险、支持实体经济发展和助推货币政策目标分别对应了银行业宏观审慎监管的风险目标、经济目标和调控目标要求。"③我国银行业的宏观审慎监管应该将重心放在矫正可能触发系统性风险的市场失灵,避免金融不稳定风险损害到实体经济。④ 故监管目的应该

---

① See Claudio Borio, *Towards a Macroprudential Framework for Financial Supervision and Regulation?*, BIS Working Papers No. 128,2003,p. 2.

② 参见乐玉贵:《中国银行业宏观审慎监管框架研究》,中国金融出版社 2014 年版,第 36 ~ 37 页。

③ 乐玉贵:《中国银行业宏观审慎监管框架研究》,中国金融出版社 2014 年版,第 39 页。

④ See Steven L. Schwarcz, "Systematic Regulation of Systemic Risk", *Wisconsin Law Review* 2019,2019,pp. 23 – 50.

包括培育金融体系本身的抗风险能力，避免风险过度蔓延产生不利后果。①

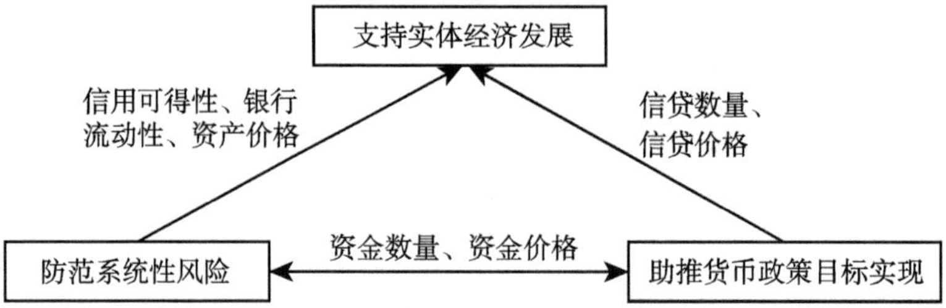


**图 5.1 "三位一体"目标体系**

资料来源：乐玉贵：《中国银行业宏观审慎监管框架研究》，中国金融出版社 2014 年版，第 37 页。

**（二）监管原则**

监管原则是统领整个监管法律制度的核心、基本思想及稳定的法律原理，该监管原则贯穿于宏观审慎监管法律制度的规则制定和适用。从法律规则制定层面看，监管原则的主要作用包括：第一，决定法律制度的根本性质，是整部监管法律制度价值核心的浓缩；第二，保证整部监管法律制度内在的统一与和谐；第三，指引监管法律制度的具体规则制定。从法律规则实施层面看，监管原则的主要作用为：第一，法律解释和法律推理都要受到法律原则的指引；第二，在没有法律规则裁判的时候，适用法律原则补充法律漏洞；第三，法律原则更具有生命力，可以避免法律规则的过于确定性而出现法律适用的僵化，应对新情况新局面。

虽然相对于微观审慎监管而言，宏观审慎监管本身也可以认为是一个监管原则，有一些学者就是将宏观审慎监管作为一个原则来对待，②而本书将宏观审慎监管当作一个理念来对待，构建宏观审慎监管法律制度的过程中，宏观审慎监管本身的含义应该得到诠释以帮助制定规则和适用规则。马诗琪（2013 年）归纳宏观审慎监管的基本规则为："逆周期监管原则、协调监管原则、全局监管原则。"③笔者认为，逆周期监管原则是首要原则，协调监管原则和全局监管原则是相辅相成，这种划分将宏观审慎监管的核心要素提炼出来了，但是还不够全面。

---

① See Jonathan S. Masur, Eric A. Posner, "Should Regulation be Countercyclical", *Yale Journal on Regulation* 34, 2017, p. 607.

② 参见包勇恩、韩龙：《论金融监管中的宏观审慎原则》，载《安徽大学法律评论》2009 年第 1 期。

③ 马诗琪：《论宏观审慎监管的基本原则》，载《时代法学》2013 年第 6 期。

托马斯·何(Thomas Ho)及米格尔·帕拉西奥斯(Miguel Palacios)、汉斯·斯托尔(Hans Stoll)(2012年)认为,一个完善的监管框架下监管原则应该包括"透明性(transparency)、竞争性(competition)和激励相容性(incentive compatibility)"。①

1. 审慎监管原则与前瞻性监管原则

宏观审慎监管是审慎监管的下位概念,但是分析其内涵可以发现,两者存在一些传承的关系。审慎监管原则也称为"结构性的早期干预和解决",学者普遍认为,该监管原则的存在是存款保险得以较低成本和可持续运行的前提。该监管原则最早由美国的《联邦存款保险公司改进法案》所确立,因为在美国建立联邦存款保险之后,商业银行的经营对于风险防范的意识有所松懈,经营者将风险防范的筹码都押在了存款保险制度上,而怠于从自身内部风险防控机制层面改进治理结构。

审慎监管原则是指银行的资本充足率在低到一定的临界值(2%)且股东没有及时筹集资金提高资充足率的情况下,监管当局有权介入该银行的经营,对其进行清算或者拍卖。该监管要求的核心理念是,尽量避免在资本充足率完全耗尽之前才着手救助,前瞻性地介入以尽量减少债权人的利益受损,同时避免存款保险基金的耗用。《巴塞尔协议Ⅲ》所提出的前瞻性理念和审慎监管原则非常契合,如美国金融稳定监督委员会的职责之一就是利用前瞻性的压力测试工具预测系统性金融风险,英国审慎监管局的监管方法也是前瞻性的,不仅测量其当下产生的风险,还将预测其未来所带来的预期风险,而审慎监管局的前瞻性介入框架可以说就是英国版的"结构性的早期干预和解决"。审慎监管原则包含了"迅速纠正行动条款"(Prompt Corrective Action Clause,PCA)和"最小成本解决条款"(Least-cost resolution Clause,LCR)。依据《巴塞尔协议Ⅲ》前瞻性监管原则要求企业提高自身的风险管理能力,强化市场对银行的约束,同时也意味着监管部门的外部监管权力将得到扩张,对其监管能力提出了更高的要求。我国在制定宏观审慎监管法律制度体系时,要将审慎监管原则和前瞻性监管原则作为首要的指导原则。

---

① See Thomsa Ho et al.,"Regulatory Principles for the Financial System",*Journal of Derivatives* 20,2012,pp. 19 - 37.

2. 系统性监管原则

系统性监管是相对于个体性监管而言的，系统性风险跨金融部门存在，不仅局限于单个金融机构存在。传统的微观审慎监管将视野局限于金融系统中单个金融企业个体的稳健运营，监管指标也主要围绕着单个金融企业的经济指标。但是微观审慎监管并未意识到系统性金融风险具备较为强大的负外部性特点。微观审慎监管按照对个别金融企业实施监管标准的范式，可以最大化地防范金融风险在某些个别企业的累积，即通过微观审慎监管在不同的企业之间排挤金融风险，但是没有办法从整个金融体系的安全稳健的角度去消除金融风险的积累。由于金融衍生品创新的日新月异，各金融行业之间的交叉越来越频繁，金融体系的网络效应已经非常强烈。

从系统性风险的角度来看，在整个金融行业内，各金融机构之间相互联系组成了金融网络，但是不同的金融机构所处的拓扑重要性是不同的。某些处于金融关键枢纽的金融企业称为系统重要性金融机构，这些关键的系统重要性金融机构一旦发生风险将产生巨大的连锁效应，负外部性特别强，所以要对这些企业进行特别监管。《巴塞尔协议Ⅲ》中已经出台了系统重要性附加资本等措施，而美国的金融改革也制定了有序清算计划。这些措施都是为了保证系统性风险的积累在早期得到缓解，避免过度集中以爆发造成威胁整个系统性稳健安全的不利后果。所以，我国要采取宏观视野以防范金融行业的系统风险，系统性监管原则要求监管视野是系统全局性的，而监管的权力也将作用于整个金融系统。这意味着被监管企业自身要提高风险内部控制能力，同时也意味着监管权的扩张。

3. 逆周期性监管原则

逆周期监管是相对于顺周期性或者亲周期性而言，通俗的说法是“以丰补歉”。金融稳定论坛(2009 年)提出由于顺周期性是金融体系和实体经济的动态反馈机制，能够放大繁荣或者萧条周期，并加剧了经济的周期性波动。① 顺周期性表现在经济运行繁荣时期，资金供给在市场中较为充足，融资链条中相关担保物等资产价格有被高估的倾向，刺激银行放贷与风险控制部门扩张放贷业务，进一步充实了资金供给，上述过程即完成一个周期性正反馈，如此循环反复作用。

---

① 参见李文泓：《宏观审慎监管框架下的逆周期政策研究》，中国金融出版社 2011 年版，第 5 页。

逆周期性表现在经济运行萧条时期，资金供给在市场中较为紧缺，融资链条中相关担保物等资产价格有被低估的倾向，刺激银行放贷与风险控制部门收紧房贷业务，进一步缩减了资金供给，上述过程即完成一个逆周期性负反馈，如此循环反复作用。上述金融体系与实体经济的在经济不同运行情况下，经历若干个周期性正反馈或负反馈分别称为顺周期性或逆周期性。

《巴塞尔协议Ⅱ》所提出的资本管理和内部评级法等监管安排，被认为从制度层面加剧了这种金融体系的顺周期效应，所以在《巴塞尔协议Ⅲ》的制定过程中，一方面，强化了《巴塞尔协议Ⅱ》提出的三大支柱；另一方面，覆盖了宏观审慎监管方面的空白，在逆周期性监管方面的主要内容是建立逆周期资本缓冲、留存资本缓冲，要求商业银行在经营条件好的时候提高资本充足率，以弥补经济衰退时候的损失。李文泓（2011 年）的研究表明，金融机构和金融体系所产生的顺周期性主要是由于其内在的顺周期性以及外部的资本监管、会计准则导致顺周期性进一步强化。[①] 当然乔纳森·S. 马苏（Jonathan S. Masur）和埃里克·A. 波斯纳（Eric A. Posner）（2017 年）的研究表明应当限定逆周期监管的适用条件，否则会出现低效率的情况。[②]

4. 协调监管原则

协调监管原则有两层含义：一是在分业监管框架下，监管机构各自为政容易出现监管空白、监管套利和监管低效的情形，而在多个监管机构之间协调相互的监管权力才能保证横跨金融行业的系统性风险不会逍遥于监管之外。二是宏观审慎监管政策的执行本身，协调其与货币政策、财政政策、产业政策等其他经济政策之间的关系，共同维护金融秩序的稳定和实体经济的健康发展。

在贯彻协调监管原则的宏观审慎监管内部问题上，主要需要确定一个负责宏观审慎监管的主体，目前世界范围内有三种模式，最常见的是设立监管协调机构。例如，美国设立了金融稳定监督委员会，而欧盟成立了欧洲系统性风险委员会，英国组建了金融政策委员会，这些宏观审慎监管主体在本质上都是监管协调机构，其内部组成中包含了一国主要的微观审慎监管机构，有一套完整的决策做

① 参见李文泓：《宏观审慎监管框架下的逆周期政策研究》，中国金融出版社 2011 年版，第 35 页。

② See Jonathan S. Masur, Eric A. Posner, "Should Regulation be Countercyclical", *Yale Journal on Regulation* 34, 2017, p. 857.

出机制，并有权对收集到的信息进行分析，建立了危机预警机制，有权指导微观审慎监管机构的工作。协调宏观审慎监管政策和货币政策及财政政策的主要做法是，发挥央行和财政部在宏观审慎监管体系中的作用，特别是央行需要在宏观审慎监管体系中起主导作用。例如，英国的金融政策委员会隶属于英格兰银行，而英格兰银行即英国的中央银行，美国的金融稳定监管委员会由财政部部长担任主席。李向前（2013 年）认为，协调货币政策和宏观审慎监管政策应当注意：第一，严格区分二者之间的目标。货币政策的目标主要是稳定物价，促进经济增长，而宏观审慎监管政策的目标主要是维持金融市场的稳定，降低资产价格波动。第二，两者相互补充与支持。宏观审慎政策能够延缓金融顺周期性，以确保货币政策实施。[①] 乐玉贵（2014 年）的研究表明，财政作为宏观调控和资源优化的手段，可以通过收入、支出和国债等政策工具，促进宏观审慎监管政策的实施。[②]

5. 有效性监管原则

有效性金融监管，是指在金融监管方面同时注重效率和安全，对于政府干预和市场自我约束同时倚重，核心的含义是对于金融机构进行适度监管，增强市场对于金融机构的约束，提高金融机构自身的治理能力以防范风险，仅在市场规律失灵的时候介入调整。《巴塞尔协议Ⅱ》所提出的三大支柱包括资本充足率监管、外部监管、市场约束，而《巴塞尔协议Ⅲ》继承上述三大支柱标准，并对之前忽视的系统性风险方面进行了完善。巴塞尔协议的三大支柱，很好地体现了企业自我风险管理、金融监管机构外部监管及市场约束三方面共同的作用，虽然《巴塞尔协议Ⅱ》在某些方面还存在一些非议。《巴塞尔协议Ⅲ》延续了这个架构，将政府干预和市场约束及企业自我风险管理相结合，以保证尽可能少地干预市场规律的作用以避免效率的扭曲。《巴塞尔协议Ⅲ》的改进，加强了对于资本充足率和外部监管的要求，同时也要求企业披露更多的信息。1997 年巴塞尔委员会颁布了《有效银行监管的核心原则》，2012 年 9 月颁布最新修订的核心原则，主要

---

① 参见李向前：《宏观审慎监管政策与货币政策：理论与实践》，中国金融出版社 2013 年版，第 242 ~ 243 页。

② 参见乐玉贵：《中国银行业宏观审慎监管框架研究》，中国金融出版社 2014 年版，第 143 页。

从对监管者的要求和被监管者的要求出发，一共包括了29个核心原则。① 其中第1～13个原则主要关于监管权力、责任和职责，专注于有效的风险监管，需要进行早期和及时干预的监管措施；第14～29个原则主要关于被监管银行的监管预期，强调良好的公司治理和风险管理以及符合监管标准的重要性。

6. 激励相容监管原则

激励相容理念，即通过监管制度的机制设计，给予被监管者一定的正向激励，以促使被监管者自觉履行监管标准，从而达到被监管者经营目标与监管者的监管目标相统一的目的。激励相容理念最早由《巴塞尔协议Ⅱ》所提出，为了鼓励银行提高自身的风险自我监测和控制能力，其推行了一种"内部评级法"，即通过在银行内部开发相应的风险评级系统，以提高银行对于风险的敏感度。这种系统需要成本以开发维护，如果作为对银行的一项法定义务苛求，可能会出现实施的懈怠。在该版本的巴塞尔协议下，可以给予开发"内部评级法"的银行一定的激励——对于资本充足率更加宽松的标准。因为内部评级法针对风险的敏感程度比资本充足率的标准更高，所以通过这种机制设计能够起到引导被监管者自觉履行监管标准的作用。虽然内部评级法本身受到了一定批评，但是这种激励相容的理念值得尝试。在激励相容监管原则下，通过合理的制度安排能让理性的被监管人在履行监管标准后获得正向激励的补偿，不至于徒增履行成本，反过来也减轻了监管机构的监督成本，实现了监管双方的共赢乃至提升了整个金融体系的运行和监管效率。詹姆斯·R. 巴斯（James R. Barth）和杰拉德·卡普里奥（Gerard Caprio Jr）、罗斯·莱文（Ross Levine）（2004年）认为良好的银行监管应当按照以下原则制定政策：（1）强制精确的信息公开；（2）授权私营公司控制银行；（3）培育激励机制以促进私人代理人发挥企业控制以实现促进银行发展和稳定。②

## 二、我国银行业宏观审慎监管主体与职能

宏观审慎监管主体是享有宏观审慎监管权力，通过监管程序对监管对象实

---

① See BIS, "Core Principles for Effective Banking Supervision", available at http://www.bis.org/publ/bcbs230.htm, retrieved on May 5, 2014.

② See James R. Barth et al., "Bank Regulation and Supervision: What Works Best?", *Journal of Financial Intermediation* 13, 2004, p. 205.

施监管政策,达到监管目的以履行监管职责的监管机构。目前,我国初步确立的宏观审慎监管执行主体为人民银行,宏观审慎监管协调主体为国务院金融稳定发展委员会。美国监管主体为金融稳定监督委员会,欧盟为欧洲系统风险管理委员会,英国为金融政策委员会,这些监管主体在本质上都是监管协调机构,区别在于不同的监管权力配置、人员构成、议事规则及监管职能。其中,美国金融稳定监督委员会主要由美国财政部发挥主导作用,欧盟的欧洲系统性风险管理委员会主要由欧洲银行及各国央行发挥主导作用,英国金融政策委员会隶属于英格兰银行。

**(一)世界范围主要宏观审慎监管主体类型**

1. 主要类型

高英杰(2014 年)归纳了世界范围内对于银行业资本进行监管的主体类型,包括:第一,中央银行。典型的如英国英格兰银行,其一方面为政府赤字融资,另一方面又从事对银行业的监管,并且还充当了对银行业的流动性的最后堤坝——最后贷款人的角色。从 1980 年开始,许多国家为了保持货币政策的独立性,开始尝试将银行业监管从中央银行的职能中分离出来,我国即如此,中国人民银行专门从事货币政策制定,而银行业的监管是由原银监会负责。第二,银行业监管机构。我国原银监会即专门的银行业监管机构,2006 年《银行业监督管理法》第 1 条规定:"为了加强对银行业的监督管理,规范监督管理行为,防范和化解银行业风险,保护存款人和其他客户的合法权益,促进银行业健康发展,制定本法。"第三,财政部。如美国的金融稳定监督委员会,即由财政部部长担任主席。第四,存款保险公司。美国的联邦存款保险公司负责接近 5000 家银行的直接检查和监督。第五,监管协调机构。目前各国的宏观审慎监管主体主要是这种类型。①

2. 主要模式

英国金融服务管理局(2009 年)分析了宏观审慎监管的主体之间的关系,归纳了以英格兰银行和当时的金融服务局为例的三种可能的模式。英格兰银行是中央银行,主要负责货币政策制定,而当时的金融服务局是金融行业的监管者。②

---

① 参见高英杰:《百年银行资本监管的逻辑与未来》,中国金融出版社 2014 年版,第 55~56 页。

② See FSA, *The Turner Review: A Regulatory Response to the Global Banking Crisis*, Financial Services Authority, 2009, p. 84.

(1)微观审慎监管机构负责监管措施的具体执行。英格兰银行负责判断宏观经济态势和最终裁决,并负责宏观审慎风险的定义,而由金融服务局决定采取何种监管措施及监管的程度问题。英格兰银行能够向金融服务局提交其关于宏观审慎风险的分析,并且要求金融服务局说明它已经采取哪些措施去防范系统性风险。在这种模式下,中央银行负责对于系统性风险的识别,具体的监管措施由微观审慎监管机构去实施,中央银行对微观审慎监管机构的监管进行指导。

(2)中央银行主导宏观审慎监管。英格兰银行不仅负责宏观审慎监管政策的制定,并且可以直接指令金融服务局采取特定的宏观审慎监管措施。在这种模式下,宏观审慎监管政策的制定是由中央银行完成的,微观审慎监管机构只负责具体执行。

(3)由独立的监管协调机构充当宏观审慎监管主体。由英格兰银行和金融服务局共同组建联合委员会,该委员会负责决定宏观审慎监管的最终政策,并负责决定应当采取何种监管措施。大多数国家所采取的是这种组建独立委员会的模式。

**(二)我国宏观审慎监管主体选定考虑因素**

乐玉贵(2014年)认为,确定银行业宏观审慎监管的主体:第一,需要考虑宏观审慎监管所欲实现的目标,一个目标需要一个主体,多个目标需要多个主体。这里以英国的双峰模式为例,其同时追求审慎经营和消费者权益保护,所以设置了审慎监管局负责审慎监管,而金融行为局负责对金融消费者权利进行保护。第二,宏观审慎主体选定需要考虑是否具备实现监管目标的能力。比如,在"防范系统性风险,支持实体经济发展,助推货币政策实现"三位一体的目标体系下,需要监管主体具备多方面的能力,包括对系统性风险的预测和防范,对于宏观经济政策和货币政策的协调能力。①

国际清算银行总裁杰米·卡如纳(2013年)认为,宏观审慎政策的治理必须利用中央银行的力量,通过对角色、职责和权力的事先说明,保障操作的自主性,并加强国际合作。中央银行应该在宏观审慎政策中发挥关键作用,因为它们具有的优势如下:第一,在宏观经济分析方面拥有天然的专业知识和技能;第二,对

---

① 参见乐玉贵:《中国银行业宏观审慎监管框架研究》,中国金融出版社2014年版,第64~65页。

于金融市场的深度参与和深入了解;第三,作为最后贷款人和做市商的角色;第四,基于它们对支付结算体系的监督。①

1. 监管主体本身能力要求

我国当前金融监管体系属于改革时期的分业监管体系,由银保监会负责银行业微观审慎监管方面的实际工作,而由于银保监会并不具备对整个金融体系的监管权限,所以从这个角度上来看,银行业的宏观审慎监管主体也是整个金融行业的宏观审慎监管主体。该宏观审慎监管主体应当具备以下能力:

(1)具有金融宏观视野。监管主体的设置应当能够兼顾整个金融行业的系统性风险,包括银行业、证券业、保险业,甚至目前比较火热的互联网金融市场。(2)具备监管的专业技术能力。支持者认为央行具备天然的经济金融分析方面的专业能力,但是实际上并非唯一的备选主体。(3)较好的金融监管协调能力。宏观审慎监管需要与微观审慎监管相协调才能保证微观审慎监管目标和宏观审慎监管目标的实现,同时宏观审慎监管还需要和宏观经济政策、宏观财政政策相协调,并具备一定的与国际监管机构相协调的能力,即需要参考国际主流国家的做法。

2. 地方政府债务风险考虑

我国的地方政府债务已经非常庞大,据统计,2014 年我国政府债务高达 3 万亿美元,有 40% 已经接近偿还期限,②其所面临的风险也非常庞大。而财政部是地方政府债务的主要管理者,故在我国的特殊国情下,地方政府债务也是一个系统性风险分布的领域。所以应该将财政部纳入监管主体的组成范围之中。

3. 路径依赖成本的因素

美国、欧盟和英国的改革方案都是在本国或地区原有的金融监管体系之上进行改良而非进行颠覆性的改革。英国将金融服务局拆分为 3 个机构,但也是对于监管机构的分离,监管功能还是传承下来了。我国的宏观审慎监管法律制度,可考虑应对尽量维持原有的权力结构和监管体系安排。

---

① 参见[西班牙]杰米·卡如纳:《宏观审慎决策的挑战:由谁来按下哪个按钮?》,王丽洁译,载[美]克莱森斯主编:《宏观审慎监管政策——通向金融稳定的新道路》,电子工业出版社 2013 年版,第 25 页。

② 参见简易:《中国哪个地方政府负债最重?》,载新浪财经网:http://finance.sina.com.cn/stock/usstock/c/20140325/194718609833.shtml,2015 年 3 月 25 日最后访问。

### （三）我国银行业宏观审慎监管主体的组成

各国在金融宏观审慎监管的理论创新和实践改革中，普遍高度重视中国人民银行的角色和作用，所以我国在宏观审慎监管制度顶层设计的主体安排方面同样考虑能力因素、本国国情及制度依赖成本。2017 年 7 月全国金融工作会议设立了国务院金融稳定发展委员会，2018 年《国务院机构改革方案》将中国银行业监督管理委员会和中国保险监督管理委员会整合组建了中国银行保险监督管理委员会。现有监管体系即保留原有的微观审慎监管委员会，并成立专门的国务院金融稳定发展委员会，内部成员包括中国人民银行和各微观审慎监管委员会及其他相关监管部门，上述模式较为符合我国国情。①

1. 宏观审慎监管实施机构：中国人民银行

根据 2019 年 1 月 19 日中共中央办公厅、国务院办公厅颁布的《编制规定》，国务院金融稳定发展委员会办公室设在中国人民银行。中国人民银行本身成立了宏观审慎管理局、金融稳定局。

（1）中国人民银行作为宏观审慎监管实施主体的内设机构。根据《编制规定》第 5 条规定，中国人民银行内设共 21 个机构，以下机构与宏观审慎监管职能有关：①宏观审慎管理局。牵头建立宏观审慎政策框架和基本制度，以及系统重要性金融机构评估、识别和处置机制；牵头金融控股公司等金融集团和系统重要性金融机构基本规则拟订、监测分析、并表监管；牵头外汇市场宏观审慎管理，研究、评估人民币汇率政策；拟订并实施跨境人民币业务制度，推动人民币跨境及国际使用，实施跨境资金逆周期调节；协调在岸、离岸人民币市场发展；推动中央银行间货币合作，牵头提出人民币资本项目可兑换政策建议。②金融稳定局。监测和评估系统性金融风险，牵头提出防范和化解风险的政策建议、处置方案并组织实施；牵头跨市场跨业态跨区域金融风险识别、预警和处置，以及资产管理业务等交叉性金融业务的基本规则拟订、监测分析和评估；推动实施国家金融安全审查工作；承担运用中央银行资金的金融机构重组方案的论证审查工作，参与有关机构市场退出或重组等工作；按规定管理中国人民银行在金融风险处置中形成的资产，对因化解金融风险而使用中央银行资金机构的行为进行检查监督；组织实施存款保险制度，根据授权管理存款保险基金。

① 参见郑明高：《中国金融业混业经营的路径选择》，中国经济出版社 2012 年版，第 162 页。

(2)中国人民银行作为宏观审慎监管实施主体。持有这种意见的学者主要理由有:第一,防范系统性风险和维护金融稳定的内在需要。因为央行具备从宏观上分析系统性风险,并做出相应监管对策的视野和能力。第二,最后贷款人职能和宏观审慎监管职能可以相互促进。监管权独立与否和最后贷款人职能行使并非完全对立。第三,有助于央行更好地履行制定货币政策的职能。第四,宏观审慎监管本质上是一种"宏观流动性管理",与央行的基本职能有天然的一致性。①

袁闯(2012年)认为,我国现有监管体系符合我国当前的分业经营格局,但是随着金融控股集团的发展应当朝着统一监管模式发展。近期应当注重监管协调与合作,同时发挥中国人民银行防范系统性风险方面的职能。② 达潭枫(2013年)认为,由中国人民银行主导宏观审慎监管能够发挥央行在系统性风险防范方面的天然优势,并且有利于货币政策和宏观审慎监管政策在经济效应和金融稳定方面的平衡,同时节约了协调成本。③ 陈敏娟(2014年)赞同保留现有监管格局,由央行作为中心,负责金融体系宏观审慎监管的统领和协调,理由是我国尚处于金融综合经营的初级界定,还需要分业监管;中国人民银行是防范系统性风险的最佳专职机构,但是其也支持建立委员会来充当监管协调组织。④

2. 宏观审慎监管协调机构:国务院金融稳定发展委员会

根据《编制规定》,国务院金融稳定发展委员会主要负责决策部署金融工作,组织起草金融业改革重大规划,拟定金融管理部门和地方金融监管问责办法并承担督导问责工作等。

---

① 学者论点稍有不同,但是都支持央行作为宏观审慎监管主体,参见夏洪涛:《强化中央银行宏观审慎监管权限的思考》,载《武汉金融》2009年第10期;李妍:《宏观审慎监管与金融稳定》,载《金融研究》2009年第8期;王宗祥:《新形势下强化中央银行宏观审慎管理职能的探讨》,载《甘肃金融》2010年第8期;尹久:《宏观审慎监管:中央银行行使的依据、目标和工具》,载《武汉金融》2010年第8期;尹继志:《加强中央银行宏观审慎监管职能的思考》,载《南方金融》2011年第9期;王伟、李海平:《中央银行在我国银行业宏观审慎监管体系中的角色研究》,载《上海金融》2012年第3期;周胜强、李向前、范芮彤:《我国中央银行在宏观审慎监管框架中的核心作用》,载《财经问题研究》2012年第12期。

② 参见袁闯:《中国证券行业宏观审慎监管研究》,中国社会科学出版社2012年版,第122页。

③ 参见达潭枫:《银行系统性风险与宏观审慎监管研究》,经济科学出版社2013年版,第224~225页。

④ 参见陈敏娟:《中国金融系统性风险及其宏观审慎监管研究》,中国社会科学出版社2014年版,第121~122页。

我国在传统的金融分业监管体系下，以金融联席会议为基础组建一个宏观审慎监管协调组织——国务院金融稳定发展委员会。在成员单位方面，考虑将货币政策、财政政策、金融政策、产业政策主要制定单位及微观审慎监管主体吸纳进委员会，相关负责人作为委员会成员，由国务院分管金融工作副总理担任主任。

金融稳定发展委员会的工作机制是由委员会专注制定宏观审慎监管政策，并不改变现有的微观审慎监管机构的职能安排，委员会对于微观审慎监管机构的工作进行协调和指导。

(1)组成独立委员会具备防范系统性风险的能力和视野。第一，专业能力。由中国人民银行牵头组建国务院金融稳定发展委员会，赋予其调用相应人员信息的权力，其信息分析能力将会得到增强。建议在委员会内部设立专门的金融数据分析办公室，①而由委员会建设完善金融监管数据库，将各家微观审慎监管机构的现有数据融合起来，实施电子信息化作业，各微观审慎监管机构将在必要的时候协助委员会的数据收集和分析。中国人民银行作为委员会内部的主导，将能够利用中国人民银行的宏观经济分析能力优势，同时能够利用各成员单位的优质专业人才。第二，协调能力。委员决策实行会议制，比起将委员会设在央行内部，委员会的决策更能够得到各监管机构成员的意见充分博弈，而不仅仅是一种自上而下的行政指令，其内在有更多的意见表达和信息交流的空间。从其参与监管机构来看，涵盖了目前整个金融行业的监管主体，监管视野更加宏观，同时更加符合宏观审慎监管自上而下的监管理念。路易斯・伊格纳西奥・贾科姆等(Luis Ignacio Jácome et al. ,2011 年)指出，成立专门的委员会有助于消除监管真空和重叠，同时能够促进信息在不同监管机构之间分享。②

(2)符合我国"多元参与"金融监管体系国情。我国的金融监管体系并非简单的"一行两会一局"体系，监管主体格局还包括财政部、发改委等政府部门。例如，国有商业银行、邮政储蓄银行、政策性银行等国有金融企业背后的出资人大

---

① 邢会强(2018 年)建议设立金融稳定委员会、竞争与金融消费者保护委员会、金融创新与发展委员会。参见邢会强：《国务院金融稳定发展委员会的目标定位与职能完善——以金融法中的"三足定理"为视角》，载《法学评论》2018 年第 3 期。

② Luis Ignacio Jácome et al, *Towards Effective Macroprudential Policy Frameworks: An Assessment of Stylized Institutional Models*, IMF Working Papers, 2011, pp. 33 – 34.

多是中国投资有限责任公司或者财政部,相当于股东的地位。而财政部有权对国有资产的清算核资、资本金权属界定和登记进行监管。我国地方政府债务风险巨大,预测我国债务占 GDP 比重在 2020 年达到 26% 至 30%,需要改革税制,实施稳健财政政策并建立完善财政稳定储备金制度等。① 发改委的基本职能包括“研究制定财政政策、货币政策和金融保险监管政策”,也被赋予了协调银行业、证券业和保险业发展的职能。②

如果宏观审慎监管权仅赋予中国人民银行,可能会出现对于地方政府债务风险防范在监管体系中的遗漏,同时也将导致发改委等其他拥有部分金融监管权的政府部门被排除在外。财政部等其他有金融监管权的政府部门加入该委员会并参与决策,能保证地方政府债务风险的防范及其他政府部门负责的监管对象成为委员会的一项重要工作内容。虽然可以通过设置监管协调机制来弥补,但是将决策机制和协调机制合二为一,将更有利于协调机制的运行。相对于每个成员来说,其在一定程度上拥有投票权,对其有一定正向的激励作用,可以鼓励其积极地参与监管协作。③

(3)发挥央行在宏观审慎监管中的主导作用。成立独立委员会并让央行行长成为委员会主席意味着,央行在委员会中依然起主导作用。这主要表现在让央行在宏观经济层面分析系统性风险的能力,能够支持委员会在系统性风险防范方面的需要。央行的制定货币政策与最后贷款人职能有了更强的独立性,避免出现职能冲突和有损其权威的现象发生。同时,央行行长在委员会中担任副主任的角色,由于委员会的决策规则是采用会议投票,而主任及副主任的赞同票非常关键,这在很大程度上能够保证央行在宏观审慎监管中起主导作用。另外,委员会主任也将代表委员会向国务院汇报工作,参加听证会并回答质疑等。这些都充分说明,设立委员会一方面,将重视央行在宏观审慎监管中所发挥的作用;另一方面,也将微观审慎监管主体纳入决策的形成和执行全过程中,某种程度上是一种激励设置,鼓励监管机构积极参与协调并协助委员会的决策执行。

---

① 参见余斌、吴振宇:《中国中长期负债能力与系统性风险研究》,中国发展出版社 2013 年版,第 145~147 页。

② 参见郑联盛、何德旭:《宏观审慎管理与中国金融安全》,社会科学文献出版社 2012 年版,第 224~225 页。

③ 参见李成、马国、李佳:《基于进化博弈论对我国金融监管协调机制的解读》,载《金融研究》2009 年第 5 期。

委员会的组成成员可以随着金融行业发展进行一些调整,但是应保持央行主导地位不变。如果金融行业的发展出现了新的金融领域,如目前发展火热的互联网金融,则该领域的微观审慎监管部门也将成为委员会的成员。如此,委员会和各微观审慎监管部门都可以保持相对的稳定性,不会由于机构调整而相互影响。《存款保险条例》建议将存款保险基金管理主体也纳入委员会之内。我国金融行业的监管主体数量较多,目前提倡"简政放权"。在实施宏观审慎监管的过程中,要注意监管权力过度膨胀以侵蚀私权。① 所以对于监管主体的设置,要考虑到有效性金融监管原则,通过设置委员会,让各微观审慎监管机构参与其中,从而避免滥用独家权力。

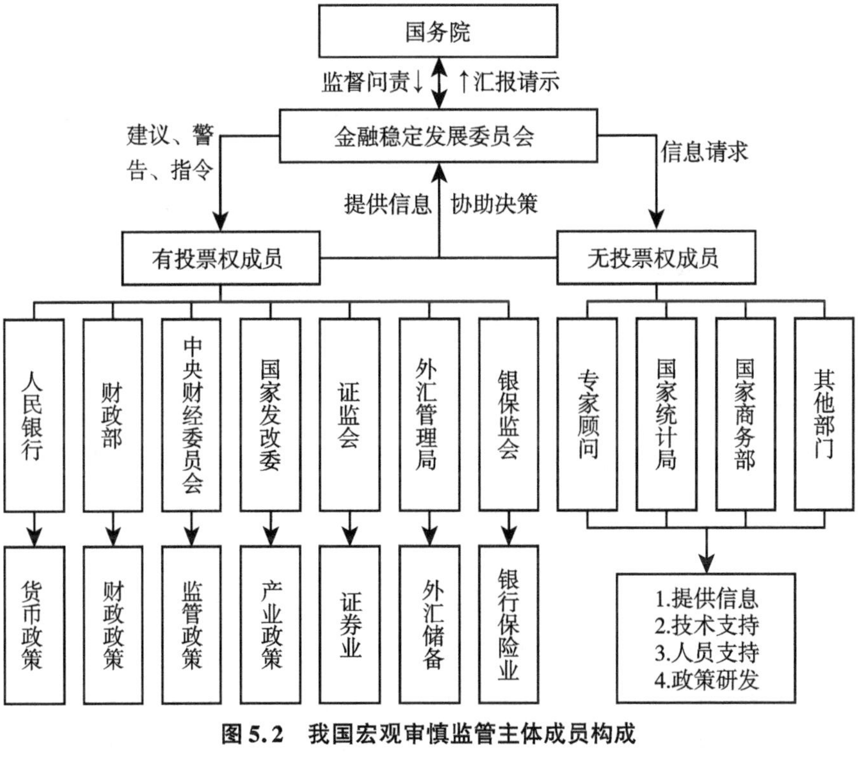


**图 5.2　我国宏观审慎监管主体成员构成**

① 参见黎四奇:《后危机时代"太大而不能倒"金融机构监管法律问题研究》,载《中国法学》2012 年第 5 期。

### (四)国务院金融稳定发展委员会的治理结构

1. 成员组成

金融稳定发展委员会本质上属于监管协调机构,通过吸纳其他金融监管部门负责人为成员,相互沟通信息并通过会议机制形成决议。国务院分管金融工作的副总理出任金融稳定发展委员会的主任。

在表决机制方面区分不同权重,将成员区分为有投票权和无投票权成员,每位有投票权成员将拥有一票,无投票权成员将列席会议及对表决事项充分发表意见。

主任拥有关键一票,其中有投票单位成员包括了中国人民银行、财政部、中央财经委员会、国家发展和改革委员会、银保监会、证监会、外汇管理局的单位负责人。无投票成员包括了专家顾问、国家统计局、国家商务部等机构负责人。

特聘专家顾问、国家统计局相关负责人、国家商务部负责人及其他对于委员会所讨论事项拥有专业信息、知识背景的机构,将被邀请出席会议并出具独立专业意见。在欧洲美国的实践经验中,委员会主任的赞同票非常关键,我国是否要引入上述制度有待继续研究。委员会内部的任何会议、讨论等程序,无论是有投票权成员和无投票权成员都应当尽可能参与。委员会成员的任期,与其本身职位任期相一致。

2. 会议机制

委员会的运作机制主要是会议机制。会议机制包括定期会议和紧急会议,定期会议参照国外经验至少一年 4 次,会议地点设置固定。会议的表决按照少数服从多数的规则进行,一项议程的通过至少需要 2/3 以上有投票权成员同意才能通过。委员会内部有投票权成员不应当将自己的投票权授予他人行使,但是参会的形式可以多样,如通过网络、视频电话等。

紧急会议由主席或 1/3 以上有投票权成员提议召开。除了紧急会议,会议通知应当提前发布,并将会议的讨论材料和会议议程提前发送给参会成员。会议的记录应当详尽,每次会议结束后会议的记录将发布给参会人员,并在不违反保密条款的前提下公开。

3. 人员和信息共享

委员会本身是一个监管协调机构,其在执行职务时有调用其他政府部门及其他单位资源的权力,包括人员和信息。在人员方面,委员会可以聘请特别的专家顾问协助决策,同时对于委员会做出决策时所需要的任何专业人员、设备等,其他政府机构都应当提供协助。在信息方面,其他政府部门和被监管者都应当提供协助,委员会依据情况合理裁决,信息的收集首先应借助已有的数据库,如国家统计局数据或者微观审慎监管机构的数据库,在现有数据库中无法搜寻到相关信息时,再向被监管机构或者信息所有者请求数据,被请求者应当予以协助。应当在委员会内部设立信息工作组,专门负责信息的收集、分析与统计。

**(五)我国银行业宏观审慎监管主体的职能**

《编制规定》第3条规定,国务院金融稳定发展委员会办公室设在中国人民银行,接受金融委直接领导,承担金融委日常工作,负责推动落实党中央、国务院关于金融工作的决策部署和金融委各项工作安排,组织起草金融业改革发展重大规划,提出系统性金融风险防范处置和维护金融稳定重大政策建议,协调建立中央与地方金融监管、风险处置、消费者保护、信息共享等协作机制,承担指导地方金融改革发展与监管具体工作,拟订金融管理部门和地方金融监管问责办法并承担督导问责工作等。设金融委办公室秘书局,负责处理金融委办公室日常事务。

根据《编制规定》第4条的规定,中国人民银行作为宏观审慎监管实施主体的主要职责包括:贯彻落实党中央关于金融工作的方针政策和决策部署,在履行职责过程中坚持和加强党对金融工作的集中统一领导。主要职责是:(1)拟订金融业改革、开放和发展规划,承担综合研究并协调解决金融运行中的重大问题、促进金融业协调健康发展的责任。牵头国家金融安全工作协调机制,维护国家金融安全。(2)牵头建立宏观审慎管理框架,拟订金融业重大法律法规和其他有关法律法规草案,制定审慎监管基本制度,建立健全金融消费者保护基本制度。(3)制定和执行货币政策、信贷政策,完善货币政策调控体系,负责宏观审慎管理。(4)职能转变。完善宏观调控体系,创新调控方式,构建发展规划、财政、金融等政策协调和工作协同机制,强化经济监测预测预警能力,建立健全重大问题研究和政策储备工作机制,增强宏观调控的前瞻性、针对性、协同性。围绕党和国家金融工作的指导方针和任务,加强和优化金融管理职能,增强货币政策、宏观审慎政策、金融监管政策的协调性,强化宏观审慎管理和系统性金融风险防范职责,守住不发生系统性金融风险的底线等。

1. 制定宏观审慎监管政策

(1)制定监管规则,统一监管标准。例如,《巴塞尔协议Ⅲ》的本土化,原银监会主要负责《巴塞尔协议Ⅲ》的本土化工作。而为了在整个金融体系内统一监管标准,避免监管套利的出现,同时将《巴塞尔协议Ⅲ》中所体现的监管精神应用到其他金融行业,如证券业、保险业,建议在国务院金融稳定发展委员会层面制定规则。(2)研发监管工具。宏观审慎监管工具与微观审慎监管工具基本相同,但是两者的侧重点不完全一致。微观审慎监管工具对于所有的金融机构在所有的时期都适用相同的监管标准,而宏观审慎监管工具将考虑当前所处的经济周期及被监管机构本身的系统重要性,①具体的工作,如开发完善早期风险防范预警系统、压力测试系统等,在研发监管工具的过程中,可以向其他微观审慎监管机构请求协助。

2. 分析和预测系统性风险

建议宏观审慎监管主体建立类似美国财政部下属的金融数据分析办公室,专门从事数据的收集与分析工作。该分支机构在履行职务的时候,可以请求其他微观审慎监管机构协助,必要的时候可以向被监管机构直接请求信息。委员会的重要职责即防范和化解系统性风险,在预测分析系统性风险时,可能会使用到风险早期预警系统和压力测试系统。(1)收集和分析信息。收集信息是委员会的重要职责,可以通过向各微观审慎监管机构请求信息而完成,任何与系统性风险相关的信息都是委员会所需要收集的信息。(2)信息的共享。负责建立信息共享数据库,统一各成员及国内政府部门的信息口径标准,方便信息的共享和发布。(3)分析并预测系统性风险。通过掌握的信息,密切关注系统性风险的积累和分布,对于所侦测到的潜在风险,及时发布警告和建议。

3. 指导微观审慎监管机构工作

委员会的重要职责是对于微观审慎监管机构的工作进行指导,委员会的成立并不削弱任何微观审慎监管机构的原有权力,原有职能分工不变。但是由于信息不对称的原因,微观审慎监管机构在实现自身监管目标的过程中,可能会导致防范系统性风险目标的失败。故在预测到系统性风险的时候,委员会将对微观审慎监管机构做出指导以及时补救,而微观审慎监管机构向宏观审慎监管机

① 一般来说包括逆周期资本缓冲工具、前瞻性拨备工具、流动性监管工具、杠杆率指标、保证金和折扣比率、系统重要性金融机构监管工具、场外衍生品监管工具、影子银行体系监管工具、薪酬监管工具等。参见张显球:《宏观审慎监管:理论含义及政策选择》,中国金融出版社 2012 年版,第 9 ~ 12 页。

构提供信息作为分析决策的依据。委员会对微观审慎监管机构的指导从约束力上来大体分为指令和警告建议,其中指令的约束力强,而警告建议的约束力弱。指令的使用条件是所侦测出的系统性风险较为严峻,不及时执行委员会的决策将面临爆发系统性风险的威胁,而警告和建议则没有那么急迫的情形,主要适用于常规性的漏洞。例如,在执行压力测试之后委员会可以依据结果对其他微观审慎监管机构或者被测试金融机构做出相应建议,以改善其抗风险能力。指令奉行的是异议不停止执行原则,而警告和建议奉行的是遵守或解释原则。无论哪种情况,委员会都将对发出的指导进行跟踪,而接受指导的微观审慎监管机构也应当主动反馈执行的情况。

4. 系统重要性金融机构的特别监管

对于系统重要性金融机构的监管分为认定权、特别监管权和破产管理权。从权力制衡及现有国情的角度出发予以配置。认定权部分由宏观审慎监管主体,即国务院金融稳定发展委员会负责,而特别监管权可以考虑赋予中国人民银行或银保监会,但是考虑到原银监会已经从事了这方面的工作,所以建议赋予银保监会对于被金融委所认定的系统重要性银行与系统重要性的保险公司进行特别的监管(证监会负责被认定为系统重要性的上市公司),实施的监管标准由金融委制定,而破产管理和流动性管理及央行最后贷款人的职能属于替代的措施。2019 年 5 月中国人民银行独资设立存款保险基金管理有限责任公司,担任存款保险基金管理主体,建议赋予中国人民银行对于系统重要性金融机构的破产管理权。故建议金融委负责系统重要性金融机构的认定,而银保监会负责具体的特别监管,中国人民银行负责系统重要性金融机构的破产管理。

5. 协调各微观审慎监管机构工作

金融监管协调意指金融监管机构相互配合,在实施金融政策和采取监管措施的过程中,各方面、各层次保持有序同步,以提升监管效率。① 金融监管协调工作由金融委担任,明确负责整个协调机制的运行,具体工作由人民银行主导。通过强化监管协调,补齐监管短板,避免了传统多元监管主体之间平等地位磋商成本较高而无法形成约束性决策的局面。协调机制需要建立一个激励约束机制,

① 参见张强、王忠生:《我国分业监管协调合作的制度安排思考》,载《财经理论与实践》2005 年第 6 期。

一方面,要保障监管者和被监管者之间的激励相容;另一方面,也要保证参与协调机构能够在制度的激励与责任机制的约束下,积极参与协调的工作。① (1)微观审慎监管机构内部协调。各微观审慎监管机构在履行自身的职责过程中无法预见到对于整个金融体系影响,金融委通过信息的传递、监管标准的统一和及时发出警告、建议和指导的方式协调各微观审慎监管机构的监管,以实现防范系统性风险的目标。同时,金融委还应负责对金融行业监管权限管辖的裁决。(2)宏观审慎监管与宏观货币政策、宏观财政政策、宏观产业政策的协调,通过中国人民银行和财政部、发改委和中央院财经委员会的参与,能够最大化地实现各项宏观政策及多元监管的协调与配合。(3)与国际监管相协调。将国际监管标准本土化,并加强和国际及各国宏观审慎监管研究组织或当局的联系与合作,强化与国际监管的协调。

6. 向国务院与人大报告工作

建议金融委每年发布国家金融稳定报告,②可以参考英国央行 2018 年度金融稳定报告内容主要包括:Part A 是英国金融稳定主要风险(金融稳定概况和逆周期资本风险、英国脱欧后金融服务面临风险、全球债券市场情况、其他全球性监管漏洞、英国外部融资风险、英国国内债券风险);Part B 是英国金融体系稳健性(银行业稳健性、金融市场稳健性)。③ 美国金融稳定监督委员会 2018 年金融稳定年报的主要内容包括:年度报告的建议(改革以解决结构性漏洞与提高风险管理和监管注意),宏观经济环境与金融发展,委员会的活动与监管发展,潜在的金融体系威胁。④ 我国的金融稳定报告应当至少包括国内国际的宏观经济与金融发展状况、委员会在过去一年的主要活动和在防范系统性风险方面所取得成就、未来较大可能出现的威胁金融系统性安全的风险。建议每年至少一次或者在发生金融危机的紧急时刻向国务院报告工作,必要的时候由委员会主任出席听证会以解释所做决定的依据和合理性,并对所提出的质疑进行解答释疑。金融委在发出指令的程序上,除需要金融委成员中有投票权成员表决,还应当获得

---

① 参见巴曙松:《金融监管机构是分是合:这并不关键——谈当前监管框架下的金融监管协调机制》,载《西部论丛》2006 年第 11 期。

② 目前,中国人民银行金融稳定局每年发布《中国金融稳定报告》。

③ See Bank of England, *Financial Stability Report*, Bank of England No. 43, June 2018, pp. 1 – 65.

④ See FSOC, *FSOC* 2018 *Annual Report*, Financial Stability Oversight Council, 2018, pp. 1 – 147.

国务院总理或者分管金融稳定的副总理即金融委主任的授权。国务院对于委员会的活动，也可以从行政的角度起到监督问责的作用。

## 三、我国银行业宏观审慎监管权力

金融监管权是监管机构对于被监管对象从事金融交易行为的许可、限制或禁止，其本质上是一种政府规则行为。宏观审慎监管权是宏观审慎监管机构为了防范和化解系统性风险，对存在系统性风险的金融交易行为、金融机构及金融信息或资源做出的许可、约束、规制或其他监管要求。

### （一）宏观审慎监管权力的正当性

银行监管机构所享有的监管权的正当性源于卡塔琳娜·皮斯托、许成钢（2002年）首次提出的“法律不完备理论”（incomplete law theory）。该理论是受到合同不完备理论而启发的，是关于在法律不完备的大前提下，如何最优分配立法及执法权的理论。法律完备的状态是，所有的损害行为都可以找到法律的详细规定，而法律适用出现空白，一方面可能源于制定者的疏忽，另一方面可能源于有意，即为了保持法律的生命力，法律的不完备是一种常态。故在金融领域，由于市场失灵引入政府监管，而政府监管所带来的金融稳定收益必须要大于其本身的监管成本和造成的效率扭曲。即“剩余立法权和执法权的最优分配取决于法律的不完备性和程度，对导致损害的行为进行标准化的能力，以及此种行为产生的预期损害和外部性的大小。如果损害行为能加以标准化，并且该行为继续下去会产生大量的外部性，此时监管者优于法庭”。[①] 而法庭执法是一种被动的状态，在金融监管的过程中，特别是系统性风险的监管，需要前瞻性的监管，依赖事后监督背离了宏观审慎监管本身的理念。所以，应当“第一，授予特定机构主动式执法权和剩余执法权。第二，金融市场中市场监管者享有剩余执法权和主动式执法权是合理的。第三，与法庭相比，监管者可以在事前进行主动式执法权”。[②] 在系统性风险的监管中，法律的不完备是显然的，而对于系统性风险的归类已经较为完善，如时间维度的逆周期监管和空间维度的系统重要性金融机构

---

① ［美］卡塔琳娜·皮斯托、许成钢：《不完备法律：一种概念性分析框架及其在金融市场监管发展中的应用》，载吴敬琏主编：《比较》，中信出版社2002年版，第112页摘要部分。转引自史生丽：《商业银行公司治理与银行监管》，法律出版社2010年版，第42～50页。

② 史生丽：《商业银行公司治理与银行监管》，法律出版社2010年版，第44页。

监管,同时也需要监管机构实施前瞻性的事前介入监管,所以对监管机构赋予宏观审慎监管权力是具有正当性,也是更有效率的。

### (二)宏观审慎监管权力的类型

美联储在宏观审慎金融改革后,监管权限得到扩大,拥有对系统重要性金融机构的特别监管权、最终的检查权和决策权。美国赋予金融稳定监督委员会对系统重要性金融机构的认定权、监管信息的收集权、人员资源调配权,对其他微观审慎监管机构的指导权、警告权、建议权、监管规制制定权;欧洲系统性风险委员会的主要宏观审慎监管权为信息交换收集权、警告和建议权、指导和建议权,而更加实质的权力由欧洲三大监管局享有,包括规则制定权、向有关当局建议权、特别决议权等;英国金融政策委员会隶属于英格兰银行,其主要享有对审慎监管局和金融行为局的指导和建议权。所以英国的金融政策委员会监管权最少,欧盟的欧洲系统性风险委员会次之,权限最大的是美国的金融稳定监督委员会。

从监管权力的类型来看,卡塔琳娜·皮斯托、许成钢(2002年)将其分为"剩余立法权"和"主动式执法权",而史生丽(2010年)将监管权分为"市场准入监管、市场运营监管、市场退出监管"。①

厄兰德·W.尼尔(2013年)指出,宏观审慎政策的执行可能需要静态的规则和监管,可能会被动态的金融创新所超越而导致监管失败,故宏观审慎监管权应当足够大,至少需要三种权力,即信息收集权、指派权力、规则制定和修改权。②

1. 监管信息收集权

宏观审慎监管者对于系统性风险的监管工作,首先是从对于系统性风险的评估预测开始的。由于信息不对称,宏观审慎监管者并不具备金融市场中所有的信息。这些信息分布在被监管者、其他的微观审慎监管机构和统计机构等单位或个体之中。故宏观审慎监管主体需要足够的信息收集权,以从其他的渠道收集并分析信息,做出是否要启动下一步的判断。实际上,信息收集权还应当包涵人员资源的调配,因为这些人力或其他资源的使用,都是为了更好地收集、分析及运用信息,故属于信息收集权的扩张。

---

① 史生丽:《商业银行公司治理与银行监管》,法律出版社2010年版,第47~50页。

② 参见[英]厄兰德·W.尼尔:《宏观审慎政策的治理》,洪波译,载[美]克莱森斯主编:《宏观审慎监管政策——通向金融稳定的新道路》,电子工业出版社2013年版,第214~217页。

宏观审慎监管主体应当成立财政部下属的金融数据分析办公室，并由其负责金融数据收集、分析和汇总的具体工作。金融监管协调非常重要的一个环节就是数据的收集和共享，宏观审慎监管主体应当利用手中的信息收集权，构建完善的信息分享机制。在制度设计的过程中，应充分考虑到各微观审慎监管主体有怠于提供信息的倾向，在信息共享上设置激励机制，即每个监管主体在提供信息的过程中，也将享受到相应的信息回报，并且可以请求其他监管机构协助自身实施监管措施。

2. 指令与警告建议权

(1)指令权。指令权是宏观审慎监管主体为了维护金融宏观稳定，在应对紧急系统性风险情况而向其他微观审慎金融监管主体或者金融市场单位所发出的指令，其他微观审慎监管机构应予以协助或者执行，其权力的内容可以是约束性也可以是赋权性的。指令权的约束力较强，建议严格限制指令权的行使，其行使之前需要宏观审慎监管主体的内部意思一致（如委员会表决同意，包括委员会主任的关键赞成票），此外需要国务院的核准，特别紧急的情况下由宏观审慎监管主体负责人（如金融委主任）向国务院提出申请，后者核准即可。此权力类似英国财政部拥有的“宏观审慎措施”，也规定了需要咨询金融政策委员会或者英格兰银行行长，同时要求制定相关措施参考其他微观审慎监管机构的现有监管规则。

(2)警告和建议权。宏观审慎监管主体在信息收集基础上，或者基于系统重要性认定标准认定系统重要性金融机构以后，可以基于系统性风险的分布和集中情况，针对性地发布警告或者建议，也可以向涉及系统性风险的微观审慎监管机构、被监管机构等单位或个人提出指导。接受指导的单位或个人，应当遵从“遵守或解释”原则，当然这种指令的约束强制力较弱，需要设定一个更高层次的裁决机制，并赋予宏观审慎监管机构一定的特别决议权，该特别决议拥有较强的约束力和时效性，但是需要与事后追责制度相匹配，以避免由于程序性的约束权力导致错过监管最佳时机，并保证了特别决议权不会被滥用。

3. 规则制定与调整权

巴塞尔委员会2012年《有效银行监管的核心原则》要求监管机构“适时修订银行业法律法规，使其在行业做法和监管方式不断变化的情况下保持有效性和针对性”。[1] 而且根据卡塔琳娜·皮斯托、许成钢(2002 年)的法律不完备理论,监管机构拥有剩余立法权。由于法律是不完备的,而金融行业的环境更是处于不断创新的动态环境,故对于宏观审慎监管方面的规则制定和调整的授权是必备的。

金融委应当被赋予对现有的监管规则依据统一的监管标准进行评估的权限,对于不同行业所实施的未统一监管标准或者有可能导致系统性风险监管漏洞的监管规则,其有权进行调整和统一。银行业的系统性风险防范规则主要是由原银监会制定,包括《巴塞尔协议Ⅲ》的本土化、商业银行逆周期监管规则、系统重要性银行监管规则等。建议宏观审慎监管主体回收这些权力,从整个宏观金融体系的层面来制定宏观审慎政策和开发宏观审慎监管工具。[2] 但是在制定相关的政策和规则过程中,可以由各微观审慎监管机构抽调专业人士参与,提供信息及其他协助,使各微观审慎监管机构能够在规则制定的过程中表达自己的诉求和专业意见。

4. 监管管辖裁决权

我国的金融监管体系尚保留分业监管的特点,各个金融监管主体之间大体按照行业的划分来界定各自的监管管辖范围,但是随着金融创新和混业经营的发展趋势,监管对象采用传统的金融行业分类方式已经存在一定的局限性,将会出现监管重复和监管真空。按照委托代理成本理论,监管部门并非无时无刻都为了纳税人的利益行使权力,其追求的直接利益很可能是自身部门利益,因此各监管主体之间的利益诉求并不完全一致,会出现相互争夺监管管辖权的情形。美国金融监督委员会的职责之一是提供一个纠纷解决机制,以裁决其委员会内部成员之间关于监管管辖权的争议,但是该委员会所提供的裁决并没有强制约束力。[3] 我国目前的各金融监管机构处于平等地位,出现监管权争议的时候没有有效的管辖纠纷解决机制,故建议在各微观审慎监管机构之上赋予委员会对监管权管辖纠纷的裁决权。

---

① BIS,“*Core Principles for Effective Banking Supervision*”, available at http://www.bis.org/publ/bcbs230.htm, retrieved on May 5, 2014.

② 除了银行业,证券业和保险业也需要宏观审慎监管。相关著作参见袁闯:《中国证券行业宏观审慎监管研究》,中国社会科学出版社 2012 年版;黄溪:《保险公司与基金公司逆周期监管研究:基于宏观审慎监管框架》,中国社会科学出版社 2012 年版。

③ See Dodd-Frank Act, Section 112(a)(2)(M)(ii) & Section 119.

笔者建议，可借鉴《多德—弗兰克法案》第 119 条规定委员会处理管辖权纠纷机制的规则，①监管权间的争议首先应当由监管主体之间相互协商，在协商不成的前提之下由争议各方向委员会提出申请。管辖权争议的对象可以是某个被监管金融企业或者是一类金融产品或金融行为，涵盖了现有的监管重复也包括了监管真空。委员会在收到申请后，在充分参考各方所提供的信息和理由之后，做出管辖权归属的裁决。裁决的做出需要使用书面形式送达给相关的金融监管机构，裁决的形成需要通过会议，2/3 以上有投票权成员赞同方生效。但是，美国《多德—弗兰克法案》第 119 条并没有赋予金融稳定监督委员会在裁决管辖权上的强制约束力，仅仅具有建议的效力。我国宏观审慎监管主体享有的这种管辖争议裁决权应当具有约束力，各方争议方应当予以配合协助。

5. 系统重要性金融机构特别监管权

(1)系统重要性金融机构认定权。目前，巴塞尔委员会制定的咨询文件公布了系统重要性金融机构的认定标准，而美国的金融稳定监督委员会也拥有对于系统重要性金融机构的认定权。建议赋予我国宏观审慎监管主体对系统重要性金融机构的认定权，认定参考国际标准及我国国情，应当包括但不限于银行的资产规模、与其他银行的关联程度、其金融服务功能的可替代性等因素。对于被认定为具备系统重要性的金融机构，监管标准要比一般金融机构更加严格，并且将适用一些特殊的监管程序，如类似美国的有序清算程序和英国的前瞻性介入框架。

(2)系统重要性金融机构的特别监管权。美国的《多德—弗兰克法案》对于系统重要性金融机构设置了更加严格的监管标准，包括或有资本、清偿计划和信用风险报告、集中度、信息公开、短期负债等。首先，需要对系统重要性金融机构进行认定，原银监会已经颁布了《商业银行全球系统重要性评估指标披露指引》，对于被巴塞尔委员会认定为系统重要性的金融机构和表内外资产余额为 1.6 万亿元人民币以上的商业银行，需要负担更多的信息公开义务，系统重要性金融机构还有附加资本要求。

(3)系统重要性金融机构的破产管理权。史蒂文 · L. 施瓦茨(Steven L. Schwarcz，2018 年)研究发现，破产方面有三种监管，包括被动性适用破产程序及

---

① See Dodd-Frank Act，Section 119.

主动性消除破产危险。[1] 类似美国的有序清算,赋予宏观审慎监管主体在系统重要性金融机构面临倒闭或存在倒闭风险,且其倒闭将威胁到金融系统性安全的情况的情形下,对于被监管的系统重要性金融机构进行接管并决定是否发放流动性的权力。行使该权力在程序上需要授权,类似美国需要金融稳定监督委员会提出建议,且财政部部长同意,并将该权力保留到最后行使。这种权力的效力是,可以接管该公司的财产和人员,在股东和债权人之间分配损失,解雇或者任命新的高级管理人员,决定其是否进入破产程序或者向其发放流动性。

**(三)宏观审慎监管权力的约束**

监管权的行使应当是有边界的,其边界由市场失灵和监管失灵共同界定。由于宏观审慎监管权力是一种政府的规制行为,所以必然会面临权力的边界问题。宏观审慎监管者同时享有剩余立法权和主动式执法权,出现了规则制定者和规则执行者竞合的情形,需要对宏观审慎监管权进行约束,以避免出现权力寻租现腐败现象。而且由于金融系统性风险处于一个不确定的动态情况,如系统性风险水平会因为不同机构、不同的时间、不同的行业而不同。英国的监管是一种奉行"理性质化监管"的模式,其在很多权力行使的场合都要求权力行使不应当僵化,而应当考虑执法所处的特殊环境及被执法者的特殊情况。例如,审慎监管局在前瞻性介入框架中,对于企业具体的可能破产的原因需要考察诸多评估框架因素来综合判断,而不是拘泥于法律设定的阈值。所以,又面临了监管权力的弹性行使问题。

通过对于3个国家或地区实施宏观审慎监管法律制度的经验进行分析可知,对于权力的约束可以采取"内部治理结构"和"外部分权制衡"及"事后问责"的方法,而对于权力的弹性行使可以通过赋予权力行使者一定限度的自由裁量权来实现。

1. 内部治理结构

观察上述国家的宏观审慎监管主体,可以发现其本质上均是金融监管协调机构。其基本上是由各微观审慎监管机构的高级管理人员组成,如金融稳定监督委员会主席是美国财政部部长,其他的成员包括联邦储备委员会主席、货币监

---

① See Steven L. Schwarcz, "Beyond Bankruptcy: Resolution as a Macroprudential Regulatory Tool", *Notre Dame Law Review* 94, 2018, pp. 716 – 727.

理署审计主任等成员。监管主体的成员分为有投票权和无投票权成员，而监管主体的决策做出，及监管权的行使必须通过一定的表决机制，即 2/3 以上有投票权成员，[①]并需要财政部部长关键赞同票。所以通过内部的良好的治理结构，可以避免少数人对于监管权的滥用。

2. 外部分权制衡

委员会内部的会议表决机制体现了多个委托代理人之间的相互制约。监管机构相对于纳税人而言是代理人，而多个监管机构是多个代理人，通过设置会议表决机制，在一定程度上避免了代理人为了自身利益而行动（信息公开充分的情况下，假设合谋是比较困难的）。同样以美国为例，其对于系统重要性金融机构的监管权就分为指定权和特别监管权，即系统重要性金融机构的认定是由金融稳定监督委员会完成，而对于系统重要性金融机构的实际具体监管是由美联储完成。这体现的是一种分权制衡的思想，通过对程序性权力和实质监管权的分离，避免权力被滥用。同时，美国的金融稳定监督委员会在认定系统重要性金融机构的时候，被认定为系统重要性金融机构的金融企业自身还有救济程序，其可以申请召开听证会，[②]以避免被执行更加严格的监管标准。

3. 事后问责

尚・达夫（Schan Duff，2018 年）的研究认为，金融稳定结构是由功能性指标（functional capabilities）和问责机制（accountability structures）组成的。[③] 由于宏观审慎监管对于系统性风险更多的是一种危机预防而不是危机善后，所以决定了对于宏观审慎监管权力行使更多的是事后问责，因此必须给予监管权力行使一定的自由裁量空间。在采取会议机制的前提下，宏观审慎监管主体做出决议时需要通过会议表决，而会议的意见将尽可能详细地记录在案，为事后追责建立了一个良好信息公开披露基础，能够保证外界对于决策的做出及监管权的行使进行监督。同时，以欧盟为例，欧洲系统性风险委员会还要向欧洲议会负责，主席要出席听证会并向议会做出报告，解释其所做出决策的合理合法性。

---

① 参见王刚、颜苏、王洋：《完善金稳会治理机制以有效防控系统性金融风险研究》，载《经济纵横》2018 年第 1 期。

② See Dodd-Frank Act 115(e) & Act 117(c).

③ See Schan Duff, "The New Financial Stability Regulation", *Stanford Journal of Law, Business & Finance* 23, 2018, pp. 73 -85.

4. 自由裁量权

自由裁量权的赋予在英国的监管模式下特别明显，这可能和英格兰银行本身大权独揽有关系。例如，除了一些法律保留事项不得授权，英格兰银行可以将许多权力赋予金融政策委员会，而该委员会也可以将权力赋予其下属的小组或者职员。同时，审慎监管局在执行自身职能的过程中，法律也要求其对个体企业进行个性化的分析，考虑公司具体的运营环境、治理水平，甚至要求其与公司的管理层对话。这些都是灵活化地实施僵化规则的范例，执法者在很大程度上拥有自由裁量权，但是需要执法者具有较高的综合素质。我国在宏观审慎监管权的行使上，应当注意以上几方面的问题。

## 四、我国银行业宏观审慎监管对象与工具

### （一）宏观审慎监管对象

监管的对象可能是被监管者、金融交易行为和风险。宏观审慎监管最直接的目标是防范系统性风险，所以监管行为指向了系统性风险。而且现有的研究已经发现，系统性风险可以分为两个维度：一个是时间维度，即金融顺周期性；另一个是空间维度，即系统重要性金融机构。系统性风险在时间维度上的累积主要和行为相关，系统性风险在空间的过度集中，即系统重用性金融机构的出现，主要和机构本身的结构有关。可见两者（行为和主体）都和风险有关，也是风险的两种存续形态，所以将宏观审慎监管的对象界定为系统性风险，可以很好地将两者涵盖起来。系统性风险可能由行为产生，也可能由于主体结构导致，而宏观审慎监管通过对行为进行规制，对个体结构进行调整以缓解系统性风险。这种分析并不是特别严谨，但是目前最好的解释方式。

厄兰德·W. 尼尔（2013 年）认为“系统性风险的两个维度：一是由于总体脆弱（aggregate weakness）及其对实体经济的影响所引起的金融服务中断；二是由于单个金融机构脆弱性或者倒闭对其他金融机构产生影响，在总体上对实体经济提供金融服务时产生的潜在影响”。① 但是更多学者认为，系统性风险主要可以分为时间维度和空间维度两个层面。

---

① ［英］厄兰德·W. 尼尔：《宏观审慎政策的治理》，洪波译，载［美］克莱森斯主编：《宏观审慎监管政策——通向金融稳定的新道路》，电子工业出版社 2013 年版，第 206 页。

1. 银行顺周期性

时间维度的系统性风险,即银行体系的顺周期性。产生的原因是,在经济繁荣时期,风险偏好较强并且资产的价格在不断上升,银行的资产被虚标,导致其进一步扩大信贷规模,杠杆率被提高。但是,当经济衰退时,资产的价格大幅度缩水,导致之前虚标的价格也要计算到下跌的幅度之内,所以银行为了保持资本充足率需要减少信贷,这对于社会而言就是融资渠道的锐减,而银行作为融资人的功能就会大打折扣。

2. 系统重要性银行

时间维度主要是解决系统性风险爆发以后在整个金融体系内部传播的问题,即所谓的主要是单家金融机构倒闭后发生的负外部性问题,核心问题是妥善处理共同风险暴露。而系统重要性金融机构在金融体系网络中处于枢纽地位,一旦发生危机将产生巨大的负外部性,风险将横向传播出去,这是不同金融机构之间业务往来的交叉导致的。

**(二)宏观审慎监管工具**

目前,我国已经借鉴了一系列宏观审慎监管工具,包括《巴塞尔协议Ⅱ》和《巴塞尔协议Ⅲ》中的监管工具。逆周期监管工具主要包括逆周期资本缓冲、留存资本缓冲及前瞻性拨备,是对流动性期限错配的监管。对系统重要性金融机构的监管工具主要有对系统重要性金融机构的识别、对系统重要性金融机构的特别监管、存款保险制度等。我国在完善宏观审慎监管工具体系的过程中,应当注意:第一,将国外的监管标准本土化,考虑我国的实际国情。第二,努力开发具有本国特色的监管工具。以实施巴塞尔协议为例,《巴塞尔协议Ⅲ》是目前巴塞尔委员会颁布的最新监管标准,但是其尚有可能存在漏洞,我国应在实施该标准的过程中,努力完善开发更加完美的监管工具。第三,努力完善风险早期预警系统和压力测试系统。我国在上述系统方面已经初具规模,今后要加强对国际先进监管工具的学习,同时将该标准本土化。第四,重点构建我国的"太大而不能倒"解决机制,由于我国的特殊国情,系统重要性金融机构都是国有商业银行,所以如何构建本国的系统重要性银行风险解决机制值得深入研究。

表 5.1　系统性风险与监管工具

| 系统性风险 | 监管工具 | 主要工具 | |
|---|---|---|---|
| | | 规则 | 自由裁量 |
| 顺周期效应 | 逆周期监管工具 | 留存资本；<br>杠杆率；<br>流动性；<br>贷款价值比率 | 逆周期资本缓冲；<br>动态拨备 |
| 系统重要性金融机构 | “太大而不倒”效应的应对；<br>内在关联性的应对；<br>集中度的应对 | 压力测试；<br>系统重要性银行资本附加；<br>管理影子银行体系 | 对资本充足率、资本配置或保证金要求的自由调整 |

## 五、我国银行业宏观审慎监管程序

### (一)宏观审慎监管框架

宏观审慎监管框架是对于宏观审慎监管主体履行职能,行使监管权达成监管目标的完整性时间序列的描述。依据中国金融稳定报告(2010 年)的观点,可分为三个阶段,分别是宏观审慎分析、宏观审慎政策选择、宏观审慎工具运用。

1. 宏观审慎分析

宏观审慎分析的对象是系统性风险,信息的收集后利用一定的分析工具完成,如压力测试、前瞻性风险预警系统。在这个过程中,主要使用到的权力是信息收集权。

2. 宏观审慎政策选择

宏观审慎政策选择,是指根据所侦测到的风险的性质,即是属于时间维度的系统性风险还是空间维度的系统性风险,针对性地选择对应的监管工具。如果现有的工具出现缺失,还需要进行开发,委员会可能需要通过会议来决策。主要利用到的权力是规则制定权。

3. 宏观审慎工具运用

宏观审慎机构选择监管工具,指导微观审慎监管机构利用对应的监管工具,而微观审慎监管机构将向宏观审慎监管机构反馈信息以改进监管工具。

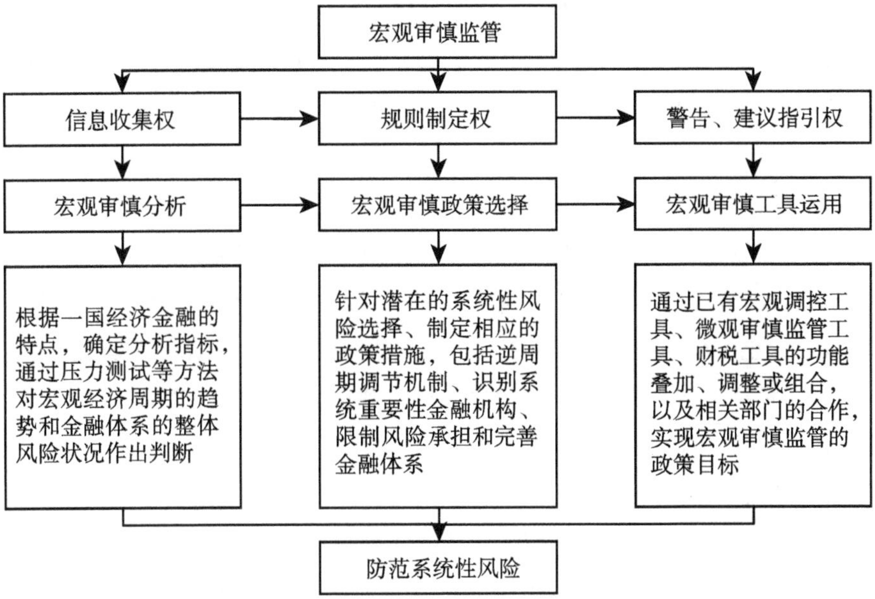


**图 5.3　宏观审慎监管框架流程**

资料来源：中国人民银行《2010 年中国金融稳定报告》。

### (二)决策形成规则

委员会的议事规则主要采取召开会议的形式，召开的程序包括例行会议和紧急会议，例行会议每年至少 4 次，紧急会议由主席或者 1/3 以上成员提议即可召开。决策主要采取投票表决形式，通过对有投票权和无投票权成员的设置，尽可能保证在决策的过程中相关的监管主体能够充分表达意见且监管信息能够得到充分的考虑。在各种会议程序中，无投票权成员的参与应是充分和无限制的。有投票权成员中，各成员分别享有一票。在美欧英三国或地区，委员会中主席的一票是非常关键的。故而，建议议事规则按照每项决议需要 2/3 同意有投票权成员同意，以及金融委主任的关键赞同票。在会议的决策方面，建议和警告只要内部决策即可，而如果是对其他监管机构或者被监管机构作出的指令则需要申请国务院的批准。

### (三)权力行使形式

欧盟和英国的宏观审慎监管主体，都可能对微观审慎监管机构提出建议并指导其监管工作。例如，英国的金融政策委员会可以指令或建议其审慎监管局采取具体行动。而欧洲系统性风险监督委员会在检测到系统性风险的时候，也会向其他金融监管机构发出建议。但是英国和欧盟的微观审慎监管机构对于宏观审慎监管机构所发出的建议和指令都遵从“遵守或解释”原则,并没有强制效力,所以对欧盟金融改革的批评之一就是其宏观审慎监管主体并没有实质的监管权。

建议我国采取如下形式进行区分,即按照所决策事件的重要程度和紧急程度,对一般系统性风险事件采取警告和建议的形式,对紧急系统性风险事件采取指令的形式。警告和建议按照“遵从或解释”原则,而指令按照“遵从或异议”“异议不中止执行”原则,即异议期间不停止执行的原则。如此赋予宏观审慎监管主体在紧急情况下较强的约束力以保证宏观审慎监管的决策执行到位,同时由于指令的发出需要经过更加严格的程序,避免了宏观审慎监管主体过分干预微观审慎监管主体的日常监管工作。

无论采取建议、警告还是指导,都应当采取书面形式,并且应当将决策涉及的风险用相应的代码系统进行标号分级,决议应当通过专门的信息传递途径,发送到可能涉及的所有监管机构或者个人,委员会应当密切关注该决议所执行情况。

**(四)规则抉择与相机抉择**

规则抉择还是相机抉择,本来是为了解决巴塞尔协议监管标准在各国推行时是否允许弹性条款的问题,即是否允许本国自由裁量,其初衷是为了避免因各国实施不同标准而出现监管套利。但是,在国内的宏观审慎监管过程中同样会面临规则抉择与相机抉择问题,即对于监管权力的行使是否需要给予一定的弹性或者自由裁量空间。依据之前的法律不完备理论来解释,规则抉择的存在基础受到了动摇,因为法律规则是不完备的,所以不可能规定一个事无巨细的监管权力规则,故本问题的前提变成了如何最优效的相机抉择。相机抉择的优势在于能够根据具体情形灵活及时地自由裁量,而其劣势在于权力的行使具有很大的不确定性而且容易被滥用。所以,本书认为在处理宏观审慎监管的自由裁量权的问题上,第一,应确定一些属于法律保留事项的核心规则,不允许自由裁量,而对需要灵活运用的规则应当给予足够的自由裁量。至于哪些是法律保留规则,哪些是允许自由裁量,一方面需要对于委员会本身的授权,另一方面需要经过委员会内部的决策。第二,应增强对于权力行使的监督,信息公开、问责机制都能够在一定程度上对权力行使进行监督。

### (五)信息公开

信息公开是保证监管效率的一个重要手段,同时也是监督权力行使的有力手段。监管机关手中被赋予了监管权力,而被监管者手中握有大量的信息,缓解监管者和被监管者之间的信息不对称程度,可以有效加强监管的效果。对于系统重要性金融机构所要求的信息公开程度比一般的金融机构更严格,依据银监会2014年1月6日颁布的《商业银行全球系统重要性评估指标披露指引》,需要披露调整后的表内外资产余额、金融机构间资产、金融机构间负债、发行证券和其他融资工具等共计12个指标。

阳光是最好的防腐剂,对于监管者自身而言,信息公开也是一个保证监管权适当合法行使的监督手段。委员会的会议记录应当尽可能保持详细,委员会中各位成员的赞同意见和保留意见都应当记录在案。对于委员会的指导意见,微观审慎监管机构应当遵守,如果不遵守要做出相应的解释,这些信息交流的材料也应当记录在案。在不违反保密条款的前提下,保持公开的状态,让监管权的行使接受监督。

### (六)权力制衡

权力制衡能够避免权力的行使过于集中而出现腐败,主要的做法是将程序性权力和实质性权力相分离。在我国现有的宏观审慎监管体系中,国务院金融稳定发展委员会负责规则制定和政策研究,微观审慎监管机构负责执行,这是系统性风险防范全局性的需要,也是对于权力制衡的满足。

在系统重要性金融机构监管的权力制衡安排方面,根据业务需要分别由不同的主体享有监管权。建议系统重要性金融机构的认定由国务院金融稳定发展委员会负责,而系统重要性金融机构的具体逆周期性监管由各金融部门的微观审慎监管机构负责,即系统重要性银行及系统重要性保险公司由银保监会具体监管,而系统重要性上市公司由证监会负责,对于系统重要性金融机构的破产管理由存款保险基金管理机构负责(中国人民银行独资持股的存款保险基金管理有限责任公司),同时借鉴美国的有序清算程序。

## 六、我国银行业宏观审慎监管问责

《编制规定》第3条规定国务院金融稳定发展委员会负责拟订金融管理部门和地方金融监管问责办法并承担督导问责工作等。故应当对于银行业监管人员给予必要的激励和约束。有效的监督应当包括两个方面:第一,制定明确的监督业绩考核标准。这种标准应当依据不同的具体监管主体及其综合环境制定。第二,应当加强对于监督者的有效约束,增强其积极履行职责的责任感。①

完善我国宏观审慎监管法律制度,一方面要考虑到对监管者的正向激励,另一方面也应当考虑到法律问责的设置。凌斌(2012 年)指出,"卡梅框架"的最初目标就是在不同的规则之间进行最优选择的理论,可以分为事后成本和事前激励。② 宏观审慎监管主体在履行职责的过程中,由于法律相对于金融创新而言具有不完备性,必须赋予其一定的相机抉择能力,即上文所谈到的自由裁量的问题,所以为了不影响监管主体履行职能,并且在监管过程中判断其行为恰当性的成本过高,选择事后的监督更符合成本效益原理。例如,对于宏观审慎监管主体的指令和建议警告权的效力不同,设置相应的事后成本和事前激励。

周仲飞(2007 年)认为,对银行监管者的问责不等同于控制,而是要求监管者对其监管行为进行解释,并在一定条件下需要承担法律责任,实施的前提是有足够的透明度、监管行为认责性和机构认责性三方面。③

**(一)监管行为问责性**

监管行为问责性是指对于监管主体在执行监管行为的过程中是否履行了正当的监管程序及是否实现了监管目标。

1. 实现监管目标

监管主体是否实现监管目标是对其问责的重要内容,监管目标应当通过立法明确规定。我国的宏观审慎监管目标包括:第一,检测防范系统性风险,维护金融体系稳定;第二,指导有关金融监管当局采取对应措施;第三,促进市场自律,提升被监管机构自身风险防范能力。上述监管目标定位稍显宽泛,在制定问责体系的过程中,应当利用金融市场指标予以衡量,将系统性风险防范、市场自律等措施及效果量化成具体的指标,通过对于指标的考核来认定是否完成监管目标。克劳迪奥·鲍里奥(Claudio Borio,2011 年)提出了两个宏观审慎监管实施成功的标准:第一,强化金融系统在应对压力环境的自我恢复能力。在这个标准下,需要确保系统中的资本缓冲足够弥补金融衰退周期,避免由于抛售和信贷

① 参见王亦平:《金融法律制度创新》,法律出版社 2012 年版,第 32 ~ 33 页。

② 参见凌斌:《法治的代价》,法律出版社 2012 年版,第 194 页。

③ 参见周仲飞:《银行监管机构问责性的法律保障机制》,载《法学》2007 年第 7 期。

紧缩的加剧导致资本缓冲的耗尽。资本金和流动性都应当比上述监管最低指标更加充足,保留足够的余额以减少不稳定行为。抵押物的价值应当比债权本身留有余地,以免抵押物在资产价值缩水情况下吸收损失而耗尽所有抵押保护。第二,更加严格的标准,即抑制经济周期的形成。监管工具应当具备"限速"功能,能够在经济繁荣时期抑制风险过度集聚,而不仅仅是能够承受较大的冲击,同时也应当能够减缓信贷扩张,资产价格增长即压缩风险溢价。① 我国衡量监管主体的监管目标是否实现的标准为:第一,是否爆发区域或系统性风险;第二,采用压力测试系统对我国的金融体系抗压能力进行测试;第三,参考信用评级机构对我国金融体系稳健性的评级;第四,参考金融部门评估规划,能够评价银行监管部门的治理水平。②

2. 履行监管程序

基于法律的不完备理论,银行监管机构必须享有一定的剩余立法权和主动执法权。③ 在立法权部分,周仲飞(2007 年)将监管规则分为"经济监管规则、审慎监管规则和信息监管规则",认为将审慎监管规则,如资本充足率、流动性比率等具体技术性规范作为行政授权赋予银行监管机构制定比较合适,而经济规则(市场准入、退出和救助)及信息规则(信息公开披露)等应当作为法律保留事项。将剩余立法权限制在审慎监管规则的法律安排,能够保证监管机构拥有足够的自由裁量权,并避免其公权滥用做出限制。而我国宏观审慎监管主体的职能之一即宏观审慎监管政策和规则的制定,其在制定过程中应当充分参考微观审慎监管机构的意见,同时国务院及人大有权对其规则进行审查,并保留修改和撤销不适当指令的权力。

监管机构在执法过程中同样需要受到程序的限制,主要表现在:委员会的会议表决机制,即委员会的决议表决需要通过 2/3 以上的成员赞同,在做出指令的时候还需要主任的赞同票,同时需要国务院的批准;警告建议权的行使过程中应按照"遵守或解释"原则,即被警告建议的微观审慎监管机构应当就宏观审慎监

---

① See Claudio Borio, "Implementing a Macroprudential Framework: Blending Boldness and Realism", *Capitalism and Society* 6, 2011, pp. 5 - 6.

② 参见张晓朴:《变革与稳健:银行监管和银行转型的思考》,中国金融出版社 2014 年版,第 38 ~ 39 页。

③ 参见史生丽:《商业银行公司治理与银行监管》,法律出版社 2010 年版,第 44 页。

管主体的意见做出回应；系统重要性金融机构的认定权与执行权相分离，由委员会负责系统重要性金融机构的认定，建议系统重要性银行金融机构的特别监管由银监会负责，此外应当为被认定为系统重要性金融机构的银行保留程序性抗辩权利，如允许其申请召开听证会。

**（二）问责主体**

周仲飞（2007 年）认为，机构问责性包括问责主体和问责主体如何对监管机构实施问责。从类型上，其认为应当包括立法问责、政府问责、司法问责和被监管机构问责。目前，对于我国宏观审慎监管主体的认责主体有国务院，委员会的主席需要向国务院做报告，并对质疑做出合理解释，同时国务院金融稳定发展委员会可以向其他金融监管部门和地方监管部门问责。但是目前仅有国务院和金融稳定发展委员会作为认责主体的行政问责，没有从司法和立法角度进行问责的设置。笔者建议，尝试设置司法问责，利用中立的法官对监管主体是否勤勉履行职责进行判断。同时，被监管者是否应当被赋予问责主体资格亦是值得探讨问题，可以考虑通过国家赔偿的途径实现。

1. 立法机关问责

宏观审慎监管机构的剩余立法权不包括对其自身的运行规则的制定权，这些事项属于法律保留事项，由国家立法机关制定。由国家立法机关规定宏观审慎监管主体的监管权力、监管目标和监管程序实际上是对于宏观审慎监管主体的一种事前约束，而立法机关也保留了在适当的时候修订立法，对宏观审慎监管主体的权力、组织架构及监管目标进行调整的权力。立法机关可以向宏观审慎监管机构派送指定监督员，或者要求其对立法机关做出述职报告，必要的时候参加立法机构的听证会，接受质疑并做出解释。

2. 行政部门问责

我国宏观审慎监管机构由国务院分管总理直接领导，而委员会将接受国务院的问责。目前有以下几种问责方式：(1)要求委员会定期发布年报，披露其履行职责的情况。当然委员会在做出指令权或者发生了系统性危机的情况下，应当及时向国务院报告和请示。(2)政府部门向宏观审慎监管主体派驻代表。例如，英国金融政策委员会的一名无投票权成员由财政部指定，同时在制定宏观审慎政策的过程中也需要财政部部长签发指令。(3)政府部门可以任免监管机构的主要负责人。由于金融稳定发展委员会对国务院负责，对于其内部组成的咨询委员会等包括高级管理人员，可以通过对微观审慎监管机构的任免而实现。(4)政府部门保留部分立法权。由于我国国务院也能够制定规章，对于委员会同样有约束力，其对于委员会制定的不恰当规则能够修订或者废除。

3. 司法机关问责

行政部门的问责还是局限于行政权内部的救济，如我国金融稳定发展委员会隶属于国务院。司法问责的优势在于，利用中立客观的法官独立判断监管行为，有利于客观地评价监管效果。但是其弊端也非常明显，因为法律的不完备导致必须赋予监管机构一定的主动执法权，对于不完全了解金融专业知识的法官，在没有相应完备的裁判规则下，很难给出中肯恰当的判决，反而会对监管机构的监管独立性造成牵制。故建议成立专门的金融监管裁判法庭，由具备专业知识的法官对相关案件进行裁决。另外，应慎重使用事前或者事中的问责，避免中断监管机构的监管措施执行，保障其必要的自由裁量权，尽量使用事后问责机制。

4. 被监管机构问责

由于监管者的运行经费部分来自被监管者，同时被监管者是监管者的监管行为的行政相对人，故应当赋予被监管者问责权。例如，英国的审慎监管局在对被监管机构监管的过程中，始终保持一种对话的方式，在做出任何监管措施之前充分听取被监管者的高级管理人员的意见。美国在系统重要性机构的认定过程中，赋予被认定机构听证的权利。而我国目前对于是否将监管机构的行为纳入行政诉讼和复议仍不明确，这种监管行为可诉性也会影响到监管机构的自由裁量权。苏洁澈(2011 年)认为，在银行破产过程中，监管机构拥有巨大权限，不能全部豁免其侵权责任。[①] 故建议在时机成熟的时候，利用行政诉讼或者国家赔偿诉讼制度来构建被监管机构对监管者的问责机制。

**(三)透明度**

张晓朴(2014 年)认为，“独立性、问责制、透明度和操守”是良好监管治理的四要素，其中透明度需要监管机构将有关监管的目标、原则程序和监管职责权力等信息通过公众可获取的渠道及时公开。[②] 信息披露的公开，是对于监管者问责

① 参见苏洁澈:《论银行监管机构的侵权责任——以银行破产和英美法为例》，载《法学家》2011 年第 1 期。

② 参见张晓朴:《变革与稳健:银行监管和银行转型的思考》，中国金融出版社 2014 年版，第 36～37 页。

的非常重要前提。我国目前已经形成了一些相关制度,如对于会议决策的详细记录,要求委员会每年发布年报等。所以,制度完善的方向是平衡信息公开和金融信息保密之间的关系。监管活动应尽可能保持信息公开,一方面其本身是对监管者的监督,另一方面也有利于问责。

# 第六章　我国银行业宏观审慎监管配套制度的完善

## 一、存款保险法律制度的完善

银行在金融体系中承担着金融资产转换功能，其将流动性较高而期限较短的存款转换为流动性差而期限较长的贷款，这个转换过程造成了期限错配，使银行体系存在脆弱性。[①]

挤兑和银行破产不仅会危害存款人的利益，还可能酝酿成一场金融体系的风险。存款保险制度是为了保护存款人的利益，通过设立专门的存款保险机构，其按照一定标准招纳会员并自愿或强制收取相应的保险费，集中起来成立保险基金，在成员机构面临倒闭或者资不抵债的情况下，由存款保险机构使用存款保险基金，直接全部或按比例向存款人支付债务，以保证金融秩序的稳定。

### （一）《存款保险条例》的内容

我国金融市场主要以银行业为主，存款保险制度是银行业的显性保护制度，一方面，可以落实党的十八届三中全会提出的“建立存款保险制度，完善金融机构市场化退出机制”的重要部署；另一方面，也可以完善我国的金

---

① 参见类承耀：《银行监管体系的整体设计与机制协调：公司治理的视角》，中国人民大学出版社2009年版，第109页。

融安全网(存款保险制度、监管当局的审慎监管和中央银行的最后贷款人)建设。

2015年3月31日《存款保险条例》正式颁布,条例明确规定存款保险制度于2015年5月1日开始生效。该条例为存款保险制度勾勒了一个基本的框架,其基本内容共23条,涵盖了存款保险的性质和范围、保险基金来源、保险费率确定、最高偿付限额等问题。

1. 存款保险的目标和职能

《存款保险条例》有3个目标:一是规范存款保险制度,二是保护存款人利益,三是防范化解金融风险。存款保险基金管理机构的职能是制定相关规则、制定保险费率和赔付率、收集并管理保费的运营、实施早期纠正措施和风险处置措施、偿付被保险存款。

故分析来看,保护存款人的利益是我国存款保险制度最基本的目标,此外又增加了防范和化解金融风险的目标,从职能的安排角度条例对其又赋予了更加强大的权限。所以我国存款保险制度的定位不仅是单一目标(付款箱),而是复合目标(付款箱+监管)。这种复合目标,首要的目标是保护存款人,其次是赋予存款保险基金管理机构一定的监管权,条例中的表述是"早期纠正措施和风险处置措施",具体权力条例中未有更详细说明。

2. 存款保险基金组织形式

《存款保险条例》第7条规定,存款保险基金管理机构由国务院指定,但是条例并未规定其性质。2019年5月29日,中国人民银行出资100亿元设立存款保险基金管理公司,作为我国存款保险基金管理机构。世界范围内主要有三种设立存款保险制度的模式:第一,官方组建。成立专门的存款保险公司,隶属于央行或者财政部,或者与央行并列。第二,非官方组建。设立民营的存款保险机构,在央行或者财政部的监管下完成存款保险职能。第三,官方和民间合办。即由官方和民间共同设立管理机构,以避免隐性政府担保并赋予其强制力。① 我国的存款保险基金机构属于中国人民银行官方组建的形式,可以参与机构的相关资产处置,也可以在市场上买卖,体现出存款保险基金的基本职能。

① 参见韩萨茹:《存款保险制度法律问题研究》,中国政法大学法学专业2008年博士学位论文,第43~46页。转引自刘仁伍:《宏观审慎管理:框架、机制与政策》,社会科学文献出版社2012年版,第309页。

3. 存款保险的性质和范围

(1)保险性质为强制保险。所有从事吸收存款业务的银行业金融机构(商业银行、农村合作银行、农村信用合作社等)都将平等地纳入保险,办理保险的期限是领取营业执照之后6个月内。(2)准入资格为本国原则。《存款保险条例》明确规定,参保的银行业金融机构仅限我国境内设立,外国银行在中国的分支机构及中资银行在海外分支原则上不纳入保险范围。(3)保险标的包括个人或企业及其他单位存款的本金和利息,币种包括人民币和外币存款,金融机构间同业存款及高级管理人员在本机构存款不予担保。

4. 存款保险最高偿付限额

(1)最高偿付限额50万元。《存款保险条例》第4条规定,存款保险赔付比率为限额赔偿,最高限额为人民币50万元,并且赋予了中国人民银行等机构对于存款保险赔付比率的调整权力。最高限额50万元的计算规则是同一存款人在同一家银行,各存款账号的本金和利息之和在50万元以下,从保险基金内全额赔付,超过部分从银行的破产清算财产中受偿。该最高限额赔偿的金额设置,由中国人民银行在2013年进行了专门测算,据估计可以保证99.63%的存款人的全部存款得到保险覆盖。50万元赔付比率是2013年我国人均GDP的12倍,远高于美国5.3倍、英国3倍、韩国2倍、印度1.3倍。

(2)基金使用成本最小原则。存款保险基金的使用遵循成本最小原则,即尽量避免保险基金的使用,迫不得已使用也应当用成本最低的形式使用。《存款保险条例》第18条规定了保险基金的使用方式:第一,在限额内直接偿付;第二,委托其他机构在限额内偿付;第三,为其他合格投保机构提高担保、损失分摊或资金支持,促使其他投保机构接盘问题金融机构。存款保险基金管理机构首选的方式是促成其他合格金融机构接盘问题金融机构,采取收购其资产负债或者承担其业务的形式,最大可能地保证问题金融机构可以重新恢复生存能力,一方面可以保证存款人的资金免受损失,另一方面也可以尽量减少保险基金直接偿付造成基金的耗损。

5. 基金的来源和收费比率

(1)保险基金来源。保险基金的来源主要分为:政府投入的原始资金,参保成员缴纳的保费,存款保险机构从问题金融机构破产清算中分配到的财产,保险基金的运营收益。(2)保险收费比率。《存款保险条例》第9条规定收费比率分为基准费率和风险差别费率。在实际中考虑对于一般银行设定基准费率,按照系统性风险不同,对风险越大的银行征收越高的税率。[①] 保险费由存款基金管理机构根据投保机构自身的实际风险认定,期限是每6个月缴纳一次。(3)保险费率的调整。存款保险基金管理机构可以对投保机构进行检查,如果其风险情况发生变化,可以对其适用的保险费率进行调整,并要求其缴纳相应的保费。

### (二)《存款保险条例》的评价

1.《存款保险条例》弱化了道德风险

存款保险制度会引发道德风险问题,而道德风险正是存款保险制度实施的成本之一,其所带来的收益是对存款人利益的保护及金融秩序的维护。道德风险是指存款保险对于银行业经营的显性保障,鼓励银行业经营者从事更加冒险的行为,因为实际上该制度是银行内部损失外部化的一个过程,因此银行从事高风险行为可能会获得更高的收益,但是并不需要承担相应的损失。

解决道德风险问题,最主要的方法是由银行监管机构和存款保险机构对银行进行审慎性监管,如对银行业的市场准入设置更高的资本标准,加强银行业的信息公开和对高级管理层的监管,限制银行业的经营范围并加强日常的检查等措施。[②]《存款保险条例》在弱化道德风险方面也进行了一些制度安排。

(1)减少债权人道德风险。债权人分为个人债存款人和机构存款人,一般认为苛求个人债权人加强对于银行的监督成本太高,而《存款保险条例》通过机制设计激励机构存款人的监督意识和能力。主要的做法是,限制存款保险范围和上限。第一,限制参保机构的资格,让商业银行或者所有的存款机构都纳入保险;第二,保险标的限制,仅对存款人提供保险,督促其他非存款保险债权人积极监督;第三,限制赔付上限,即最高限额赔付,让债权人处于风险之中,激励其监督银行。

(2)减少众股东道德风险。主要通过对银行的资本进行监管,如《巴塞尔协议Ⅲ》所设置的资本充足率、前瞻性拨备或有债务等监管指标。

---

① 参见黄敏:《银行监管制度研究——国际经验的借鉴》,经济科学出版社2009年版,第122~124页。

② 参见类承耀:《银行监管体系的整体设计与机制协调:公司治理的视角》,中国人民大学出版社2009年版,第121页。

《存款保险条例》主要通过设置保费随着投保机构的风险递增，而督促投保机构勤勉谨慎，降低风险以节约保费。该条例的保费比率分为两档，包括基准费率和差别费率。通过系统重要性金融机构的认定，对其风险进行评估而按风险程度不同缴纳相应保险费，对于高风险的银行缴纳更多的保险费，降低其赔付的比例，以此限制银行从事高风险行为。此外，投保机构的保费随着存款保险基金管理机构对其风险实际评估而动态调整。整体来看，《存款保险条例》在道德风险的弱化方面做了一定的努力。

2.《存款保险条例》强化了事前监督

(1)向投保机构发出风险预警。《存款保险条例》第 15 条规定，保险基金管理机构发现投保机构可能存在资本充足率不足等情形，可能会危害存款保险基金安全，可以向投保机构发出风险预警。(2)早期纠正措施和风险处置措施。《存款保险条例》第 7 条规定，存款保险基金管理机构的职责包括“早期纠正措施和风险处置措施”，故其监管权限已经不仅局限于危机发生后的处理，被赋予了一定的事先监管权力。《存款保险条例》第 16 条规定，投保机构在面临重大资产损失等事件，导致其资本充足率下降过度时，应当及时采取补充资本、控制资本增长等措施。但是，整体来看条例已经认识到了事前监督的重要性，不过具体的规则条例中没有详细规定。

3.《存款保险条例》加强了监管协调

《存款保险条例》对金融监管机构监的协调非常重视，主要体现为：(1)向银监会报告重大问题。《存款保险条例》第 13 条规定，存款保险基金管理机构在对投保金融机构的检查中发现了重大情况，应当告知银行业监督管理机构。《存款保险条例》第 17 条规定，存款保险基金管理机构发现金融机构可能面临信用危机，将导致存款人利益和国家金融体系的安全受到威胁，可建议银监会对问题金融机构进行接管或重组；如果发现投保机构存在违法经营并威胁到金融体系安全，可以建议银监会对该金融机构进行撤销。① (2)参与金融监管协调机制。

① 参见《中华人民共和国银行业监督管理法》第 38 条规定：“银行业金融机构已经或者可能发生信用危机，严重影响存款人和其他客户合法权益的，国务院银行业监督管理机构可以依法对该银行业金融机构实行接管或者促成机构重组，接管和机构重组依照有关法律和国务院的规定执行。”第 39 条规定：“银行业金融机构有违法经营、经营管理不善等情形，不予撤销将严重危害金融秩序、损害公众利益的，国务院银行业监督管理机构有权予以撤销。”

《存款保险条例》第 14 条规定，存款保险基金管理机构应当参加金融监管协调机制，与其他银行业监督管理机构建立信息共享机制。

**（三）《存款保险条例》的完善**

1. 问题金融机构的早期纠正措施

《存款保险条例》第 7 条赋予了存款基金管理主体“早期纠正措施和风险处置措施”的职能，但是并没有具体规定其实施早期纠正措施即风险处理的具体权限和程序，故建议对早期纠正措施和风险处置措施进行较为详细规定。《存款保险条例》第 15 条规定，存款保险基金管理机构在发现投保机构存在资本充足率不足的情况时，可以向其提出风险预警。《存款保险条例》第 16 条规定，被投保机构应当采取必要措施降低风险，假设投保机构怠于采取相应措施，存款保险基金管理机构并没有直接的介入权限，只能对投保机构提高使用费率。

英国的审慎监管局创立了一个前瞻性介入框架，以对问题金融机构进行前瞻性的介入，在濒临破产之前协助其改良自身运营情况，避免事后救助。该前瞻性介入框架对于企业所处于的不同环境，参考了外部环境、商业风险、管理和治理风险、风险管理和控制、资本金和流动性等因素，具体判断一个企业可能的破产原因，并对其进行了五个可选等级划分，针对性地提出相应的审慎监管措施，早期性干预避免企业破产。

《存款保险条例》对于早期纠正措施的规定还不够详细，并没有明确规定该纠正程序的具体规则，建议对该条例进行修订，包括赋予存款基金管理主体明确的早期纠正措施权。同时，参考英国前瞻性介入框架，利用宏观审慎监管的相关风险预警系统，对企业现有运行状态进行分级，以便存款保险基金管理主体采取不同的对应措施。

2. 问题金融机构的风险处置措施

《存款保险条例》第 19 条对存款基金管理主体设定了几个可以行使的风险处置措施，包括：第一，接管被投保组织；第二，对被撤销投保机构进行清算；第三，向人民法院提起投保机构的破产申请；第四，其他情形。这些规定较为简单，并未对具体步骤和实施条件进行规定。

“有序清算计划”是一项重要的改革，其被用以解决“大而不能倒”的问题。有序清算程序的启动，首先需要财政部部长对于金融机构系统重要性进行认定，而对于联邦存款保险公司是否作为该金融公司的破产管理人，由联邦存款保险公司和美联储向财政部部长提出书面意见，书面意见需要对于问题金融机构进行评估，内容包括该公司是否违约或有危险违约，如果违约对于金融稳定度的影响等。对于这种系统重要性进行认定后，还需要进行司法审查，而该公司也可以提出异议。

在认定其系统重要性后，联邦存款保险公司就被赋予了有序清算职权，包括全面接管该公司的财产、人员和运营，清算被接管公司的资产，传唤权，对资产转移的限制权等。此时，其需要向被接管公司的债权人发布债权申报公告，并对所申报的债权在规定期限内进行认定。美国对债权的优先清偿顺序规定了详细的规则，其财政部对于有序清算设立了专门的基金。①

该有序清算程序，一般是由存款保险机构出面促成其他合格投保机构购买问题金融机构有运营价值的资产，对剩余资产进行清算，以最大化地稳定债权人和债务人的预期，同时也利于稳定市场秩序。《存款保险条例》第 18 条虽然规定了类似“有序清算程序”的规则，但是较为简单，还应完善相应规则程序。

3. 与宏观审慎监管法律制度协调

《存款保险条例》已经赋予了存款保险基金管理主体一定的监管权限，同时也设定了一些促进监管协调的规则。为了与宏观审慎监管法律制度相协调，建议：

(1)存款保险基金管理主体应当成为宏观审慎监管主体的组成成员。美国联邦存款保险公司主席是其金融稳定监督委员会的有投票权成员，建议将存款保险基金管理主体也列为我国宏观审慎监管主体的有投票权成员。由于存款保险基金管理主体拥有一定的监管权限，其通过被赋予的对投保公司的检查权限可以获取一定的信息，将其列入宏观审慎监管主体内部，可以促进金融监管机构间的协调。

(2)加强与其他金融监管机构的协调机制。在宏观审慎监管法制度之内，各微观审慎监管机构间的职责划分清晰，而相互之间的信息渠道建立通畅。《存款保险条例》第 13 条规定，存款保险基金管理机构在发现重大问题时，应当向银保

---

① 参见刘士余、周学东、刘向民：《美国金融监管改革概论：〈多德—弗兰克华尔街改革与消费者保护法案〉导读》，中国金融出版社 2011 年版，第 36 ~ 52 页。

监会报告。其第14条也明确要求存款保险基金管理机构与其他微观审慎监管机构之间建立良好的信息共享机制。同时第14条第2款要求存款保险基金管理机构通过信息共享机制获取有关投保机构的风险状况、检查报告和评级情况等信息,而这些信息都有赖于宏观审慎监管主体的职能发挥。宏观审慎监管机构通过压力测试系统和风险预警系统,可以掌握投保机构的风险等级情况,而由其组建的监管信息发布共享系统,将足够支持存款保险基金管理机构做出相应决策所需要的信息请求。

(3)存款保险基金管理机构为宏观审慎监管主体提供信息并执行其决议。存款保险基金管理机构作为微观审慎监管主体,拥有对投保机构的检查权,同时可以执行早期纠正措施和风险处置措施,其应当主动将收集到的信息汇总给宏观审慎监管主体以供分析使用,同时也应当及时告知所涉及的微观审慎监管机构。例如,差别费率的指定,应当通过信息共享渠道与宏观审慎监管机构相联系,以判断投保机构所处的风险水平,对不同的金融机构收取不同的费率。

## 二、金融交易税法律制度的完善

投机交易是一种以获取交易利差为目的的金融交易行为,其并非为了长期投资,该交易行为无法为实体经济提供有效的资金支持,更无法实现金融资源的优化配置,也被称为噪音交易。研究认为,市场中存在大量的投机交易会引起市场波动,投机交易被认为是引起金融系统性风险的重要原因之一,而金融交易税的重要功能之一即抑制投机交易。① 抑制投机交易正是对于自由放任的监管理念修正的一种表现,具体措施是征收金融交易税。②

2008年金融危机给金融业带来了惨痛的损失,而政府的救市措施往往导致债台高筑。以欧盟27个成员国为例,政府债务从往年低于GDP的60%飙升到2007年占本年GDP的80%,其金融业实质上接收了政府的财政支持。欧盟成员

① 参见刘先良:《论我国金融交易税的功能定位及制度设计》,载《政法论丛》2019年第6期;杨峰、刘先良:《论我国金融交易税收制度的完善——以欧盟法借鉴为中心》,载《法律科学》(西北政法大学学报)2015年第2期。

② 参见谢平、邹传伟:《金融危机后有关金融监管改革的理论综述》,载《金融研究》2010年第2期。

国在危机中共投入4.6万亿欧元帮助金融业摆脱困境。① 而这些支出最后都由纳税人买单,鉴于"利益行业独享,风险社会分担"的现象,各国在后危机时代纷纷提出要对金融业征税,②以改变这种不公平的局面。③

**(一)金融交易税源起和类型**

1.金融交易税的源起

广义的金融交易税(Financial Transaction Tax)包括金融行为税赋和金融机构税赋,狭义的金融交易税仅指金融行为税赋,而金融机构税赋一般称为金融活动税(Financial Activities Tax)。托宾税(Tobin Tax)于1971年由美国经济学家和诺贝尔经济学奖得主詹姆斯·托宾(James Tobin)首次提出,其认为针对全球货币交易征收轻微的税收,可以起到减少市场短期投机行为最终抑制市场波动的作用,其将托宾税形象地比喻成"投向过快前进的金融列车轮子下的沙子"。④

2.金融交易税的类型

托宾税提出后,斯潘(Spahn,1995年)进一步提出改良后的两级托宾税,仅仅针对货币交易征税的托宾税发展到针对金融交易行为征税的金融交易税和针对金融机构征税的金融活动税;税基从货币交易发展到针对特殊或所有的金融交易行为——证券交易税(Securities Transaction Tax)、金融交易税;同时从征税对象的角度,发展到针对特定或所有金融机构征税——银行税(Bank levy)、金融活动税。

(1)金融交易税。金融交易税,是指为了特殊目的,针对特定的金融交易类型的税赋。该概念通常和金融业联系在一起,但是一般认为不包括由消费者支

---

① See European Commission, *Financial Transaction Tax: Making the Financial Sector Pay its Fair Share*, European Commission-Press release IP/11/1085, September 28 2011, pp. 1 - 2.

② See Dean Baker, *The Benefits of a Financial Transactions Tax*, Center for Economic and Policy Research, December 2008, pp. 1 - 7.

③ See Wikipedia, "*European Union Financial Transaction Tax*", available at http://en.wikipedia.org/wiki/European_Union_financial_transaction_tax#cite_note-EC-FTT - 11, retrieved on May 13, 2014.

④ James Tobin, "A Proposal for International Monetary Reform", *Eastern Economic Journal* 4, 1978, pp. 153 - 159.

付的消费税。[①] 该税是一种针对所有场内和场外的金融交易,包括股票、固定收益证券、金融衍生工具和货币交易,其范围远远超过了托宾税,即金融市场中所有交易行为。而证券交易税的征税对象是特殊的证券交易行为,范围比金融交易税要小。金融交易税是一种资本转让税(Capital Transfer Tax),其思想来源于托宾税。

(2)金融活动税。在2010年G20峰会上,世界货币基金组织提出金融活动税,用来收回在金融危机中政府财政支出的成本。[②] 金融活动税以金融机构的利润和薪酬为征税对象,能够显著增加税收并被设计服务于广泛用途。该税赋仅针对金融机构,不直接针对私人投资者,而且并不直接影响金融机构本身开展金融的行为结构,因为这种责任来自利润而不是来自赚取的形式及营业额。而银行税是专门针对银行所征收的金融活动税。

3. 金融交易税和金融活动税的比较

(1)从税基角度比较。从广义上来说,因为附加值是利润和工资之和,所以金融活动税与金融交易税的关系可以类比为增值税(value-added tax,VAT)和流转税(turnover tax)之间的关系,金融活动税针对金融机构的净交易额征税,而金融交易税针对金融机构交易的交易总额征税。[③]

(2)从功能角度比较。虽然两者都可以增加财政收入,并可以被用作应对将来危机的储备,但是金融交易税以抑制投机行为并最终减少市场波动性为最终目的,而金融活动税以补偿政府救助支出和增加财政收入为最终目的。

---

① 学界并没有统一的学说,有的学者认为,"金融交易税是指政府为了某一特定目的而以某一特定类型金融资产的交易为计税依据而征收的税",参见行伟波、刘章娣:《国际金融危机背景下的金融交易税:从理论到实践》,载《上海经济研究》2012年第4期;有的学者认为金融交易税是"基于特定目的对特定金融交易行为征收的一种行为税",参见何自强:《后金融危机下的金融交易税:争论、实践与借鉴》,载《上海金融》2011年第10期。本书定义参见Wikipedia,"*Financial Transaction Tax*",available at http://en.wikipedia.org/wiki/Financial_transaction_tax#cite_note-economonitor-120, retrieved on May 13, 2014。

② IMF, *A Fair and Substantial Contribution by the Financial Sector*, Final Report for the G-20, June 2010, p.20.

③ Ibid., p.21.

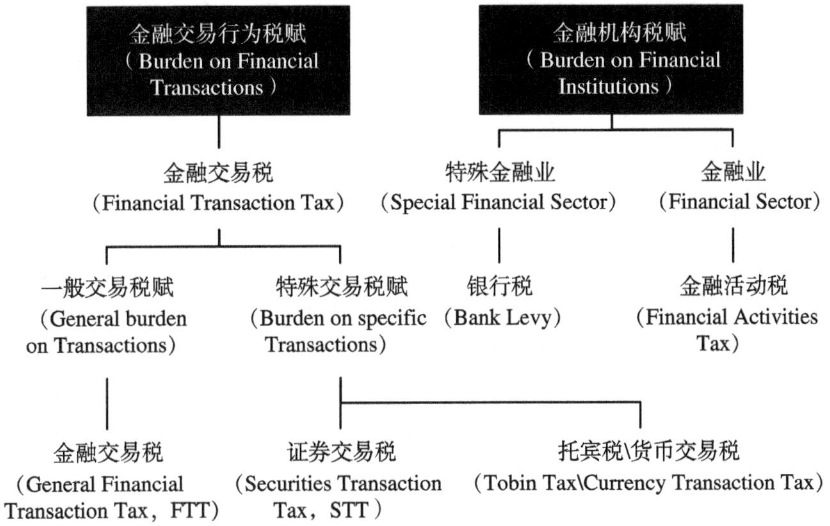


**图 6.1 金融行业税赋体系**

资料来源：See Benjamin Cortez, Thorsten Vogel, "A Financial Transaction Tax for Europe?", *EC Tax Review* 20, 2011。

### (二)金融交易税的潜在影响

1. 欧盟金融交易税提案预计收入与分配

2011 年 9 月 28 日，欧盟委员会主席巴罗佐(Jose Barroso)正式提交了一项计划，以创建一个金融交易税体系，影响范围涵盖所有 27 个欧盟成员国。

**表 6.1 欧盟金融交易税预计财政收入**

| 税基 | | 税率 | 收入估计(亿欧元) |
|---|---|---|---|
| 证券 | 股票 | 0.1% | 68 |
| | 债券 | 0.1% | 126 |
| 衍生品 | 股票相关 | 0.01% | 33 |
| | 利率相关 | 0.01% | 296 |
| | 货币相关 | 0.01% | 48 |
| 欧盟总计： | | | 571 |

这项提议如果实施预计会提高 570 亿欧元的财税收入，并在欧盟和成员国之间分享。部分税收将被用作欧盟自身资源，如此将会减少成员国的支出。成

员国可以决定通过提高税率来增加收入中分配给各国的那一部分。大概 1/3 的收入来源于证券交易,而 2/3 的收入来自衍生品交易,其中利率相关衍生品收入占到一半以上。

2. 资产价格波动性

围绕实施金融交易税的核心问题之一即该税对于市场波动性的效果。关于这一效果的实证研究并没有清晰的结论。

(1)无法区分噪声交易和正常交易。资产价格大幅波动是由于短期投机交易引起,即所谓的“噪声交易”(noise trade)。这些交易者并不依赖对某国一家公司的实体分析,而是基于投机和对股价表现的技术分析。基于这种情形的买卖并没有将股价推动至它们的真实价格,因此也无法起到提高市场效率的作用,实际上还会引起价格和风险水平背离其公允价值(从而波动性增加)。但是目前金融交易税的实施面临巨大难题,即征税对象既包括那些不稳定的噪声交易,还包括那些包含新信息以促进市场效率的交易,所以这种集聚效果难以预测。①

(2)混合作用相互抵消。该税会增加交易成本并随后导致交易频率下降。由于降低了交易频率,导致单笔交易会具有较高关联性并引起市场价格强烈偏差。整个金融市场的错误定价会持续一段时间,市场价格的相关信息将会缓慢地集成到市场中,由于套利者变得更消极。然而交易量的下降,能够减少从众行为(herding behaviour)的出现。② 因为有的交易者并不基于自身判断而是跟随大多数人的行为,对资产价格波动有放大作用。从这个角度,金融交易税又能够降低波动性。

所以金融交易税的征收可能导致一种波动性的减少,却会增加另一种波动性,所以这种复合作用下效果不明确。

3. 市场流动性

反对者认为,实施金融交易税将无可争议地增加交易费用,并导致交易额和交易量的减少。总体上看,其影响了金融市场的资本供给,从而将导致市场流动性下降,并且这种降低流动性的作用,在流动性越强的金融交易工具上效果越

---

① See G. William Schwert, Paul J. Seguin, “Securities Transaction Taxes: An Overview of Costs, Benefits and Unresolved Questions”, *Financial Analysts Journal* 49, 1993, pp. 27 – 35.

② See Dean Baker, *Responses to Criticisms of Taxes on Financial Speculation*, CEPR Discussion Papers, January 2010, p. 8.

明显。

支持者认为,流动性高的金融市场自身能够弥补由于征税而减少的流动性。理由在于,该市场本身的流动性就已经很高,如果下降不低于一个特定的水平,稍微降低一些几乎是无害的。① 而对于那些流动性本来就低的金融市场,由于交易费用本身就比较高,所以通过征税而增加的交易费用占其全部交易费用的比重非常小,对其流动性影响非常小。②

4. 交易量

商人都趋利避害,金融交易税导致交易成本的增加,商人可能通过降低交易量来降低纳税支出,最终导致市场交易总量的降低。偿还期或持有期限越短的金融产品,这种交易量降低的效应就越明显。金融衍生工具市场和期权市场将会面临交易量的显著降低。

某种程度来说,交易量承载了信息和投机的特点。只要交易量并没有对基本价值和交易程序产生影响,交易量本身就不具有价值。然而,对于那些基于技术分析选择交易策略的交易者,交易量本身所蕴含的信息就非常重要,从这个角度对市场的形成产生了破坏性的影响。劳伦斯·布鲁姆等(Lawrence Blume, 1994 年)指出交易量是非公开信息的精确指示器。③ 从这个角度来说,交易量将比价格本身提供更多附加的信息,从而金融交易税通过降低交易量而影响市场效率。

5. 市场效率

反对者认为,金融交易税降低了市场的运行效率,即应对市场基本情况的变化的运行机制变得缓慢了。所以哈伯迈尔·基里连科(K. Habermeier, 2003 年)认为,金融交易税并不是在金融列车的轮子下撒沙子,而是在其引擎里撒了沙子。在大多数情况下,征税对于价格发行、波动性和流动性都有负面效果,并最

---

① See Lawrence H. Summers, Victoria P. Summers,"When Financial Markets Work Too Well: A Cautious Case for a Securities Transactions Tax", *Journal of Financial Services Research* 3, 1989, pp. 261 – 286.

② See Dean Baker, *The Benefits of Financial Transactions Taxes*, Statement to the Bundestag, May 17 2010, pp. 1 – 9.

③ See Lawrence Blume et al. ,"Market Statistics and Technical Analysis: The Role of Volume", *The Journal of Finance* 49, 1994, pp. 153 – 181.

终导致了市场效率降低。[①] 克里斯托费·库普(Christopher L. Culp, 2010 年)的研究也表明,金融交易税的实施对于市场将资源分配到最优价值的用途上的机制是有反作用的。[②]

支持者认为,金融交易税在降低交易量的同时减少了噪声交易,所以也在一定程度上提高了市场效率。而最近基于实验经济学和一些理论研究表明,交易税的实际效果取决于市场结构。迈克尔·汉克等(Michael Hanke et al. ,2010 年)研究发现,如果存在避税天堂,征税效率会降低,[③]所以,交易税的实际效果,可能取决于交易产品与交易所和经纪商在市场中互动的方式。

**(三)金融交易税的构建设想**

1. 尝试开征"两级托宾税"

我国目前尚未开征托宾税。随着多次国际金融危机的爆发,国际投机资本的冲击力逐渐为人们所熟悉,即通常所说的国际游资。该项资本在国内存在套利空间时迅速大量涌入,冲击一国的货币体系与金融体系,而在危机发生时又迅速抽离,加剧了危机的破坏性。据统计,国际金融市场中与商品和服务有关的交易仅占 5% ,大量的交易都是依靠汇率波动和利差套利。我国目前人民币面临升值压力存在套利空间,吸引了大量异常资本进入我国,给我国货币政策的实施和宏观经济稳定带来巨大挑战。

避免国际游资肆意冲击我国金融体系的方法即采取资本管制与外汇管制。我国汇率的稳定有利于形成市场稳定预期,最终才能有利于我国出口企业的发展。所以在保持汇率稳定的前提下,使用资本管制是较为可取的方法。资本管制又分为直接管制和间接管制。我国的资本项目并未放开兑换,所以也是历次金融危机发生时我国受影响较小的原因。但是随着我国人民币国际化进程推移,[④]资本项目会逐渐开放,此时应当征收托宾税作为间接管制措施,替代直接管制措施发挥作用。当然,所有的资本管制都是临时措施,"完善的商业银行风险

---

① See K. Habermeier, A. A. Kirilenko, "Securities Transaction Taxes and Financial Markets", *Imf Staff Papers* 50, 2003, pp. 165 – 180.

② See Christopher L. Culp, *Financial Transaction Taxes: Benefits and Costs*, Compass Lexecon, March 16 2010, pp. 1 – 38.

③ See Michael Hanke et al. , "The Economic Consequences of a Tobin Tax—An Experimental Analysis", *Journal of Economic Behavior & Organization* 74, 2010, pp. 58 – 71.

④ 参见周仲飞:《国际金融中心法制环境研究》,经济科学出版社 2017 年版,第 98 页。

自控与监管体系是我国目前资本项目管理核心目标”，所以托宾税只能作为过渡性工具。① 但是在现阶段，开征托宾税能够遏制资本异常进入、缓解人民币升值压力，同时作为资本项目开放的替代管制措施，保障人民币国际化进程，也为我国银行体系完善自身风险防范体系赢得了时间。

笔者建议，我国考虑开征由斯潘提出的“两级托宾税”，即对外汇交易区分正常交易和投机交易，对正常交易征收较低税率或免税，对投机交易征收较高税率，以避免误伤正常交易。岳华、姜海洋(2006 年)提出设立“以资本流量为指标的多级托宾税”，②低税率适用于基础金融产品交易，衍生品的税率可以更低，而高税率适用于对投机性交易的惩罚。该制度的设计难点在于如何区分正常交易与噪音交易及税率的确定。

2. 完善我国证券交易税

金融交易税的主要功能在于抑制投机交易，从而从源头上减少系统性风险的产生，故建议我国对现有的证券印花税进行完善，剥除其增加财政收入的功能，还原其对金融交易投机行为的抑制作用，从而实现防范系统性风险的功能。

(1)完善我国证券业税制。第一，明确证券交易税功能。应当创设独立的证券交易税税种，将其从印花税中剥离出来。证券交易印花税承载了过多的政策功能，导致其本身的宏观调控作用发挥受影响，应当明确其抑制高频投机交易的目标，明确其与其他增加财政收入与调节收入分配等功能税收的区别。第二，完善资本利得税种。完善我国的资本利得税税种，建议在适当条件下开征个人证券所得税、遗产税、赠与税等税种，发挥调节收入分配的作用。第三，依法创设独立证券交易税。证券交易税是一种独立的税种，法律性质与印花税不同，应当依法创设独立的税种。笔者建议，由国务院依据全国人大授权制定证券交易税条例并提交全国人大审议通过。建议证券市场监管部门参与起草。

(2)完善证券交易税设置。第一，扩大证券交易税税基。我国的证券交易税税基过于狭窄，这是由于创立之初我国证券市场不够发达证券产品不够丰富，建议适时将所有证券交易纳入税基。第二，降低税负。证监会曾经协调有关部门

---

① 参见黄昊、王春红：《过渡性工具——实施托宾税遏制短期资本流动可行性评述》，载《国际贸易》2001 年第 5 期。

② 岳华、姜海洋：《资本异常流入时开征托宾税的意义与技术细则》，载《涉外税务》2006 年第 3 期。

研究降低证券交易税,2012 年 8 月 2 日证监会发布消息下调 A 股交易费用 20%,[①]2015 年 7 月 1 日结算费用进一步降低。[②] 第三,设置级差税率。应当区分衍生品和证券交易税,区分正常交易与噪音投机交易,对于正常交易免税或少征税。同时,对于股票、债券、场内场外交易应当制定不同税率以优化资源配置与引导投资,设置免税清单。第四,增加反避税规定。笔者建议,赋予税收征管部门必要的审查权,并增设逃税的法律责任。"建立金融活动跟踪和分析系统,防止逃税避税。"[③]

3. 适时开征金融活动税

金融活动税的主要功能是弥补政府的救市支出,同时利用该税收收入成立金融机构风险救助基金,能够作为政府救助系统问题金融机构的资金来源,此外其本身还可以抑制金融机构的风险过度扩张。

金融交易税的税基是证券交易的总额与衍生品的现值,而金融活动税的税基是金融机构的利润和薪酬总和。金融活动税还包括一些变种,包括来源地型、居住地型、增值税型、现金流征税型、租金征税型、风险征税型。[④] 由于金融活动税的税基包括雇员的薪酬和经营利润,可以降低金融机构自身规模过大而带来的"太大而不能倒"的风险,激励管理人员谨慎决策,抑制其从事冒险行为。

国际货币基金组织在 2010 年 G20 峰会的报告中较为推崇金融活动税,认为金融活动税能够抵消金融部门风险变得过大,可以有效减少过度冒险行为。同时,其认为金融交易税不能通过对交易量征税而对特定机构增加成本,该税也没有专注于金融动荡的核心来源。[⑤] 笔者建议,我国在适当的时候开征金融活

---

① 参见《证监会下调 A 股交易手续费 20%》,载新浪财经网:http://finance.sina.com.cn/stock/data/20120802/181112743257.shtml,2014 年 6 月 12 日最后访问。

② 2015 年 7 月 1 日,为进一步降低投资者交易成本,沪、深证券交易所和中国证券登记结算公司经研究,拟调低 A 股交易结算相关收费标准。沪、深证券交易所收取的 A 股交易经手费由按成交金额 0.0696‰双边收取调整为按成交金额 0.0487‰双边收取,降幅为 30%。收取的 B 股交易经手费由按成交金额 0.301‰双边收取调整为按成交金额 0.0487‰双边收取。

③ 行伟波、刘章娣:《国际金融危机背景下的金融交易税:从理论到实践》,载《上海经济研究》2012 年第 4 期。

④ See European Commission, *Commission Staff Working Paper Impact Assessment*, Accompanying the document Proposal for a Council Directive on a common system of financial transaction tax and amending Directive 2008/7/EC SEC(2011) 1102 final Vol. 8, September 28 2011, pp. 18 – 27.

⑤ See IMF, *A Fair and Substantial Contribution by the Financial Sector*, Final Report for the G – 20, June 2010, pp. 19 – 22.

动税。

(1)征收对象。笔者建议,征收对象为系统重要性金融机构,而金融机构的系统重要性程度需要通过宏观审慎监管主体按照评估标准和程序来完成。目前仅有银监会制定的《商业银行全球系统重要性评估指标披露指引》,标准为“被巴塞尔委员会认定的全球系统重要性金融机构”或者是“上一年年末调整后的表内外资产余额为1.6万亿元人民币以上的商业银行”。这种标准依赖金融机构的资产规模,不能完全体现金融机构的系统重要性程度。建议在宏观审慎监管主体的系统重要性金融机构认定标准完善之后,通过其构建的信息共享渠道,获取系统重要性金融机构名单,并纳入金融活动税的征收对象。

(2)税基与税率。美国和德国的金融活动税税基是该系统重要性金融机构的资产总量,具体计算方式是该金融机构的负债总额扣除存款保险估价的储蓄和保险储备,即应当将股本和存款从银行股权与负债总额中扣除。① 英国的金融活动税税基是银行利润。税率建议按照征收对象的系统重要性程度实行累进税率,税率的高低会随着该金融机构所具备的风险等级和其系统重要性程度而递增,以此激励系统重要性金融机构减少冒险行为,降低自身的系统重要性程度。

(3)税金管理。税金的管理有几种可选方案:第一,成立专门的基金。例如,对于G20所提议的金融稳定贡献基金,美国设立了金融机构重建基金,德国建立了金融稳定基金。第二,将该税金交由现有机构运营,如中央银行和存款保险公司。第三,纳入政府财政收入。建议我国采取第二种方式,将税金的管理纳入存款保险公司的管理下,与增强存款保险基金的抗风险能力。

然而,反对意见认为我国不适合开征金融活动税,因为我国银行主要是国有,其后有政府信用担保,而同时银行业税赋已经较重。② 不过,目前存款保险制度的出台已经意味着银行业的竞争会越来越激烈,国有银行也将面临更大的竞争压力,政府信用的隐性担保显然不利于提升其竞争力。税率的设定应当尽可能低,以避免给金融行业施加过重负担。故只要设置得当,金融活动税依然可以在我国发挥有效作用。

---

① 参见巴曙松、刘清涛、王婧:《银行税的国际比较与制度建议》,载《金融与经济》2010年第11期。

② 参见巴曙松、刘清涛、尚航飞等:《银行税的理论探讨与适应性分析》,载《金融理论与实践》2010年第11期。

## 三、金融消费者保护法律制度的完善

对于金融消费者的权利保护是一个金融改革的趋势，因为根据双峰监管理论，[①]对于金融机构的审慎监管和消费者的保护存在一定的紧张关系，需要同时并重保护。对此，美国《多德—弗兰克法案》第十章创设了消费者金融保护局，其基本的职责就是对银行业监管机构和其他机构履行的金融消费者进行监管保护。美国对于金融消费者有明确的界定，包括消费金融产品或服务的人以及任何关联服务提供者。并制定了一系列的金融消费者保护法规，包括《诚信借贷法》《公平信贷机会法》《1974 年不动产交割程序法》等共计 18 部法律。消费者金融保护局监管对象包括非存款类适用主体、总资产在 100 亿美元以上的投保存款机构和信用社、总资产在 100 亿美元以下的投保银行和信用社。消费者金融保护局被赋予了一些特别的权限：第一，对不公平、欺诈或滥用行为予以界定并有权采取行动；第二，制定有关消费者金融产品信息披露的规则并发布示范格式；第三，要求被监管主体向消费者提供有关金融产品的信息；第四，要求制定适用主体的注册规定。[②]

### （一）我国现有的金融消费者保护立法现状

1. 金融消费者保护的相关立法尚不健全

我国尚未制定专门的金融消费者保护立法，对金融消费者只能采用一般消费者的法律保护途径，立法见于《消费者权益保护法》《民法总则》《商业银行法》《保险法》《证券法》等法律，另外，我国的金融监管机构各自发布了一些与保护消费者权益有关的部门规章。齐萌（2013 年）对我国金融消费者保护立法现状进行了实证分析，发现部门规章对于“金融消费者保护”的体系并不完善，其对于金融消费者的界定和消费者的权利义务规定等都不健全。地方性法律规范主要是中国人民银行各地分行或支行制定的“办法”。[③] 2016 年 12 月 14 日，中国人

---

① 参见吴弘、徐振：《金融消费者保护的法理探析》，载《东方法学》2009 年第 5 期；岳彩申、张晓东：《金融监管制度发展的新趋势——消费者保护与审慎监管的分离》，载《上海财经大学学报》2011 年第 3 期。

② 参见刘士余、周学东、刘向民：《美国金融监管改革概论：〈多德—弗兰克华尔街改革与消费者保护法案〉导读》，中国金融出版社 2011 年版，第 160 ~ 175 页。

③ 参见齐萌：《金融消费者保护立法实证研究——以 40 部金融消费者保护规范性文件为样本》，载《江西财经大学学报》2013 年第 3 期。

民银行印发了《中国人民银行金融消费者权益保护实施办法》(银发〔2016〕314号),规范金融机构的经营行为,对于个人金融信息提出额外保护,同时建立投诉与监督管理机制。

2. 金融消费者保护的专门机构尚未成立

美国《多德—弗兰克法案》设立了消费者金融保护局,并通过立法规定了具体的职责和权利;英国《金融服务法案》设立了金融行为局,并规定了金融行为局的监管目标为消费者保护目标、市场完整性目标、竞争目标。我国现有的能对金融消费者提供保护的专门机构为消费者协会、金融监管机构和市场监管局,但这些一般消费者保护机构缺乏金融消费交易纠纷的专门知识和救济手段,不能较好地履行保护金融消费者的职责。

3. 金融消费者保护的具体规则尚不完善

构建完善的金融消费者法律保护机制,首先要对金融消费者与金融机构进行资格界定,然后界定各方权利义务的范围。我国目前的法律规范对上述方面规定不明确。例如,对于金融消费者的界定,有的规范将其界定为自然人,有的规范还包括了法人和其他组织。但是世界范围内一般的立法仅规定了自然人,而且将具有一定专业知识和财力的自然人和法人排除在外。对金融机构的界定,即被监管机构的界定,英国的金融行为局可以监管存款保险机构、保险机构和其他金融服务公司,范围较为广泛,而我国目前对被监管机构的规定主要是银行。我国大多数规范仅依照《消费者权益保护法》对一般消费者的权利作了规定,而没有规定金融消费者的特有权利,如没有对损害赔偿请求权进行单独规定。对于被监管金融机构的义务规定,在法律责任方面还不够清晰。①

**(二)我国金融消费者保护法律制度的完善**

1. 明确监管对象的范畴

我国在完善金融消费者保护立法的过程中,首先要对金融消费者和被监管金融机构的范围进行界定。② 保护是对处于弱势地位的一方而言的,所以应当限制金融消费者的保护范围,一方面包括因为日常生活需要而购买或接受金融产

---

① 参见齐萌:《金融消费者保护立法实证研究——以 40 部金融消费者保护规范性文件为样本》,载《江西财经大学学报》2013 年第 3 期。

② 参见刘迎霜:《我国金融消费者权益保护路径探析——兼论对美国金融监管改革中金融消费者保护的借鉴》,载《现代法学》2011 年第 3 期。

品或服务的自然人,另一方面要将因生产、商业目的而购买或接受金融产品或服务的自然人和法人排除在外。被监管的金融机构应该局限于对自然人提供日常生活所需的金融产品和服务的主体,包括银行、保险证券公司,排除证券交易、期货交易等专业的证券交易单位。

2. 设立专门的监管机构

依据双峰监管理论,对于金融消费者的保护无法通过传统的金融监管机构实现,所以有必要建立专门的消费者金融监管机构。① 所以,在现有的金融监管体系内设立一个新的独立消费者保护监管机构,并明确其职责为制定金融消费者保护相关的法规,赋予其处理相关争议和做出处罚的权力。

3. 完善监管规范具体规则

立法应当明确规定保护金融消费者的利益。建议将专门监管机构的监管目标设定为:第一,保护消费者合法权益;第二,促进市场有序竞争;第三,监督金融机构诚实守信。在监管原则方面建议:第一,倾斜保护。由于金融消费者处于弱势地位,首先要对其进行倾斜性的保护,对金融机构的义务性规定比如告知义务、注意义务和忠实义务都应有所偏重。第二,全面保护。该原则要求适用范围尽可能广泛,因为金融交易行为的相互关联性越来越强,而新型的金融交易在金融创新的推动也层出不穷,希望尽可能覆盖所有的金融交易,而不至于出现保护的真空地带。第三,适度保护。金融消费者和金融机构之间并不存在根本性的对立,如果对于消费者的保护过于严格,不仅是对于私法自治的背离,还会导致金融消费者怠于行使自身的权利,产生道德风险。②

对于争议的处理机制,建议设置专门的争议解决机构,由监察人和董事会若干名组成,并制定解决程序,包括处理纠纷反馈的期限及裁决做出的规则,如所有董事过半数表决同意及与司法程序的对接等。③

---

① 参见黄辉:《中国金融监管体制改革的逻辑与路径:国际经验与本土选择》,载《法学家》2019年第3期。

② 参见何颖:《论金融消费者保护的立法原则》,载《法学》2010年第2期。

③ 参见田静婷:《论我国金融消费者权益法律保护机制的完善——以我国台湾地区〈金融消费者保护法〉为视角》,载《西北大学学报》(哲学社会科学版)2012年第5期。

# 第七章　结　论

宏观审慎监管是金融混业经营发展的内在需要,其与微观审慎监管是经济发展不同阶段的产物。目前,我国金融行业处于全能化经营和综合经营的发展趋势,需要宏观审慎监管以维护金融稳定。我国原银行业监管委员会在银行业系统性风险防范方面取得了一些成就,但是还有待完善,需要在法律层面保障宏观审慎监管实施。我国现有的系统性风险防范工作存在的不足主要包括:宏观审慎监管主体初步确立、宏观审慎监管权责不够明确、监管机构之间协调机制不够健全、信息共享渠道不够通畅等。

笔者建议,在配套制度方面,完善存款保险法律制度、金融交易税法律制度和金融消费者权益保护法律制度。配套制度与宏观审慎监管法律制度的联系是,存款保险制度是宏观审慎监管制度的有序清算程序,而金融交易税可以抑制投机交易,并且税金可以充当未来的危机救助基金。

## 一、基本结论

宏观审慎监管的目标分为直接目标和终极目标。直接目标为:第一,检测防范系统性风险,维护金融体系稳定;第二,指导有关金融监管当局采取对应措施;第三,促进市场自律,提升被监管机构自身风险防范能力。长远目标为防范银行业系统性风险、支持实体经济发展和助推货币政策目标实现。宏观审慎监管原则可分为审慎监管原则与前瞻性监管原则、系统性监管原则、逆周期监管原则、协调监管原则、有效性监管原则和激励相容监管原则。

宏观审慎监管的实施主体为中国人民银行,宏观审慎监管协调机构为国务院金融稳定发展委员会,由国务院分管金融工作的副总理担任委员会主任,银保监会、证监会、外汇管理局、财政部、发改委、中央财经委员会等金融监管机构的相关负责人为委员会成员。国务院金融稳定发展委员会作为宏观审慎监管机构与各微观审慎监管机构分工是,委员会负责宏观审慎监管政策,并不改变现有的微观审慎监管机构的职能安排,委员会对于微观审慎监管机构的工作进行协调和指导。组建委员会为宏观审慎监管主体的理由是:第一,其具备防范系统性风险的能力和视野;第二,符合我国"多头参与"的金融监管体系国情;第三,能发挥央行在宏观审慎监管中的主导作用。委员会的基本职能包括:第一,制定宏观审慎监管政策;第二,分析和预测系统性风险;第三,指导微观审慎监管机构工作;第四,对系统重要性金融机构进行特别监管;第五,协调各微观审慎监管机构工作;第六,向国务院和人大报告工作。

宏观审慎监管的法律本质是公权力介入私权领域,其监管权力的正当性来源于"法律不完备理论"和"市场失灵理论"。"法律不完备理论"在损害行为能够被标准化并且该损害行为具有较强负外部性的情况下,赋予监管者剩余立法权和主动式执法权。而"市场失灵理论"认为,由于信息不对称、负外部性的原因,市场无法在存在交易费用的情况下自发形成资源的最优配置。政府监管银行的主要目的是保护存款人利益及维护银行业稳健,前者是微观审慎监管,后者是宏观审慎监管。宏观审慎监管权力的类型包括信息收集权、指令与警告建议权、规则制定和调整权、监管管辖裁决权、系统重要性金融机构特别监管权。其中,指令权的约束力较强,遵循"异议不停止执行"原则;而警告、建议约束力较弱,遵循"遵从或解释"原则。

宏观审慎监管的对象是系统性风险。系统性风险分为时间和空间两个维度,时间维度是金融体系的顺周期性,而空间维度是金融机构的共同风险暴露,即系统重要性金融机构。宏观审慎监管工具也对应有两个维度,逆周期监管工具和系统重要性金融机构监管工具。逆周期监管工具主要包括逆周期资本缓冲、留存资本缓冲及前瞻性拨备、对流动性期限错配的监管。而对系统重要性金融机构的监管工具主要有对系统重要性金融机构的识别、对系统重要性金融机构的特别监管、存款保险制度等。此外，还有风险早期预警系统和压力测试系统。我国未来的完善方向是积极将《巴塞尔协议Ⅲ》本土化，并尝试开发符合本国国情的监管工具。现阶段《存款保险条例》的出台意味着对于系统重要性金融机构的有序清算程序和早期纠正程序也将是完善的重点。

宏观审慎监管程序是监管职能行使的方式和步骤，也是对于监管权力的约束。宏观审慎监管的基本框架包括宏观审慎分析、宏观审慎政策选择和宏观审慎监管工具运用，对应的权力是信息收集权、规则制定权和指令警告建议权。而宏观审慎监管主体决策采用会议机制，分为有投票权成员和无投票权成员，决议按照2/3以上投票形成决议，委员会主任的关键赞同票非常重要，在形成指令的过程中还需要提请国务院的批准。会议记录、指令、警告、建议的发出和信息的传递都需要采用书面形式，且应尽可能地保持详细记录，指令、警告和建议还需要发出者后续跟踪及接受者做出反馈。监管主体在履行监管职能的过程中，应当区分法律保留事项和自由裁量事项，给予监管主体一定的相机抉择空间，以应对复杂的监管环境。委员会履行职责的过程应当在不违反保密的前提下保持公开透明。在不影响效率的前提下，监管的程序性权力和实体性权力由不同主体享有，以相互监督避免权力滥用。

宏观审慎监管问责由监管行为问责性、问责主体和透明度构成。其中监管行为问责性是指监管主体在执行监管行为的过程中是否履行了正当的监管程序，是否实现了监管目标，考核上分为是否实现监管目标和是否履行了监管程序。监管目标的考核应当将其从抽象到具体地量化，可以利用压力测试、信用评级机构及金融部门评估计划来衡量监管目标的实现。监管程序上，赋予监管主体部分立法权，即审慎监管规则立法权；问责主体包括了立法机关问责、行政部门问责、司法机关问责和被监管机构问责；而透明度要求宏观审慎监管过程中保持透明的信息公开。

## 二、主要创新点

本书的主要创新点在于从法律视野对宏观审慎监管制度进行了构建，逻辑的起点是政府对于市场的干预需要合法授权，而“市场失灵”和“法律不完备理论”为宏观审慎监管权的正当性提供了理论支持，宏观审慎监管的目标在于防范系统性风险。以监管原则作为指导法律制度构建的基本思想，将宏观审慎监管权作为核心概念，监管权力的享有者即宏观审慎监管主体，监管主体需要相应的监管职权，监管对象是监管权的边界，监管工具是监管权作用于监管对象途径，对于监管权力的监督是通过监管程序和监管问责来实现的。

宏观审慎监管的法律制度中需要解决的问题有二：其一，多个监管主体之间如何协调监管，以避免各监管主体之间由于追求部门利益而损害国家利益；其二，对于监管信息如何收集分析。本书对上述两个问题做了一定的探讨。

在监管协调权方面，本书依据激励相容原则进行了制度设计，监管机构相对于纳税人而言是代理人，代理人和委托人之间的利益不完全一致而存在委托代理成本。为了减少委托代理成本，在设计宏观审慎监管法律制度时，应采取正向激励和负面约束的方式。在激励方面，如宏观审慎监管主体采取建立委员会制，决策采取会议制。如此将微观审慎监管机构都纳入决策的形成过程，激励其积极参与监管协调，因为监管决策形成后可能会对其自身形成指令和建议，将对自身有一定的约束力。某种程度上说微观审慎监管者同时充当了决策者和执行者与被执行者的角色，会议表决能较为充分地表达其自身的监管目标追求，能够激励其积极参与监管协调以实现自身监管目标。而负面的约束主要是利用了问责机制，由于监管机构面临的监管情况比较复杂，在事前或事中进行监督需要较高的监督成本，同时也可能会对监管者的独立性造成影响，故在良好的监管问责机制下，督促监管者勤勉谨慎行使监管权。最后，赋予委员会对于监管管辖的裁决权，能够对微观审慎监管机构之间出现的关于管辖权的纠纷进行处理，而避免出现监管重复或者争夺监管权的现象。

在信息共享方面，赋予宏观审慎监管主体信息收集权，其内部由各微观审慎监管机构构成，能够保证委员会的决策有较为充分的信息作为依据。而信息收集权能够保证信息收集过程中得到信息提供者的较好配合。宏观审慎监管者的职权包括组建专门的金融信息办公室，专门负责监管信息的收集和分析，信息收集权的扩展还包括对于其他政府部门的相关人才资源的调配权，而委员会内部的技术咨询委员会还能够为信息的分析提供技术支持。同时由委员会统一各微观监管机构的信息数据统计口径，建立电子化的统一数据库实时分享数据，由金融数据分析办公室负责数据库的维护。通过对系统性风险侦测监管工具的开发，如风险早期预警系统和压力测试系统的研发，期望能够利用收集到的信息及早侦测出系统性风险。

### 三、研究不足和展望

本书研究的主要方法是文本分析,虽然笔者在写作过程中查阅了大量一手资料,但是在实证和调研分析稍显薄弱,对于国外宏观审慎监管改革的经验与我国系统性风险防范的现状缺乏实地考察和调研材料,对于我国宏观审慎监管法律制度构建的对策也缺乏试验以验证其实效。在运用法律经济学方法的过程中,可以认为,宏观审慎监管是以较小的监管成本换取更大的金融稳定利益。这种监管成本包括监管制度本身所需要的成本和监管实施后导致市场效率扭曲的成本,而监管收益是通过降低和减少未来金融危机的严重程度和频率所避免的福利损失的期望值折现来衡量。但是限于数据的收集和计算方法的不足,对于宏观审慎监管的成本效益分析还无法定量计算。这些都是今后研究希望能够突破和改进的地方。

# 参考文献

## 一、中文著作类


1. 王道平、范小云、方意:《中国系统性金融风险》,经济管理出版社 2018 年版。

2. 中国人民银行金融稳定分析小组:《中国金融稳定报告》(2018),中国金融出版社 2018 年版。

3. [西]泽维尔·弗雷萨斯:《系统性风险、危机与宏观审慎监管》,王擎译,中国金融出版社 2017 年版。

4. 周仲飞:《国际金融中心法制环境研究》,经济科学出版社 2017 年版。

5. 高增安:《宏观审慎监管视角的国家系统性洗钱风险与反洗钱研究》,科学出版社 2017 年版。

6. 梁枫:《宏观审慎视角下商业银行流动性风险监管研究》,山西经济出版社 2017 年版。

7. [比]蒂亚斯·德沃特里庞、[法]让·梯若尔:《银行审慎监管金融监管》,李娜等译,机械工业出版社 2017 年版。

8. 中国金融监管制度优化设计研究课题组编著:《中国金融监管制度优化设计研究》,中国金融出版社 2016 年版。

9. 卜林:《中国金融系统性风险度量及宏观审慎监管研究》,经济科学出版社 2016 年版。

10. 叶文庆:《金融业宏观审慎监管法律问题研究》,

法律出版社 2015 年版。

11. 刘庆飞:《多重背景下金融监管立法的反思与改革》,上海人民出版社 2015 年版。

12. 陈敏娟:《中国金融系统性风险及其宏观审慎监管研究》,中国社会科学出版社 2014 年版。

13. 高国华:《银行资本监管及其宏观经济效应》,格致出版社、上海人民出版社 2014 年版。

14. 乐玉贵:《中国银行业宏观审慎监管框架研究》,中国金融出版社 2014 年版。

15. 张晓朴:《变革与稳健:银行监管和银行转型的思考》,中国金融出版社 2014 年版。

16. [美]詹姆斯・R. 巴斯、[美]小杰勒德・卡普里奥、[美]罗斯・列文:《金融守护人》,杨农等译,生活・读书・新知三联书店 2014 年版。

17. 巫文勇:《利益平衡视角下的金融机构破产特定债务优先清偿法律制度研究》,中国政法大学出版社 2014 年版。

18. [美]克莱森斯:《宏观审慎监管政策——通向金融稳定的新道路》,电子工业出版社 2013 年版。

19. 达潭枫:《银行系统性风险与宏观审慎监管研究》,经济科学出版社 2013 年版。

20. 谢平、邹传伟:《银行宏观审慎监管的基础理论研究》,中国金融出版社 2013 年版。

21. 魏洋:《商业银行经营中的法律风险与防控》,浙江大学出版社 2013 年版。

22. 王国刚、胡滨主编:《宏观审慎监管理论及实践研究》,中国社会科学出版社 2013 年版。

23. 李向前:《宏观审慎监管政策与货币政策:理论与实践》,中国金融出版社 2013 年版。

24. 李关政:《经济周期、经济转型与商业银行系统性风险管理》,经济管理出版社 2013 年版。

25. 王大威:《系统性金融风险的传导、监管与防范研究》,中国金融出版社

2013 年版。

26. 席涛:《法律经济学:直面中国问题的法律与经济》,中国政法大学出版社 2013 年版。

27. 余斌、吴振宇:《中国中长期负债能力与系统性风险研究》,中国发展出版社 2013 年版。

28. 中国人民银行营业管理部课题组:《宏观审慎视角的流动性管理研究》,经济科学出版社 2012 年版。

29. 郑联盛、何德旭:《宏观审慎管理与中国金融安全》,社会科学文献出版社 2012 年版。

30. 苗永旺:《宏观审慎监管研究》,中国金融出版社 2012 年版。

31. 张显球:《宏观审慎监管:理论含义及政策选择》,中国金融出版社 2012 年版。

32. 刘仁伍:《宏观审慎管理:框架、机制与政策》,社会科学文献出版社 2012 年版。

33. 张炜:《银行业法制年度报告》(2012),中国金融出版社 2012 年版。

34. 袁闯:《中国证券行业宏观审慎监管研究》,中国社会科学出版社 2012 年版。

35. 黄溪:《保险公司与基金公司逆周期监管研究:基于宏观审慎监管框架》,中国社会科学出版社 2012 年版。

36. 刘灿辉:《我国商业银行逆周期监管研究》,中国社会科学出版社 2012 年版。

37. 王亦平:《金融法律制度创新》,法律出版社 2012 年版。

38. 郑明高:《中国金融业混业经营的路径选择》,中国经济出版社 2012 年版。

39. 凌斌:《法治的代价》,法律出版社 2012 年版。

40. 巫文勇:《金融机构市场退出中的国家救助法律制度研究》,中国政法大学出版社 2012 年版。

41. 黄亭亭:《宏观审慎管理操作框架研究》,中国金融出版社 2011 年版。

42. 李文泓:《宏观审慎监管框架下的逆周期政策研究》,中国金融出版社 2011 年版。

43. 张涛:《宏观审慎政策亚洲视角》,中国金融出版社 2011 年版。

44. 巴曙松、朱元倩等:《巴塞尔资本协议Ⅲ研究》,中国金融出版社 2011 年版。

45. 巴塞尔银行监管委员会发布:《第三版巴塞尔协议》,中国金融出版社 2011 年版。

46. 杨松等:《银行法律制度改革与完善研究　调控与监管的视角》,北京大学出版社 2011 年版。

47. 刘士余、周学东、刘向民:《美国金融监管改革概论:〈多德—弗兰克华尔街改革与消费者保护法案〉导读》,中国金融出版社 2011 年版。

48. 王正茂主编:《金融监管的国际比较》,国家行政学院出版社 2011 年版。

49. 祁敬宇、祁绍斌:《全球化下的金融监管》,首都经济贸易大学出版社 2011 年版。

50. 简永光、林明敏:《中国大陆银行业监理及相关法规》,台北,财团法人金融研训院 2010 年版。

51. 史生丽:《商业银行公司治理与银行监管》,法律出版社 2010 年版。

52. 黄敏:《银行监管制度研究——国际经验的借鉴》,经济科学出版社 2009 年版。

53. 类承耀:《银行监管体系的整体设计与机制协调:公司治理的视角》,中国人民大学出版社 2009 年版。

54. 李金泽:《银行业法国际比较》,中国金融出版社 2008 年版。

55. 王广谦主编:《中国经济改革 30 年——金融改革卷》,重庆大学出版社 2008 年版。

56. 邓辉:《论公司法中的国家强制》,中国政法大学出版社 2004 年版。

57. [英]欧文・伊文斯:《金融体系稳健性的宏观审慎指标》,肖亦华、杨学钰译,中国金融出版社 2001 年版。

## 二、中文期刊类

1. 刘先良:《论我国金融交易税的功能定位及制度设计》,载《政法论丛》2019 年第 6 期。

2. 黄辉:《中国金融监管体制改革的逻辑与路径:国际经验与本土选择》,载

《法学家》2019年第3期。

3. 鲁政委、陈昊:《巴塞尔协议Ⅲ操作风险资本监管的新标准法与实施挑战》,载《金融监管研究》2019年第4期。

4. 宋士云、宋博:《三个版本的〈巴塞尔协议〉与中国银行业监管》,载《理论学刊》2019年第1期。

5. 邢会强:《国务院金融稳定发展委员会的目标定位与职能完善——以金融法中的"三足定理"为视角》,载《法学评论》2018年第3期。

6. 李仲林:《论我国商业银行综合化经营监管法律制度的完善》,载《河北法学》2018年第6期。

7. 况昕、高惺惟:《构建"双支柱"监管框架与金融风险防控》,载《财经科学》2018年第4期。

8. 李瑶:《推进金融监管体制改革》,载《中国金融》2018年第3期。

9. 董小君:《在借鉴国际经验中补我国金融监管体系的短板》,载《理论探索》2018年第1期。

10. 王刚、颜苏、王洋:《完善金稳会治理机制以有效防控系统性金融风险研究》,载《经济纵横》2018年第1期。

11. 孙若鹏:《〈巴塞尔协议Ⅲ〉最终版的背景、变化及对中国银行业的影响》,载《金融监管研究》2018年第10期。

12. 陈忠阳:《巴塞尔协议Ⅲ改革、风险管理挑战和中国应对策略》,载《国际金融研究》2018年第8期。

13. 崔光华:《巴塞尔协议Ⅲ逆周期资本缓冲机制在我国的适用性》,载《财经问题研究》2017年第3期。

14. 杨峰、刘先良:《论我国金融交易税收制度的完善——以欧盟法借鉴为中心》,载《法律科学》(西北政法大学学报)2015年第2期。

15. 黄伟斌:《宏观审慎监管研究评述》,载《生产力研究》2014年第1期。

16. 黎四奇:《后危机时代对宏观审慎监管理念法律化的冷思考》,载《法学评论》2014年第1期。

17. 陈平:《宏观审慎视角下的中央银行独立性研究》,载《宏观经济研究》2014年第1期。

18. 乐玉贵:《关于建立"三位一体"银行业宏观审慎监管目标的思考》,载

《国际金融研究》2014 年第 2 期。

19. 冯超、胡荣尚、王银:《宏观审慎管理视角下商业银行系统性风险研究综述》,载《浙江学刊》2014 年第 3 期。

20. 赵胜民、梁璐璐、李京等:《宏观审慎框架下的央行独立性检验》,载《经济评论》2014 年第 5 期。

21. 于震、刘熙源:《动态拨备制度在我国宏观审慎监管中的应用研究》,载《学习与探索》2014 年第 8 期。

22. 何康、徐文韬:《宏观审慎管理视角下我国系统重要性银行识别》,载《求索》2014 年第 10 期。

23. 张雪兰、何德旭:《逆周期宏观审慎监管工具的有效性:国外文献评述》,载《国外社会科学》2014 年第 4 期。

24. 刘迎霜:《论我国中央银行金融监管职能的法制化——以宏观审慎监管为视角》,载《当代法学》2014 年第 3 期。

25. 余绍山、陈斌彬:《从微观审慎到宏观审慎:后危机时代国际金融监管法制的转型及启示》,载《东南学术》2013 年第 3 期。

26. 穆良平、钟山:《美国金融监管改革法案评述》,载《财经科学》2013 年第 7 期。

27. 王璟怡、翟玮:《基于宏观审慎的我国监管框架构建研究》,载《财经问题研究》2013 年第 3 期。

28. 梁颖琳:《宏观审慎监管框架下我国金融业监管协调问题研究》,载《财经问题研究》2013 年第 4 期。

29. 叶文庆:《宏观审慎监管机构的监管权力探讨》,载《上海金融》2013 年第 3 期。

30. 叶文庆:《中央银行的宏观审慎监管角色定位:争议与实践》,载《江西社会科学》2013 年第 6 期。

31. 袁达松、卢伊丽:《系统重要性金融机构监管法律问题研究》,载《政治与法律》2013 年第 2 期。

32. 隋平:《美国高管薪酬监管制度存在的缺陷》,载《社会科学家》2013 年第 6 期。

33. 米铁男:《俄罗斯金融服务市场监管法律制度评介》,载《北方法学》2013

年第4期。

34. 齐萌:《金融消费者保护立法实证研究——以40部金融消费者保护规范性文件为样本》,载《江西财经大学学报》2013年第3期。

35. 黎四奇:《后危机时代“太大而不能倒”金融机构监管法律问题研究》,载《中国法学》2012年第5期。

36. 尹继志:《宏观审慎管理制度:理论与实践》,载《经济体制改革》2012年第1期。

37. 范小云、王道平:《巴塞尔Ⅲ在监管理论与框架上的改进:微观与宏观审慎有机结合》,载《国际金融研究》2012年第1期。

38. 彭建刚、吕志华:《论我国金融业宏观审慎管理制度研究的基本框架》,载《财经理论与实践》2012年第1期。

39. 王伟、李海平:《中央银行在我国银行业宏观审慎监管体系中的角色研究》,载《上海金融》2012年第3期。

40. 陈雨露、马勇:《宏观审慎监管:目标、工具与相关制度安排》,载《经济理论与经济管理》2012年第3期。

41. 刘志洋:《我国构建宏观审慎监管体系的探讨》,载《经济纵横》2012年第7期。

42. 刘志洋:《宏观审慎监管机构安排的国际实践》,载《国际金融研究》2012年第8期。

43. 周胜强、李向前、范芮彤:《我国中央银行在宏观审慎监管框架中的核心作用》,载《财经问题研究》2012年第12期。

44. 胡利琴、彭红枫、彭意:《我国银行业宏观审慎监管与微观审慎监管协调问题研究》,载《管理世界》2012年第11期。

45. 齐萌:《欧盟金融监管改革对我国的启示》,载《经济纵横》2012年第2期。

46. 王华秀:《后金融危机时期完善金融监管组织体系的对策》,载《经济纵横》2012年第3期。

47. 尹继志:《全球金融危机后金融监管的创新与发展》,载《科学经济社会》2012年第1期。

48. 黄志强:《英国金融监管改革新架构及其启示》,载《国际金融研究》2012

年第5期。

49. 余珊萍、邓益民:《金融稳健性评价指标的新发展及在中国的应用》,载《东南大学学报》(哲学社会科学版)2012年第3期。

50. 马君潞、常殊昱:《美联储权力结构变迁与混业经营监管的发展趋势》,载《金融论坛》2012年第1期。

51. 宋群英:《中国系统重要性银行的风险传染性研究》,载《金融论坛》2012年第2期。

52. 高宇:《后危机时代主要国家金融监管改革分析与述评》,载《国际经济合作》2012年第7期。

53. 汤柳、王旭祥:《后危机时代国际金融监管改革动态:回顾、评价与展望》,载《上海金融》2012年第7期。

54. 付俊文:《新西兰央行流动性管理新工具及其启示》,载《亚太经济》2012年第5期。

55. 潘林伟:《国际金融监管改革进展与我国的制度期待》,载《管理世界》2012年第6期。

56. 田静婷:《论我国金融消费者权益法律保护机制的完善——以我国台湾地区〈金融消费者保护法〉为视角》,载《西北大学学报》(哲学社会科学版)2012年第5期。

57. 潘凌遥:《论宏观审慎监管与微观审慎监管的关系》,载《区域金融研究》2012年第10期。

58. 行伟波、刘章娣:《国际金融危机背景下的金融交易税:从理论到实践》,载《上海经济研究》2012年第4期。

59. 尹继志:《加强中央银行宏观审慎监管职能的思考》,载《南方金融》2011年第9期。

60. 尹继志、刘秀兰:《关于构建宏观审慎监管体系的探讨》,载《上海金融》2011年第2期。

61. 尹继志:《中央银行在宏观审慎监管体系中的地位与权限》,载《财经科学》2011年第1期。

62. 刘扬:《宏观审慎监管框架下中国金融监管的政策选择:基于巴塞尔协议Ⅲ的视角》,载《南方金融》2011年第7期。

63. 张孟霞:《论欧盟金融监管改革与启示》,载《政治与法律》2011 年第 5 期。

64. 王志勤:《论我国金融机构市场退出法律机制的建构》,载《华东师范大学学报》(哲学社会科学版)2011 年第 6 期。

65. 周浩:《从英美欧金融监管体制变革看我国宏观审慎管理发展趋势——兼谈金融监管与货币政策关系问题》,载《经济体制改革》2011 年第 3 期。

66. 周小川:《金融政策对金融危机的响应——宏观审慎政策框架的形成背景、内在逻辑和主要内容》,载《金融研究》2011 年第 1 期。

67. 杨军华:《宏观审慎监管在系统性金融风险管理中的作用》,载《中国行政管理》2011 年第 8 期。

68. 高宇:《宏观审慎监管:两大经济思潮交替下的选择》,载《现代财经》(天津财经大学学报)2011 年第 7 期。

69. 李志辉、樊莉:《金融危机背景下的宏观审慎监管》,载《太平洋学报》2011 年第 10 期。

70. 陈志毅:《金融宏观审慎监管:趋势、挑战与中国适用前瞻》,载《上海金融》2011 年第 12 期。

71. 何小杨:《宏观审慎监管框架对银行业的影响与启示》,载《金融论坛》2011 年第 8 期。

72. 何伟:《宏观审慎监管框架的构建》,载《经济导刊》2011 年第 10 期。

73. 梁世栋:《巴塞尔Ⅲ若干议题讨论》,载《投资研究》2011 年第 8 期。

74. 范文波、李黎明:《美国金融监管改革法案及其对中国的启示》,载《当代财经》2011 年第 2 期。

75. 李佩珈:《监管改革对国际银行业的影响与中国的应对策略》,载《证券市场导报》2011 年第 2 期。

76. 彭建刚:《基于系统性金融风险防范的银行业监管制度改革的战略思考》,载《财经理论与实践》2011 年第 1 期。

77. 王光宇:《全球金融危机后国际金融监管改革的实践与启示——以欧美金融监管改革为例》,载《中央财经大学学报》2011 年第 3 期。

78. 张伟、赵少钦:《美国金融监管政策改革的经济学分析及借鉴》,载《宏观经济研究》2011 年第 9 期。

79. 王忠生:《综合经营趋势下中国金融监管制度非均衡与创新》,载《求索》2011 年第 9 期。

80. 尹振涛:《对全球金融监管改革核心内容的再认识》,载《国际经济评论》2011 年第 6 期。

81. 王刚、徐暮紫:《美国金融稳定监督委员会组织架构及运作情况介评》,载《金融法苑》2011 年第 1 期。

82. 刘迎霜:《我国金融消费者权益保护路径探析——兼论对美国金融监管改革中金融消费者保护的借鉴》,载《现代法学》2011 年第 3 期。

83. 任安军:《银行税最新进展及国际比较》,载《金融会计》2011 年第 2 期。

84. 何自强:《后金融危机下的金融交易税:争论、实践与借鉴》,载《上海金融》2011 年第 10 期。

85. 孙伊然:《金融交易税引发的国际争论及其根源》,载《国际论坛》2011 年第 3 期。

86. 王宗祥:《新形势下强化中央银行宏观审慎管理职能的探讨》,载《甘肃金融》2010 年第 8 期。

87. 王力伟:《宏观审慎监管研究的最新进展:从理论基础到政策工具》,载《国际金融研究》2010 年第 11 期。

88. 苗永旺、王亮亮:《金融系统性风险与宏观审慎监管研究》,载《国际金融研究》2010 年第 8 期。

89. 巴曙松、王璟怡、杜婧:《从微观审慎到宏观审慎:危机下的银行监管启示》,载《国际金融研究》2010 年第 5 期。

90. 薛建波、刘兰设、刘长霞等:《宏观审慎监管:有效防范系统性风险的必由之路》,载《金融发展研究》2010 年第 6 期。

91. 李文泓:《银行业宏观审慎监管:思路和政策框架》,载《中国金融》2010 年第 13 期。

92. 何德旭、吴伯磊、谢晨:《系统性风险与宏观审慎监管:理论框架及相关建议》,载《中国社会科学院研究生院学报》2010 年第 6 期。

93. 尹久:《宏观审慎监管:中央银行行使的依据、目标和工具》,载《武汉金融》2010 年第 8 期。

94. 白川方明、何乐:《宏观审慎监管与金融稳定》,载《中国金融》2010 年第

4 期。

95. 李健全:《系统性风险新认识与我国宏观审慎监管探索》,载《金融与经济》2010 年第 7 期。

96. 朱小川:《宏观审慎监管的国际趋势及对我国的启示》,载《南方金融》2010 年第 3 期。

97. 夏斌:《宏观审慎管理:框架及其完善》,载《中国金融》2010 年第 22 期。

98. 彭刚、苗永旺:《宏观审慎监管框架构建的国际借鉴与中国的选择》,载《经济理论与经济管理》2010 年第 11 期。

99. 郭田勇、廖力:《金融危机与宏观审慎监管》,载《党政干部学刊》2010 年第 1 期。

100. 张华:《对当前中国金融宏观审慎监管组织模式的思考》,载《西南金融》2010 年第 8 期。

101. 黄亭亭:《宏观审慎监管:原理、工具及应用难点》,载《中国金融》2010 年第 12 期。

102. 闫海:《后危机时代的金融监管体制立法研究——基于宏观审慎监管的革新》,载《安徽大学学报》(哲学社会科学版)2010 年第 6 期。

103. 黄聪、贾彦东:《金融网络视角下的宏观审慎管理——基于银行间支付结算数据的实证分析》,载《金融研究》2010 年第 4 期。

104. 陈玲:《国际金融危机后的欧盟金融体制改革研究》,载《上海经济研究》2010 年第 10 期。

105. 彭兴庭:《公平、稳定与自由的权衡与协调——〈多德—弗兰克法案〉述评》,载《证券市场导报》2010 年第 10 期。

106. 何颖:《论金融消费者保护的立法原则》,载《法学》2010 年第 2 期。

107. 巴曙松、刘清涛、尚航飞等:《银行税的理论探讨与适应性分析》,载《金融理论与实践》2010 年第 11 期。

108. 巴曙松、刘清涛、王婧:《银行税的国际比较与制度建议》,载《金融与经济》2010 年第 11 期。

109. 成家军:《宏观审慎监管:概念、特点与政策框架》,载《内蒙古金融研究》2009 年第 7 期。

110. 夏洪涛:《强化中央银行宏观审慎监管权限的思考》,载《武汉金融》2009

年第10期。

111. 李妍:《宏观审慎监管与金融稳定》,载《金融研究》2009年第8期。

112. 包勇恩、韩龙:《论金融监管中的宏观审慎原则》,载《安徽大学法律评论》2009年第1期。

113. 吴弘、徐振:《金融消费者保护的法理探析》,载《东方法学》2009年第5期。

114. 李成、马国、李佳:《基于进化博弈论对我国金融监管协调机制的解读》,载《金融研究》2009年第5期。

115. 巴曙松:《金融监管机构是分是合:这并不关键——谈当前监管框架下的金融监管协调机制》,载《西部论丛》2006年第11期。

116. 岳华、姜海洋:《资本异常流入时开征托宾税的意义与技术细则》,载《涉外税务》2006年第3期。

117. 李宗怡、冀勇鹏:《对我国实施银行业宏观审慎监管问题的探讨》,载《当代财经》2003年第7期。

118. 黄昊、王春红:《过渡性工具——实施托宾税遏制短期资本流动可行性评述》,载《国际贸易》2001年第5期。

## 三、英文专著类

1. Margarita Rubio Philip Turner Paul Mizen, *Macroprudential Policy and Practice*, Cambridge University Press, 2018.

2. Amorello, *Macroprudential Banking Supervision &Monetary Policy*, Springer International Publishing, 2018.

3. Senior Fellow Department Edited by Dongsoo Kang, *Macroprudential Regulation of International Finance*, Edward Elgar Publishing, 2016.

4. Tong-su Mason Andrew Kang, *Macroprudential Regulation of International Finance: Managing Capital Flows and Exchange Rates*, Edward Elgar Publishing, 2016.

5. Damodaran Krishnamurti and Yejin Lee, *Macroprudential Policy Framework a Practice Guide*, The World Bank, 2014.

6. Iain Begg, *The EU'S Approach to Improving Financial Regulation*, in

Sahoko Kaji, Eiji Ogawa, eds., *Who Will Provide the Next Financial Model?*, Springer Japan, 2013.

7. Jacques De Larosière, *The High-Level Group on Financial Supervision in the EU: Report*, European Commission, 2009.

8. FSA, *The Turner Review: A Regulatory Response to the Global Banking Crisis*, Financial Services Authority, 2009.

9. House of Commons Treasury Committee, *Banking Crisis: Regulation and Supervision*, Stationery Office, 2009.

10. Gary H. Stern, Feldman, *Too Big to Fail: The Hazards of Bank Bailouts*, Brookings Institution Press, 2004.

11. David Folkerts-Landau, Carl-Johan Lindgren, *Toward a Framework for Financial Stability*, International Monetary Fund, 1998.

## 四、英文期刊类

1. Eddie Yue, "Marrying the Micro-and Macro-Prudential Dimensions of Financial Stability-the Hong Kong Experience", in BIS, ed. *Marrying the Macroand Icroprudential Dimensions of Financial Tability*, BIS Papers, 2001.

2. Steven L. Schwarcz, "Systematic Regulation of Systemic Risk", *Wisconsin Law Review* 2019, 2019.

3. Steven L. Schwarcz, "Beyond Bankruptcy: Resolution as a Macroprudential Regulatory Tool", *Notre Dame Law Review* 94, 2018.

4. Weitseng Chen, "Lost in Internationalization: Rise of the Renminbi, Macroprudential Policy, and Global Impacts Section 1: International Finance", *Journal of International Economic Law* 21, 2018.

5. Schan Duff, "The New Financial Stability Regulation", *Stanford Journal of Law, Business & Finance* 23, 2018.

6. Jonathan S. Masur, Eric A. Posner, "Should Regulation be Countercyclical", *Yale Journal on Regulation* 34, 2017.

7. Steven L. Schwarcz, "Macroprudential Regulation of Mortgage Lending", *SMU Law Review* 69, 2016.

8. Joanna Gray,"Lawyers and Systemic Risk in Finance: Could (and Should) the Legal Profession Contribute to Macroprudential Regulation Special Issue: Corporate Lawyers and Corporate Clients",*Legal Ethics* 19, 2016.

9. C. Y. Janda, K. C. Garcia,"Wnt Acylation and its Functional Implication in Wnt Signalling Regulation",*Biochem Soc Trans* 43, 2015.

10. Justin Blount, Drew Thornley,"Federal Preemption in Securities Laws, the Investment Contract, and Macroprudential Financial Regulation",*DePaul Business & Commercial Law Journal* 14, 2015.

11. A. B. Frank et al.,"Dealing with Femtorisks in International Relations", *Proc Natl Acad Sci U S A* 111, 2014.

12. K. Lorimer et al.,"The Views of General Practitioners and Practice Nurses Towards the Barriers and Facilitators of Proactive, Internet-Based Chlamydia Screening for Reaching Young Heterosexual Men",*BMC Fam Pract* 15, 2014.

13. Gabriele Galati, Moessner Richhild,"Macroprudential Policy: A Literature Review",*Journal of Economic Surveys* 27, 2013.

14. International Monetary Fund. Monetary Department, "France: Financial Sector Assessment Program-Detailed Assessment of Observance of Insurance Core Principles",*Reserve Bank of New Zealand Bulletin* 66, 2013.

15. James Barth et al., "Bank Regulation and Supervision in 180 Countries From 1999 to 2011",*Journal of Financial Economic Policy* 5, 2013.

16. A. M. Adams et al., "Innovation for Universal Health Coverage in Bangladesh: A Call to Action",*Lancet* 382, 2013.

17. Arito Ono et al., "Lending Pro-Cyclicality and Macroprudential Policy: Evidence from Japanese LTV Ratios",*SSRN Electronic Journal* 2013.

18. Kristin N. Johnson,"Macroprudential Regulation: A Sustainable Approach to Regulating Financial Markets",*University of Illinois Law Review* 2013, 2013.

19. Anat Keller, "Collecting Data: How Will the ESRB Overcome the First Hurdle Towards Effective Macro-prudential Supervision?",*European Business Law Review* 24, 2013.

20. Bruce Arnold et al.,"Systemic Risk, Macroprudential Policy Frameworks,

Monitoring Financial Systems and the Evolution of Capital Adequacy", *Journal of Banking & Finance* 36, 2012.

21. Larry D. Wall, "Central Banking for Financial Stability: Some Lessons from the Recent Instability in the US and Euro Area", *Public Policy Review* 8, 2012.

22. Samuel G. Hanson et al., "A Macroprudential Approach to Financial Regulation", *The Journal of Economic Perspectives* 25, 2011.

23. Janet L. Yellen, "Macroprudential Supervision and Monetary Policy in the Post-Crisis World", *Business Economics* 46, 2011.

24. Claudio Borio, "Implementing a Macroprudential Framework: Blending Boldness and Realism", *Capitalism and Society* 6, 2011.

25. Anil K. Kashyap et al., "The Macroprudential Toolkit", *IMF Economic Review* 59, 2011.

26. Claudio Borio, "Implementing the Macroprudential Approach to Financial Regulation and Supervision", *Financial Stability Review*, No. 13, 2011.

27. Marvin Goodfriend, "Central Banking in the Credit Turmoil: An Assessment of Federal Reserve Practice", *Journal of Monetary Economics* 58, 2011.

28. B. Rechel et al., "Regulatory Barriers to Equity in a Health System in Transition: A Qualitative Study in Bulgaria", *BMC Health Servres res* 11, 2011.

29. Andrew Hughes Hallett et al., "Macroprudential Policies and Financial Stability", *Economic Record* 87, 2011.

30. Financial Stability Board, "Macroprudential Policy Tools and Frameworks: Update for G20 Finance Ministers and Central Bank Governors", unpublished (February 2011) 2011.

31. Macroprudential Policy Tools, "Frameworks. Update to G20 Finance Ministers and Central Bank Governors", *IMF, FSB & BIS* 2011.

32. Stijn Claessens et al., "Cross-Country Experiences and Policy Implications From the Global Financial Crisis", *Economic Policy* 25, 2010.

33. Chen Zhou, "Are Banks Too Big to Fail? Measuring Systemic Importance of Financial Institutions", *International Journal of Central Banking* 6, 2010.

34. Michael Hanke et al., "The Economic Consequences of a Tobin Tax—An

Experimental Analysis", *Journal of Economic Behavior & Organization* 74, 2010.

35. Emilios Avgouleas, "Banking Supervision and the Special Resolution Regime of the Banking Act 2009: The Unfinished Reform", *Capital Markets Law Journal* 4, 2009.

36. Donato Masciandaro, Macr Quintyn, "Regulating the Regulators: The Changing Face of Financial Supervision Architectures Before and After the Crisis", *European Company Law* 6, 2009.

37. Richard J., Carmassi Herring, "The Structure of Cross-Sector Financial Supervision", *Financial Markets, Institutions and Instruments* 17, 2008.

38. Wako Watanabe, "Prudential Regulation and the 'Credit Crunch': Evidence From Japan", *Journal of Money, Credit and Banking* 39, 2007.

39. James R. Barth et al., "Bank Regulation and Supervision: What Works Best?", *Journal of Financial Intermediation* 13, 2004.

40. K. Habermeier, A. A. Kirilenko, "Securities Transaction Taxes and Financial Markets", *Imf Staff Papers* 50, 2003.

41. Andrew Crockett, "Marrying the Micro-And Macro-Prudential Dimensions of Financial Stability", *BIS Speeches* 21, 2000.

42. Joe Peek, Eric S. Rosengren, "Collateral Damage: Effects of the Japanese Bank Crisis on Real Activity in the United States", *The American Economic Review* 90, 2000.

43. Terutomo Ozawa, "The Rise and Fall of Bank-Loan Capitalism: Institutionally Driven Growth and Crisis in Japan", *Journal of Economic Issues* 33, 1999.

44. Andrew Cornford, "Some Recent Innovations in International Finance: Different Faces of Risk Management and Control", *Journal of Economic Issues* 30, 1996.

45. Lawrence Blume et al., "Market Statistics and Technical Analysis: The Role of Volume", *The Journal of Finance* 49, 1994.

46. G. William Schwert, Paul J. Seguin, "Securities Transaction Taxes: An Overview of Costs, Benefits and Unresolved Questions", *Financial Analysts Journal*

49, 1993.

47. Maureen O'hara, Wayne Shaw, "Deposit Insurance and Wealth Effects: The Value of Being 'Too Big to Fail'", *The Journal of Finance* 45, 1990.

48. Lawrence H. Summers, Victoria P. Summers, "When Financial Markets Work Too Well: A Cautious Case for a Securities Transactions Tax", *Journal of Financial Services Research* 3, 1989.

49. James Tobin, "A Proposal for International Monetary Reform", *Eastern Economic Journal* 4, 1978.

## 五、英文报告类

1. Bank of England, *Financial Stability Report*, Bank of England No. 43, June 2018.

2. FSOC, *FSOC* 2018 *Annual Report*, Financial Stability Oversight Council, 2018.

3. FSOC, *FSOC* 2017 *Annual Report*, Financial Stability Oversight Council, 2017.

4. FSOC, *FSOC* 2016 *Annual Report*, Financial Stability Oversight Council, 2016.

5. Financial Stability Oversight Council, *Financial Stability Oversight Council Committee Structure Deputies Committee*, 2015.

6. Financial Stability Oversight Council, *Rules of Organization of the Financial Stability Oversight Council*, 2015.

7. Financial Stability Oversight Council, *Transparency Policy for the Financial Stability Oversight Council*, 2015.

8. Financial Stability Oversight Council, *Bylaws of the Deputies Committee of the Financial Stability Oversight Council*, 2015.

9. Mark Carney, *To G20 Finance Ministers and Central Bank Governors Financial Reforms-Finishing the Post-Crisis Agenda and Moving Forward*, Report to the G20, February 4, 2015.

10. FSOC, *FSOC* 2015 *Annual Report*, Financial Stability Oversight Council,

2015.

11. FSOC, *FSOC 2014 Annual Report*, Financial Stability Oversight Council, 2014.

12. Bank of England, *Financial Stability Report*, Bank of England No. 36, December, 2014.

13. William R. White, *The Prudential Regulation of Financial Institutions: Why Regulatory Responses to the Crisis Might Not Prove Sufficient*, OECD Economics Department Working No. 1108, 2014.

14. BIS, *84Th BIS Annual Report: 1 April 2013 - 31 March 2014*, 29 June 2014.

15. PRA, *The Prudential Regulation Authority's Approach to Insurance Supervision*, Bank of England PRA Approach April, 2013.

16. PRA, *The Prudential Regulation Authority's Approach to Banking Supervision*, Bank of England PRA Approach April, 2013.

17. PRA, *Handbook Administration Instrument* (No. 2), PRA Administration Instruments October, 2013.

18. Bank of England, *A Framework for Stress Testing the UK Banking System*, Bank of England Discussion Paper October, 2013.

19. Bank of England, *Record of the Financial Policy Committee Meeting*, Bank of England Meeting Record October, 2013.

20. Bank of England, *Financial Stability Report*, Bank of England No. 33, June 2013.

21. FSOC, *FSOC 2013 Annual Report*, Financial Stability Oversight Council, 2013.

22. FCA, *Consequential Changes to the Listing Rules Resulting from the BIS Directors' Remuneration Reporting Regulations and Narrative Reporting Regulations*, Financial Conduct Authority Consultation Paper CP13/7, August 2013.

23. FSA, *Transparency and the Financial Conduct Authority*, Financial Services Authority Discussion Paper DP13/1, March 2013.

24. FSA, *Transparency Discussion Paper DP13/01: Responses*, Financial

Services Authority Consultation Response, April 2013.

25. PRA, FCA, *Memorandum of Understanding (MoU) between the Financial Conduct Authority (FCA) and the Prudential Regulation Authority (PRA)*, 2013.

26. FPC, *The Financial Policy Committee's Powers to Supplement Capital Requirements*, Draft Policy Statement, January 2013.

27. FCA, *The FCA'S Approach to Advancing its Objectives*, FCA Press Release, July 2013.

28. FCA, OFT, *MoU Between FCA and OFT*, Memorandum of Understanding, April 2, 2013.

29. FCA, FOS, *MoU Between FOS and FCA*, Memorandum of Understanding, April 1, 2013.

30. FCA, FSCS, *MoU Between FSCS and FCA*, Memorandum of Understanding, April 1, 2013.

31. FCA, TPR, *MoU Between the FCA and TPR*, Memorandum of Understanding, April 2013.

32. FCA, PRA, *MoU Between the FCA and the PRA Re: Supervision of With-Profits Policies*, Memorandum of Understanding, 2013.

33. PRA, FSCS, *MoU Between the PRA and the FSCS*, Memorandum of Understanding, 2013.

34. BOE et al., *MoU Between the FCA and the Bank of England, Including the PRA*, Memorandum of Understanding, 2013.

35. BOE et al., *MoU: International Organisations*, Memorandum of Understanding, 2013.

36. BOE et al., *MoU on Financial Crisis Management*, Memorandum of Understanding, 2013.

37. BIS, *International Banking and Financial Market Developments*, BIS Quarterly Review, September 2013.

38. FSB, *Overview of Progress in the Implementation of the G20 Recommendations for Strengthening Financial Stability*, Report of the Financial Stability Board to G20 Leaders, September 5, 2013.

39. FSB, *Articles of Association of the Financial Stability Board (FSB)*, January 28, 2013.

40. Michel Barnier, *A New Financial System for Europe*, European Commission in charge of Internal Market and Services, September 27, 2013.

41. BOJ, *Financial System Report* (*October* 2013), BOJ Reports & Research Papers, October 2013.

42. European Commission, *Capital Requirements-CRD IV/CRR-Frequently Asked Questions*, MEMO - 13 - 690, July 16, 2013.

43. Andrew Bailey et al., *The Prudential Regulation Authority*, Bank of England Quarterly Bulletin Q4, 2012.

44. FSOC, *FSOC* 2012 *Annual Report*, Financial Stability Oversight Council, 2012.

45. Paolo Angelini et al., *Monetary and Macroprudential Policies*, European Central Bank Working Paper No. 1449, 2012.

46. Christian Weistroffer, *Macroprudential Supervision: in Search of an Appropriate Response to Systemic Risk*, Deutsche Bank Research, May 24, 2012.

47. Bernhard Speyer, *Macro-Prudential Financial Supervision and the ESRB Underestimated Potential*, Deutsche Bank Research, May 3, 2012.

48. Steffen Kern, *Macro-Prudential Financial Supervision in the US*, Deutsche Bank Research, April 12, 2012.

49. Financial Services Authority, HM Treasury, *UK Implementation of Amending Directive* 2010/73/*EU*, Policy Statement Paper PS12/9, May 2012.

50. FSB, *Charter of the Financial Stability Board*, June 2012.

51. UEMURA Shuichi, *Japan's Experience with Credit Ceilings for Real Estate Lending* (*Japanese*), RIETI Policy Discussion Paper Series 12 - P - 019, November 2012.

52. FSOC, *FSOC* 2012 *Annual Report*, Financial Stability Oversight Council, 2012.

53. *Authority to Require Supervision and Regulation of Certain Nonbank Financial Companies*, 04/11/2012.

54. FSB, *Effective Resolution of Systemically Important Financial Institutions*, FSB Consultative Document July, 2011.

55. FSOC, *FSOC* 2011 *Annual Report*, Financial Stability Oversight Council, 2011.

56. Jon Christensson et al., *What Can Financial Stability Reports Tell Us About Macroprudential Supervision?*, Federal Reserve Bank of Kansas City No. 11 - 15, 2011.

57. Ben Bernanke, *Implementing a Macroprudential Approach to Supervision and Regulation*, speech given at the 47th Annual Conference on Bank Structure and Competition, Chicago, Illinois May, 2011.

58. Financial Stability Board et al., *Macroprudential Policy Tools and Frameworks*, Progress Report to the G - 20, Basel, October 2011.

59. Jan Brockmeijer et al., *Macroprudential Policy: An Organizing Framework*, International Monetary Fund, March 2011.

60. Dietrich Domanski, Tim Ng, "Getting Effective Macroprudential Policy on the Road: Eight Propositions", *BIS Papers* 1, 2011.

61. Luis Ignacio Jácome et al., *Towards Effective Macroprudential Policy Frameworks: An Assessment of Stylized Institutional Models*, IMF Working Papers, 2011.

62. European Commission, *Commission Staff Working Paper Impact Assessment*, Accompanying the document Proposal for a Council Directive on a common system of financial transaction tax and amending Directive 2008/7/EC SEC(2011) 1102 final Vol. 8, September 28, 2011.

63. European Commission, *Financial Transaction Tax: Making the Financial Sector Pay its Fair Share*, European Commission-Press release IP/11/1085, September 28, 2011.

64. Jaime Caruana, *Systemic Risk: How to Deal with It*, Bank for International Settlements, 2010.

65. Piet Clement, *The Term "macroprudential": Origins and Evolution*, BIS Quarterly Review, March 2010.

66. Samuel Hanson et al. ,*A Macroprudential Approach to Financial Regulation*, Chicago Booth Research Paper No. 10 - 29, November 12, 2010.

67. FSA, *The Prudential Regime for Trading Activities—A Fundamental Review*, Financial Services Authority Discussion Paper DP10/4, November 2010.

68. FSA, *Enhancing the Auditor's Contribution to Prudential Regulation*, Financial Services Authority & Financial Reporting Council Discussion Paper DP10/3, June 2010.

69. FSA,*Consumer Complaints (Emerging Risks and Mass Claims)*, Financial Ombudsman Service, Financial Services Authority & Office of Fair Trading Discussion Paper DP10/1, March 2010.

70. IMF,*A Fair and Substantial Contribution by the Financial Sector*, FINAL REPORT FOR THE G - 20, June 2010.

71. Dean Baker,*Responses to Criticisms of Taxes on Financial Speculation*, CEPR Discussion Papers, January 2010.

72. Dean Baker,*The Benefits of Financial Transactions Taxes*, Statement to the Bundestag, May 17, 2010.

73. Christopher L. Culp, *Financial Transaction Taxes: Benefits and Costs*, Compass Lexecon, March 16, 2010.

74. IMF,*A Fair and Substantial Contribution by the Financial Sector*, FINAL REPORT FOR THE G - 20, June 2010.

75. Group Of Twenty, *Enhancing Sound Regulation and Strengthening Transparency*, G20 Working Group March, 2009.

76. Beverly Hirtle et al. ,*Macroprudential Supervision of Financial Institutions: Lessons From the SCAP*, FRB of New York Staff Report No. 409, 2009.

77. Ben Bernanke,*Lessons of the Financial Crisis for Banking Supervision*, Speech at the Federal Reserve Bank of Chicago's Conference on Bank Structure and Competition, May 2009.

78. Her Majesty S. Treasury,*Reforming Financial Markets*, September 2009.

79. International Monetary Fund et al. , *Guidance to Assess the Systemic Importance of Financial Institutions, Markets and Instruments: Initial Considerations*,

Report to the G-20 Finance Ministers and Central Bank Governors, 2009.

80. Mark B. Greenlee, *Historical Review of "Umbrella Supervision" by the Board of Governors of the Federal Reserve System*, Federal Reserve Bank of Cleveland No. 807, 2008.

81. HM Treasury et al., *Financial Stability and Depositor Protection: Special Resolution Regime*, Paper Presented to Parliament Cm 7459, July 2008.

82. Dean Baker, *The Benefits of a Financial Transactions Tax*, Center for Economic and Policy Research, December 2008.

83. Sophie Claeys, Koen Schoors, *Bank Supervision Russian Style: Evidence of Conflicts Between Micro-And Macro-Prudential Concerns*, Sveriges Riksbank Working Paper No. 205, 2007.

84. Martin Cihák, *How Do Central Banks Write on Financial Stability?*, IMF Working Paper No. 06/163, June 2006.

85. Claudio Borio, *Towards a Macroprudential Framework for Financial Supervision and Regulation?*, BIS Working Papers No. 128, 2003.

86. Sam Y. Cross et al., *Recent Innovations in International Banking*, Report by Study Group Established by the Central Banks of the Group of Ten Countries and the Bank for International Settlements, March 1986.

## 六、英文会议论文类

1. M. S. Mohanty, "The Role of Central Banks in Macroeconomic and Financial Stability", 2014.

2. Paul Tucker, "Solving Too Big Too Fail: Where Do Things Stand on Resolution", Institute of International Finance 2013 Annual Membership meeting, Washington DC, October 12, 2013.

3. Andrew Bailey, "Regulating International Banks", British Bankers Association Annual International Banking Conference, London, October 17, 2013.

4. Paul Tucker, "Macro and Microprudential Supervision", British Bankers' Association Annual International Banking Conference, London, June 29, 2011.

5. Axel A. Weber, "The Reform of Financial Supervision and Regulation in

Europe", Speech at the Institute of International and European Affairs, Dublin, March 10, 2010.

6. Masaaki Shirakawa, "Roles for a Central Bank—Based on Japan's Experience of the Bubble, the Financial Crisis, and Deflation—", Speech at the 2010 Fall Meeting of the Japan Society of Monetary Economics, September 26, 2010.

7. Vítor Constâncio, "Macro-Prudential Supervision in Europe", Macro-prudential Regulation as an Approach to Containing Systemic Risk: Economic Foundations, Diagnostic Tools and Policy Instruments, Frankfurt am Main, September 27, 2010.

8. Jean-Pierre Landau, "Bubbles and Macro'prudential Supervision", Remarks at the Joint conference on the VFuture of Financial RegulationV, Banque de France and Toulouse School of Economics, Paris, 2009.

9. Brunnermeier et al., "The Fundamental Principles of Financial Regulation", Report on the World Economy 11, Geneva, January 6, 2009.

10. Willem H. Buiter, "Central Banks and Financial Crises", Federal Reserve Bank of Kansas City's Symposium on "Maintaining Stability in a Changing Financial System", Jackson Hole, Wyoming, 21 - 23 Aug., 2008.

# 后　记

十四年以前的秋天，我第一次来到江西财经大学。当时还是个毛头小子，并未料到从此就与江西财经大学法学院结下不解之缘，这就是所谓的猜中了开头，没猜中结局。历经法学院本科、硕士和博士教育，十年后我成长为一名法学院培养的博士研究生，并于当年留校任教。在学生生涯十年之间经历了酸甜苦辣，而法学院的发展可以说是突飞猛进。我是法学院发展的见证者、践行者，同时也是受益者。参加工作几年以来，法学院的发展更上一层楼。江西财经大学法学院，是我大学以来唯一的母校，人们常说“铁打的营盘，流水的兵”，从这个角度我也算法学院的一名老兵，身上流淌的也是法学院的学术基因。

感谢硕士研究生、博士研究生期间导师杨峰老师和李晓峰师母对我的指点，他们不仅带领我穿过了学术探索路上最黑暗的迷雾，也在人生道路上为我点亮了启明星。感谢博士研究生期间的导师蒋悟真老师，他治学态度严谨，对学术趋势把握精准，对我悉心教导，给予了我莫大的帮助。

感谢诙谐睿智的邓辉老师，他是校长也是院长，更是我们的老师。深刻的思想、华丽的口才和谦和的态度，每次交谈都能给人不同的启迪。感谢和蔼可亲的蒋岩波老师，经常在图书馆给予我指导，给了我莫大的支持。感谢法学院的熊进光、杨德敏、徐光华、易有禄、巫文勇、张志伟、喻玲、谌建等老师给予我的帮助。感谢姜红仁、左家胜、贺三宝、毛细荣、刘小春、文晓玲、许秋菊、花明、舒林、沈丹等老师。

感谢我的父母和家人,默默在我的背后支持我。感谢我的同学王妮妮、张满洋、张敬之、王新有、王奕刚、颜凌云、洪一军、詹国旗。感谢我的朋友毛剑峰、熊凯、刘霖、程志策、陈曦、卢森、邱亦、何波、王辉、董炜等。感谢我的同门揭鹏、潘拥军。特别感谢法律出版社法治与经济出版分社沈小英社长、刘晓萌编辑。

本书在我的博士学位论文基础上修订而完成,获得江西财经大学全额出版资助。十年有四江财荣辱共,法律无情人有义。感谢江西财经大学培养了我,祝福法学院及其全体教职工,祝福我的老师朋友和家人都健康快乐。

刘先良

2020 年 7 月 11 日

于麦庐园法学院 525